Ame a realidade

BYRON KATIE
COM STEPHEN MITCHELL

Ame a realidade

Quatro perguntas que podem mudar sua vida

Tradução
VERA JOSCELYNE

Revisão técnica
ELAINE DE OLIVEIRA

11ª EDIÇÃO

Rio de Janeiro | 2025

CIP-BRASIL. CATALOGAÇÃO NA PUBLICAÇÃO
SINDICATO NACIONAL DOS EDITORES DE LIVROS, RJ

K31a
11ª ed.

Katie, Byron
    Ame a realidade: quatro perguntas que podem mudar sua vida / Byron Katie com Stephen Mitchell; tradução: Vera Mello Joscelyne. – 11ª ed. – Rio de Janeiro: Best*Seller*, 2025.

    Tradução de: Loving whats is: four questions that can change your life

    ISBN: 978-85-7684-426-6

    1. Autorrealização (Psicologia). 2. Autoaceitação. I. Mitchell, Stephen, 1943- II. Título.

09-4429

CDD: 158.1
CDU: 159.947

Texto revisado segundo o Acordo Ortográfico da Língua Portuguesa de 1990.

Título original norte-americano:
LOVING WHAT IS
Copyright © 2002 by Byron Kathleen Mitchell
Copyright da tradução © 2009 by Editora Best Seller Ltda.

Capa: Sense Design
Editoração eletrônica: Abreu`s System

Todos os direitos reservados. Proibida a reprodução,
no todo ou em parte, sem autorização prévia por escrito da editora,
sejam quais forem os meios empregados.

Direitos exclusivos de publicação em língua portuguesa para o Brasil
adquiridos pela
EDITORA BEST SELLER LTDA.
Rua Argentina, 171, parte, São Cristóvão
Rio de Janeiro, RJ – 20921-380
que se reserva a propriedade literária desta tradução

Impresso no Brasil

ISBN 978-85-7684-426-6

Seja um leitor preferencial Record.
Cadastre-se no site www.record.com.br e receba informações
sobre nossos lançamentos e nossas promoções.

Atendimento e venda direta ao leitor
sac@record.com.br

*Para Adam Joseph Lewis
e Michael*

Sumário

	Introdução, por Stephen Mitchell	9
	Como ler este livro	29
1	Alguns princípios básicos	33
2	A grande desconstrução	43
3	Os diálogos	57
4	O Trabalho realizado com casais e na vida familiar	61
	Quero que meu filho converse comigo	63
	O "caso" do meu marido	72
	O bebê não deveria chorar	84
	Preciso da aprovação de minha família	91
5	Aprofundando a investigação	105
6	O Trabalho realizado com profissões e dinheiro	125
	Ele é tão incompetente!	128
	Tio Ralph e suas dicas sobre o mercado de ações	134
	Com raiva da América corporativa	152
7	O Trabalho realizado com suas autocríticas	161
	Com medo da vida	164
8	O Trabalho realizado com crianças	173
9	O Trabalho realizado com crenças subjacentes	179
	Ela deveria me fazer feliz	186
	Preciso tomar uma decisão	201
10	O Trabalho realizado com qualquer pensamento ou situação	213
11	O Trabalho realizado com o corpo e com vícios	219
	Um coração doente?	221
	O vício de minha filha	225

12	Fazendo amizade com o pior que pode acontecer	237
	Com medo da morte	237
	As bombas estão caindo	246
	Mamãe não impediu o incesto	255
	Estou zangada com Sam por ter morrido	271
	Terrorismo em Nova York	278
13	Perguntas e respostas	291
14	O Trabalho em sua vida	309
	Apêndice: autoajuda	313
	Notas à Introdução	319
	Informações para contatos	321

Introdução

~

*Quanto mais claramente você entende a si próprio e suas emoções,
tanto mais se torna um amante da realidade.*
Baruch Spinoza

A PRIMEIRA VEZ QUE OBSERVEI O Trabalho em funcionamento acreditei que estava testemunhando algo verdadeiramente extraordinário. O que vi foi uma sucessão de pessoas, jovens e velhas, instruídas ou não, aprendendo a questionar seus próprios pensamentos, aqueles que lhes eram mais dolorosos. Com a ajuda incisiva e carinhosa de Byron Katie (todos a chamam de Katie), essas pessoas estavam descobrindo um caminho próprio, não só para a resolução de seus problemas imediatos, mas também para um estado de espírito em que as questões mais profundas são solucionadas. Passei boa parte de minha vida estudando e traduzindo os textos clássicos das grandes tradições espirituais e reconheço algo muito semelhante neste processo que vemos aqui. No núcleo dessas tradições — em trabalhos tais como o Livro de Jó, o Tao Te Ching e o Bhagavad Gita — há um questionamento intenso da vida e da morte e uma sabedoria profunda, mas cheia de alegria, que emerge como resposta. Essa sabedoria, a meu ver, era o lugar em que Katie se encontrava, e o lugar para onde essas pessoas eram encaminhadas.

Enquanto observava de meu assento em um centro comunitário repleto de gente, cinco pessoas, homens e mulheres, uma a uma, foram aprendendo a ser livres por meio daqueles mesmos pensamentos que as fizeram sofrer, como "meu marido me traiu" ou "minha mãe não me ama o bastante". Fazendo apenas quatro perguntas e ouvindo as respostas que encontravam dentro de si mesmas, essas pessoas iam abrindo suas mentes para *insights* profundos e amplos, que poderiam transformar suas vidas. Vi um homem que durante décadas sofrera com a raiva e o ressentimento que sentia pelo pai alcoólatra iluminar-se diante de meus olhos em 45 minutos. Vi uma mulher, que quase não falava de tanto medo, porque descobrira que seu câncer estava se espalhando, terminar a sessão irradiando entendimento e aceitação. Três das cinco pessoas nunca tinham feito O Trabalho, mas, apesar disso, o processo não pareceu mais difícil para elas do que para as outras duas, nem suas realizações foram menos profundas. Todas começaram por compreender uma verdade tão básica que normalmente é imperceptível: o fato de que (nas palavras do filósofo grego Epíteto) "o que nos perturba não é aquilo que acontece conosco, mas nossos pensamentos sobre o que acontece". Assim que elas perceberam essa verdade, a visão que tinham modificou-se totalmente.

Antes de as pessoas vivenciarem pessoalmente O Trabalho de Byron Katie acham, muitas vezes, que ele é simples demais para dar resultado. Mas é precisamente essa simplicidade que faz com que o processo seja tão efetivo. Durante os últimos dois anos, desde que presenciei o processo pela primeira vez e conheci Katie, já realizei O Trabalho muitas vezes sobre pensamentos dos quais eu mesmo não estava ciente antes. E já observei mais de mil pessoas realizando-o em eventos públicos nos Estados Unidos e na Europa, com relação a toda uma gama de problemas humanos: desde doenças graves, mortes de parentes, abuso sexual e psicológico, vício, instabilidade financeira, problemas profissionais e questões sociais, até as frustrações normais do cotidiano. (Ter um lugar reservado em todos os eventos de Katie é um dos privilégios de estar casado com ela.) Repetidamente, vi O Trabalho transformar, em pouco tempo e de forma radical, a maneira como as pessoas pensam sobre seus problemas. E à medida que o modo de pensar se modifica, os problemas desaparecem.

"O sofrimento é opcional", diz Katie. Sempre que passamos por uma sensação estressante — qualquer coisa, seja um ligeiro desconforto ou até tristeza, raiva ou desespero profundo —, podemos estar certos de que há um pensamento específico causando essa reação, estejamos ou não conscientes dele. A maneira de pôr fim a nosso estresse é investigar o pensamento que está por trás dele, e qualquer pessoa pode fazer isso sozinha, com um pedaço de papel e uma caneta. As quatro perguntas de O Trabalho, que você verá em um contexto mais adiante nesta Introdução, revelam que parte de nosso pensamento não é verdadeira para nós. Por meio desse processo — Katie também o chama de "investigação" —, descobrimos que todos os conceitos e julgamentos em que acreditamos ou que aceitamos como dados são distorções das coisas como elas são realmente. Quando acreditamos em nossos pensamentos em vez de crer naquilo que é verdadeiro para nós, sentimos esses tipos de angústia emocional que chamamos de sofrimento. O sofrimento é um alarme natural, avisando-nos de que estamos dando muita importância a um pensamento; quando não escutamos o aviso, passamos a aceitar o sofrimento como parte inevitável da vida. Não é.

O Trabalho tem semelhanças surpreendentes com o *koan* da filosofia Zen e com o diálogo socrático. Mas não se origina de qualquer tradição, seja ela oriental ou ocidental. É puramente norte-americano, nascido nos EUA e não alternativo, tendo se originado na mente de uma mulher comum que não tinha nenhuma intenção de criar alguma coisa.

Para entender sua verdadeira natureza, você precisa esperar
o momento exato e as condições certas. Quando chega a hora, você desperta
como de um sonho. E entende que o que descobriu é só seu
e não vem de nenhuma fonte externa.
Sutra budista

O Trabalho nasceu em uma manhã de fevereiro de 1986, quando Byron Kathleen Reid, uma mulher de 43 anos, de uma pequena cidade no alto deserto do sul da Califórnia, despertou no chão de uma clínica de reabilitação para pacientes mentais.

Durante uma vida comum — dois casamentos, três filhos, uma carreira bem-sucedida — Katie se viu em uma espiral descendente que durou dez anos e que a deixou enraivecida, paranoica e desesperada. Durante dois anos, sua depressão foi tão profunda que ela raramente conseguia sair de casa; ficava na cama semanas inteiras, fazendo seus contatos comerciais por telefone, sem sair do quarto, incapaz até de tomar um banho ou escovar os dentes. Os filhos passavam pela porta do quarto na ponta dos pés para evitar os ataques de raiva da mãe. Finalmente, ela mesma internou-se em uma clínica de reabilitação para mulheres com doenças relacionadas com a alimentação, pois esse era o único tipo de tratamento que seu plano de saúde cobria. Os outros residentes tinham tanto medo dela que os médicos a colocaram sozinha em um quarto de sótão.

Uma manhã, mais ou menos uma semana depois, deitada no chão (ela achava que sequer merecia dormir em uma cama), Katie acordou sem qualquer noção de quem era ou até do que era. "Não havia nenhum eu", diz ela.

> Toda a minha raiva, todos os pensamentos que vinham me perturbando, meu mundo inteiro, *o* mundo inteiro, tudo desaparecera. Ao mesmo tempo, o riso emergia das profundezas do meu ser e se extravasava. Tudo era irreconhecível. Era como se alguma outra coisa tivesse despertado. *Essa coisa* abriu os olhos. *Essa coisa* estava olhando através dos olhos de Katie. E estava tão feliz! Estava intoxicada de alegria. Não havia nada separado, nada inaceitável nela; tudo era seu próprio eu.

Quando Katie voltou para casa, a família e os amigos sentiram como se ela fosse outra pessoa. A filha, Roxann, que tinha 16 anos à época, disse:

> Sabíamos que a tempestade contínua havia terminado. Ela sempre gritava comigo e com meus irmãos, e nos criticava; eu costumava até ter medo de estar no mesmo quarto com ela. Agora ela estava completamente tranquila. Ficava sentada calmamente durante horas no assento da janela ou do lado de fora, no deserto. Tinha a alegria e a inocência de uma criança e parecia estar cheia de amor. As pessoas com problemas começaram a bater à nossa porta, pedindo ajuda. Ela sentava com elas e lhes fazia perguntas — principalmente: "Isso é verdade?" Quando eu

chegava em casa deprimida, com um problema do tipo "meu namorado não me ama mais", mamãe me olhava como se ela soubesse que aquilo não era possível, e me perguntava: "Querida, como é que isso pode ser verdade?", como se eu tivesse acabado de lhe dizer que estávamos morando na China.

Assim que as pessoas compreenderam que a Katie de antes não ia mais voltar, começaram a especular sobre o que teria acontecido. Teria ocorrido algum milagre? Ela não conseguia ajudá-los muito. Decorreu muito tempo até que ela pudesse descrever sua experiência de uma forma inteligível. Falava de uma liberdade que havia despertado dentro dela. Dizia também que por meio de um questionamento interno compreendeu que seus pensamentos antigos eram falsos.

Pouco depois de Katie ter voltado da clínica sua casa começou a se encher de pessoas que ouviram falar de sua história e vinham aprender com ela. Ela conseguia transmitir aquela sua investigação interna na forma de perguntas específicas que aqueles que estavam em busca da liberdade podiam utilizar sozinhos, sem sua presença. A seguir, começou a receber convites para pequenas reuniões nas salas das pessoas. Seus anfitriões, muitas vezes, perguntavam se ela estava "iluminada". Katie respondia: "Sou apenas alguém que sabe a diferença entre aquilo que dói e aquilo que não dói."

Em 1992, convidaram-na para ir ao norte da Califórnia, e O Trabalho divulgou-se muito rapidamente a partir dali. Katie aceitava todos os convites. Desde 1993 ela viaja constantemente, apresentando O Trabalho em subsolos de igrejas, centros comunitários e salões de conferências de hotéis, diante de públicos grandes e pequenos (a entrada é sempre grátis). E O Trabalho conseguiu penetrar todos os tipos de organizações, de corporações, escritórios de advocacia e consultórios de terapeutas a hospitais, presídios, igrejas e escolas. Hoje já é popular até em outras partes do mundo que Katie visitou. Por toda a América e por toda a Europa existem grupos de pessoas que se reúnem regularmente para realizar O Trabalho.

Katie normalmente diz que só se pode compreender O Trabalho vivenciando-o. Mas vale a pena observar que a investigação se enquadra precisamente na pesquisa atual sobre a biologia da mente. A neurociência contemporânea identifica uma área específica do cérebro, às vezes chamada de "intérprete", como a fonte de uma narrativa interna familiar que dá sentido ao nosso eu. Dois renomados neurocientistas recentemente estabeleceram as características da qualidade sutil e independente do relato contado pelo intérprete. Antonio Damasio descreve esse relato da seguinte maneira: "Talvez a revelação mais importante é precisamente essa: que o hemisfério cerebral esquerdo tende a fabricar narrativas verbais que não estão necessariamente de acordo com a verdade." E Michael Gazzaniga escreve: "O cérebro esquerdo tece sua história a fim de convencer a si próprio e a você que ele tem o controle total... O que é tão adaptável a respeito de ter algo que, no final das contas, é apenas um porta-voz no cérebro esquerdo? O intérprete está realmente tentando manter nossa história pessoal intacta. Para fazer isso temos de aprender a mentir para nós mesmos." Essas ideias, baseadas em um trabalho experimental sólido, mostram que temos uma tendência a acreditar nas nossas próprias divulgações de informação. Muitas vezes, quando achamos que estamos sendo racionais, estamos apenas sendo dominados por nosso próprio pensamento. Essa característica explica como nos colocamos nas posições dolorosas que Katie reconheceu em seu próprio sofrimento. O autoquestionamento que ela descobriu usa uma capacidade diferente e menos conhecida da mente de encontrar uma saída para essa armadilha que nós mesmos construímos.

Após realizar O Trabalho, muitas pessoas relataram uma sensação imediata de alívio e de liberdade daqueles pensamentos que as estavam fazendo infelizes. Mas se O Trabalho dependesse de uma experiência momentânea, seria muito menos útil do que é. O Trabalho é um processo de autoconhecimento contínuo e cada vez mais profundo, não uma solução rápida e imediata. "É mais que uma técnica", diz Katie. "Traz à luz, vindo de nosso interior mais profundo, um aspecto inato de nosso ser."

Quanto mais você se aprofundar em O Trabalho, mais vai compreender o poder do processo. Pessoas que vêm praticando esse tipo de investigação por algum tempo muitas vezes dizem: "O Trabalho já não é uma coisa que *eu* faço. É ele que está *me* fazendo." E descrevem como, sem qualquer intenção consciente, a mente percebe todos os pensamentos estressantes e os desfaz antes que possam causar sofrimento. O argumento interno que elas desenvolviam com a realidade desapareceu, e descobrem que o que permanece é amor — amor por elas mesmas, por outras pessoas e por seja lá o que for que a vida lhes traz. O título deste livro descreve sua experiência: amar a realidade passa a ser tão fácil e tão natural quanto respirar.

> *Considerando que, se todo o ódio for expulso dali,*
> *A alma recupera a inocência radical*
> *E aprende finalmente que ela é sua própria fonte de alegria,*
> *de tranquilidade e de terror,*
> *E que sua própria doce vontade é a vontade do Céu.*
> William Butler Yeats

Esperei até agora para lhes apresentar as quatro perguntas porque elas não fazem muito sentido fora de um contexto. A melhor maneira de conhecê-las é ver como funcionam em um exemplo real de O Trabalho. Você irá conhecer também aquilo que Katie chama de "inversão", que é uma maneira de buscar versões contrárias de uma afirmação na qual você acredita.

O diálogo que se segue ocorreu diante de um público de aproximadamente 200 pessoas. Mary, a mulher que está sentada no palco, de frente para Katie, preencheu um formulário de uma página com seus pensamentos sobre alguém que a perturba. As instruções são: "Permita a si mesmo criticar à vontade e ser tão mesquinha quanto realmente se sente. Não tente ser 'espiritual' ou generosa." Quanto mais mesquinha você for no que escrever, mais chance teremos de nos beneficiar com O Trabalho. Você verá que Mary não se conteve nem um pouco. Ela é uma mulher imponente, de uns 40 anos, esbelta, atraente e com roupas esporte que parecem caras. No começo do diálogo, a raiva e a impaciência são palpáveis.

Uma primeira experiência de O Trabalho, como leitor ou como observador, pode ser desconfortável. É uma boa ajuda lembrar que todos os participantes — Mary, Katie e o público — estão do mesmo lado nessa situação: todos estão buscando a verdade. Se alguma vez Katie pode dar a impressão de estar zombando ou ridicularizando, logo você perceberá que ela está zombando do pensamento que está causando o sofrimento de Mary, nunca da própria Mary.

Lá pela metade do diálogo, quando Katie pergunta: "Você realmente quer saber a verdade?", ela não quer dizer a verdade dela, Katie, ou alguma verdade abstrata e predeterminada, mas, sim, a verdade de Mary, que está oculta por trás dos pensamentos que a incomodam. Mary participou desse diálogo desde o princípio porque ela confia que Katie pode ajudá-la a descobrir onde é que ela esta mentindo a si própria. Ela agradece a persistência de Katie.

Você logo perceberá também que Katie é muito liberal no uso que faz de termos carinhosos. Um superintendente, antes de uma oficina que Katie deu para seus alto executivos, achou que tinha que lhes avisar: "Se ela segurar sua mão e chamá-lo de querido ou de meu bem, por favor, não fique excitado. Ela faz isso com todo mundo."

* * *

Mary [lendo as frases de seu formulário]: Odeio meu marido porque ele me deixa louca — tudo a respeito dele, até a maneira como ele respira. O que me desaponta é que não o amo mais, e nosso relacionamento é uma farsa. Quero que ele tenha mais sucesso, que não queira fazer sexo comigo, que fique em forma, que tenha uma vida separada de mim e de nossos filhos, que não me toque mais e que seja poderoso. Meu marido não deve se enganar pensando que é bom com nosso negócio. Ele deveria obter mais sucesso. Meu marido é um fraco. É carente e preguiçoso. Está se enganando. Eu me recuso a viver uma mentira. Recuso-me a continuar mantendo um relacionamento como se fosse uma impostora.

Katie: Esse é um bom resumo de tudo? [O público cai na gargalhada e Mary ri junto com eles.] Pelo som das risadas, parece que você falou em nome de muitas das pessoas que estão nesta sala. Então vamos começar do princípio e ver se começamos a entender o que está acontecendo.

Mary: Odeio meu marido porque ele me deixa louca — tudo a respeito dele, inclusive a maneira como ele respira.

Katie: "Seu marido a deixa louca" — isso é verdade? [Esta é a primeira das quatro perguntas: **Isso é verdade?**]

Mary: É.

Katie: Tudo bem. Qual seria um exemplo disso, meu bem? A respiração dele?

Mary: Ele respira. Quando estamos fazendo conferências telefônicas para nossa empresa, posso ouvir a respiração dele do outro lado da linha e tenho vontade de gritar.

Katie: Então, a respiração dele a deixa louca — isso é verdade?

Mary: É.

Katie: Você pode saber com absoluta certeza que isso é verdade? [A segunda pergunta: **Você pode saber com absoluta certeza que isso é verdade?**]

Mary: Sim!

Katie: Podemos compreender isso. E o que ouço é que, para você, isso realmente é verdade. Mas pela minha experiência não pode ser a respiração de seu marido que a está enlouquecendo; são seus *pensamentos* sobre a respiração dele. Portanto, vamos examinar tudo isso com mais atenção e ver se é verdade. Quais são os pensamentos que você tem com respeito à respiração dele no telefone?

Mary: Que ele deveria estar mais consciente de estar respirando tão alto durante uma conferência telefônica.

Katie: Como você reage, o que acontece quando você acredita neste pensamento? [A terceira pergunta: **Como você reage, o que acontece quando você acredita neste pensamento?**]

Mary: Sinto que tenho vontade de matá-lo.

Katie: Então, o que é mais doloroso — o pensamento que você relaciona com a respiração dele ou a própria respiração dele?

Mary: A respiração é mais dolorosa. A ideia de que tenho vontade de matá-lo não me incomoda. [Mary ri, e o público faz o mesmo.]

Katie: Você pode manter esse pensamento. É isso que torna maravilhoso O Trabalho. Você pode manter todos os seus pensamentos.

Mary: Nunca fiz O Trabalho antes, por isso não sei nenhuma das respostas "certas".

Katie: Suas respostas são perfeitas, querida. Não é preciso praticar. Então, ele está respirando ao telefone e você tem o pensamento de que ele deveria estar mais consciente, e ele não está. Qual é o pensamento seguinte?

Mary: Isso faz surgir todos os pensamentos terríveis que tenho sobre ele.

Katie: Tudo bem, e ele continua respirando. "Ele deveria parar de respirar no telefone durante uma conferência telefônica" — qual é a realidade da situação? Ele para de respirar?

Mary: Não. Eu já disse a ele que parasse.

Katie: E ele continua fazendo a mesma coisa. Essa é a realidade. O que é verdade é sempre aquilo que está acontecendo, não a história sobre o que deveria estar acontecendo. "Ele deveria parar de respirar no telefone" — isso é verdade?

Mary [após uma pausa]: Não. Isso não é verdade. Ele continua fazendo. Isso é que é verdade. Essa é a realidade.

Katie: Então, qual é sua reação quando você tem aquele pensamento de que ele deveria parar de respirar no telefone e ele não o faz?

Mary: Qual é minha reação? Quero desaparecer. Isso me incomoda porque sei que quero desaparecer mas sei muito bem que não vou a lugar nenhum.

Katie: Vamos voltar para a investigação, querida, em vez de seguir adiante em sua história, sua interpretação sobre o que está acontecendo. Você realmente quer saber a verdade?

Mary: Quero.

Katie: Tudo bem. É melhor ficarmos em uma das frases que você escreveu de cada vez. Você pode encontrar um motivo para não pensar que ele deveria parar de respirar no telefone? [Esta é uma pergunta adicional que Katie às vezes faz.] Para aqueles entre vocês que não conhecem O Trabalho, se ouvirem que estou pedindo a Mary que abandone a história dela, quero deixar isso bem claro. Não é isso que estou fazendo. Não se trata de se livrar dos pensamentos ou de vencê-los, aprimorá-los ou desistir deles. Nada disso. Trata-se de compreender, por você mesma, a causa e o efeito internos. A pergunta é simples: "Você pode *encontrar um motivo* para abandonar esse pensamento?"

Mary: Posso, posso sim. Seria muito mais agradável fazer essas conferências telefônicas sem esse pensamento.

Katie: Este é um bom motivo. Você pode descobrir um motivo não estressante para manter esse pensamento, essa mentira, que ele deveria parar de respirar no telefone? [Uma segunda pergunta adicional.]

Mary: Não.

Katie: Quem você seria sem este pensamento? [A quarta pergunta: **Quem você seria sem este pensamento?**] Quem seria você, enquanto você está em uma conferência telefônica com seu marido, se você não tivesse a capacidade de pensar aquilo?

Mary: Eu seria muito mais feliz. Mais poderosa. Não me distrairia tanto.

Katie: Isso mesmo, querida. É isso aí. Não é a respiração dele que está causando seu problema. São os seus pensamentos sobre a respiração dele, porque você não os investigou o suficiente para ver que eles se opõem à realidade no momento. Vamos examinar sua próxima frase.

Mary: Eu não o amo mais.

Katie: Isso é verdade?

Mary: É.

Katie: Tudo bem. Eu ouço isso, e você realmente quer saber a verdade?

Mary: Quero.

Katie: Ok. Fique parada. Não há resposta certa ou errada. "Você não o ama" — isso é verdade? [Mary fica em silêncio.] Se você tivesse que responder honestamente sim ou não, agora mesmo, e tivesse que viver para sempre com sua resposta — sua verdade ou sua mentira —, qual seria sua resposta? "Você não o ama" — isso é verdade? [Há uma longa pausa. Depois Mary começa a chorar.]

Mary: Não. Não é verdade.

Katie: Esta é uma resposta muito corajosa. Se nós respondemos dessa maneira, com aquilo que realmente é verdadeiro para nós, achamos que pode não existir uma saída. "Isso é verdade?" é apenas uma pergunta. Ficamos apavorados por ter que responder honestamente à mais simples das perguntas, porque projetamos o que isso possa significar em um futuro imaginado, e julgamos que temos que fazer algo a respeito. Qual é sua reação quando você acredita no pensamento de que não o ama?

Mary: Isso transforma minha vida inteira em uma farsa absurda.

Katie: Você pode encontrar um motivo para abandonar esse pensamento de que não o ama? E não estou lhe pedindo que o abandone.

Mary: Sim, posso encontrar um motivo.

Katie: Você pode encontrar algum motivo não estressante para manter esse pensamento?

Mary [após uma longa pausa]: Acho que se eu mantiver minha história, então posso conseguir fazer com que ele não queira sexo comigo o tempo todo.

Katie: Esse é um motivo não estressante? A meu ver, parece estressante.

Mary: Suponho que sim.

Katie: Você pode encontrar um motivo não estressante para manter esse pensamento?

Mary: Ah, entendi. Não. Não existem motivos não estressantes para manter essa história.

Katie: Fascinante. Quem você seria, ao lado de seu marido, sem o pensamento de que não o ama?

Mary: Seria ótimo. Seria maravilhoso. É o que eu quero.

Katie: O que estou ouvindo é que *com* o pensamento é estressante. E *sem* o pensamento é maravilhoso. Então, o que é que seu marido tem a ver com sua infelicidade? Acabamos de perceber aqui. Então, "Eu não amo meu marido" — inverta isso. [Depois das quatro perguntas, vêm as **inversões**.]

Mary: Eu realmente amo meu marido.

Katie: Sinta isso. Não tem nada a ver com ele, tem?

Mary: Não. Na verdade, não tem. Eu realmente amo meu marido, e você está certa, não tem nada a ver com ele.

Katie: E às vezes você acha que o detesta, e *isso* tampouco tem a ver com ele. O homem está apenas respirando. Você conta a história de que o ama ou você conta a história de que o detesta. Não são necessárias duas pessoas para ter um casamento feliz. Só é preciso uma: você! Aqui está outra inversão.

Mary: Eu não amo a mim mesma. Posso compreender isso.

Katie: E você pode achar que caso se divorcie dele vai se sentir bem. Mas se não tiver investigado sua maneira de pensar, vai conectar esses mesmos conceitos a seja quem for que entrar na sua vida mais tarde. Nós não nos conectamos com pessoas ou coisas; nós nos conectamos com conceitos não investigados que acreditamos ser verdade em um momento dado. Vamos examinar a próxima frase em seu formulário.

Mary: Quero que meu marido não seja carente, não seja dependente de mim, que tenha mais sucesso, que não queira fazer sexo comigo, que fique em forma, que tenha uma vida separada da minha e da dos nossos filhos e que tenha mais poder. Estas são apenas algumas delas.

Katie: Vamos inverter todas essas frases.

Mary: Eu não quero ser carente. Não quero ser dependente dele. Quero ter mais sucesso. Quero desejar fazer sexo com ele. Quero ficar em forma. Quero conseguir ter uma vida separada da dele e da dos nossos filhos. Quero ter mais poder.

Katie: Então, "ele não devia ser carente" — isso é verdade? Qual é a realidade? Ele é carente?

Mary: Ele é carente.

Katie: "Ele não deveria ser carente" é uma mentira, porque o sujeito é carente, de acordo com o que você diz. Portanto, qual é sua reação quando você tem o pensamento "ele não deveria ser carente", mas, na sua realidade, ele *é* carente?

Mary: Fico querendo fugir o tempo todo.

Katie: Quem seria você, na presença dele, sem o pensamento "ele não deveria ser carente"?

Mary: O que acabo de compreender é que eu poderia estar com ele em um espaço de amor, em vez de estar sempre com minhas defesas erguidas. É como se, no momento em que noto um pouquinho de carência que seja, já estou querendo sumir. Tenho de correr. Isso é o que eu faço com minha vida.

Katie: Quando ele age de uma maneira carente, na sua opinião, você não diz não francamente. Você escapa ou quer escapar, em vez de ser honesta consigo mesma e com ele.

Mary: É verdade.

Katie: Bem, teria de ser. Você tem de chamá-lo de carente até que possa conseguir estabelecer uma comunicação clara e honesta consigo mesma. Então, vamos ser claras. Você vai ser ele e ser muito carente. E eu assumo o papel da clareza.

Mary: O Senhor Carente entra e diz: "Acabo de receber o melhor telefonema do mundo. Você precisa ouvir. Esse é o cara, e ele vai ser fantástico para a empresa. E recebi também outro telefonema..." Entende, ele continua assim, sem parar. Enquanto isso, eu estou ocupada, com prazo de entrega para um trabalho.

Katie: "Meu querido, sei que você recebeu um telefonema maravilhoso. Fico muito contente por isso, mas também queria que você saísse da sala agora. Tenho um trabalho para entregar com urgência."

Mary: "Temos de falar sobre nossos planos. Quando é que vamos para o Havaí? Temos de descobrir quais as companhias aéreas..."

Katie: "Entendo que você queira falar sobre nossos planos para o Havaí, portanto, vamos conversar sobre isso no jantar hoje à noite. Mas realmente quero que você saia da sala agora. Tenho um prazo de entrega a cumprir."

Mary: "Se uma de suas amigas telefonasse, você falaria com ela por uma hora. Mas não pode me escutar nem por dois minutos!"

Katie: "Pode ser que você tenha razão, mas quero que você saia da sala agora. Pode parecer que estou sendo fria, mas não estou. Eu tenho mesmo um prazo a cumprir."

Mary: Não é assim que eu faço. Normalmente, sou cruel com ele. Fico ardendo de raiva.

Katie: Você tem de ser cruel, porque tem medo de lhe dizer a verdade e de dizer não. Você não diz: "Querido, quero que você saia porque tenho um prazo a cumprir", porque você quer alguma coisa dele. Que trapaça é essa que você está armando para você própria e para ele? O que é que você quer dele?

Mary: Nunca sou honesta com ninguém.

Katie: Porque você quer alguma coisa de nós. O que é que você quer?

Mary: Não suporto quando alguém não gosta de mim. Não quero divergências.

Katie: Então você quer nossa aprovação.

Mary: É, e quero harmonia.

Katie: Minha querida, "Se seu marido aprovar o que você diz e o que você faz, então há harmonia em sua casa" — isso é verdade? Funciona assim? Há harmonia em sua casa?

Mary: Não.

Katie: Você troca sua integridade pela harmonia em sua casa. Mas não funciona. Poupe-se de buscar amor, aprovação ou apreciação — de qualquer um. E observe o que acontece na realidade, só por diversão. Leia sua frase outra vez.

Mary: Quero que meu marido não seja carente.

Katie: Tudo bem. Inverta a frase.

Mary: Quero não ser carente.

Katie: Sim, você precisa de toda essa harmonia. Você precisa da aprovação dele. Você precisa que a respiração dele mude. Você precisa que a sexualidade dele se modifique por você. Quem está sendo carente? Quem depende de quem? Portanto, vamos inverter a lista inteira.

Mary: Quero não ser carente, não ser dependente...

Katie: De seu marido, talvez?

Mary: Quero ter mais sucesso. Quero não desejar fazer sexo comigo mesma.

Katie: Essa poderia ser realmente legítima se você examiná-la mais. Quantas vezes você conta a história de como ele faz sexo com você e você detesta?

Mary: Constantemente.

Katie: Sim. Você está fazendo sexo com ele mentalmente e pensando como isso é horrível. Você conta a história, repetidamente, de como é fazer sexo com seu marido. A história é que a está repugnando, não seu marido. O sexo sem uma história nunca repugnou ninguém. É assim que é. Você está ou não fazendo sexo. São nossos pensamentos sobre o sexo que nos repugnam. Escreva esta também, querida. Você poderia escrever um formulário inteiro sobre seu marido e sexualidade.

Mary: Entendo.

Katie: Ok, inverta a próxima frase.

Mary: Quero ficar em forma. Mas eu *estou* em forma!

Katie: Está mesmo? E mentalmente?

Mary: Ah, bom, eu poderia trabalhar isso.

Katie: Você está fazendo o melhor que pode?

Mary: Estou.

Katie: Bem, pode ser que ele também esteja. "Ele deveria estar em forma" — isso é verdade?

Mary: Não. Ele não está em forma.

Katie: Qual é sua reação quando você crê no pensamento de que ele deveria estar em forma, mas ele não está? Como é que você o trata? O que é que você diz? O que é que você faz?

Mary: Tudo é muito sutil. Mostro meus músculos para ele. Nunca olho para ele com aprovação. Nunca o admiro. Nunca faço nada simpático neste sentido.

Katie: Ok. Feche os olhos. Olhe para você mesma olhando para ele dessa maneira. Agora olhe para o rosto dele. [Há uma pausa. Mary suspira.] Mantenha os olhos fechados. Olhe para ele outra vez. Quem você seria, parada ali ao lado dele, sem o pensamento de que ele deveria estar em forma?

Mary: Eu olharia para ele e veria como ele é bonitão.

Katie: Isso, meu anjo. E você veria quanto o ama. Não é fascinante? Isso é muito emocionante. Então vamos ficar ali por um momento. Olha como você o trata, e ele ainda quer ir ao Havaí com você. Isso é incrível!

Mary: O que é incrível sobre esse homem é que eu sou tão horrível e tão cruel e ele me ama incondicionalmente. Isso me deixa furiosa.

Katie: "Ele deixa você furiosa" — isso é verdade?

Mary: Não. Até aqui, é meu pensamento que me deixa furiosa.

Katie: Então, vamos voltar. "Ele deveria ficar em forma" — inverta isso.

Mary: Eu deveria ficar em forma. Eu deveria pôr minha maneira de pensar em forma.

Katie: Sim. Todas as vezes que você olhar para ele e sentir repulsa, ponha sua maneira de pensar em forma. Julgue seu marido, escreva o que pensou, faça as quatro perguntas e inverta tudo. Mas só se você estiver cansada da dor. Ok, querida, acho que você já entendeu como é. Continue a trabalhar o resto das frases em seu formulário da mesma maneira. Gostei de investigar com você. E bem-vinda à investigação. Bem-vinda a O Trabalho.

*Distancie-se de todo o pensamento
e não haverá nenhum lugar onde você não possa ir.*
Seng-ts'an (O terceiro mestre fundador do zen)

Em *Ame a realidade*, Katie oferece tudo de que você precisa para realizar O Trabalho sozinho(a) ou com outras pessoas. O livro guiará você passo a passo por todo o processo e lhe mostrará, pelo caminho, muitas pessoas realizando O Trabalho com a ajuda de Katie. Esses diálogos, nos quais Katie traz sua clareza para os problemas humanos mais complicados, são exemplos — alguns, dramáticos — de como pessoas comuns podem encontrar sua própria liberdade por meio da investigação.

Stephen Mitchell

O Trabalho é apenas quatro questões; nem chega a ser uma coisa. Não tem qualquer motivo ou condições. Não é nada sem suas respostas. Essas quatro perguntas entrarão em qualquer projeto que você tenha e contribuirão para aprimorá-lo. Qualquer religião que você tenha — elas a aprimorarão. Se você não tiver religião, elas lhe trarão alegria. E queimarão qualquer coisa que não seja verdadeira para você. Queimarão até que você chegue àquela realidade que sempre esteve aguardando.

Como ler este livro

O OBJETIVO DESTE LIVRO É SUA felicidade. O Trabalho funcionou para milhares de pessoas, e *Ame a realidade* irá lhe mostrar exatamente como usá-lo em sua própria vida.

Comece com os problemas que o(a) irritam ou deprimem. O livro vai lhe mostrar como escrevê-los de uma maneira que facilite a investigação. A seguir serão apresentadas as quatro perguntas, mostrando-lhe como aplicá-las a seus problemas individuais. A essa altura você poderá perceber como O Trabalho pode revelar soluções que são simples, radicais e que podem transformar sua vida.

Além disso, o livro contém exercícios que lhe ensinarão como usar O Trabalho com uma profundidade e precisão cada vez maiores, e que demonstrarão como o processo pode operar em todas as situações. Após realizar O Trabalho com as pessoas em sua vida, você aprenderá a utilizá-lo nas questões que lhe causam mais dor — dinheiro, por exemplo, doença, injustiça, desprezo por você mesmo(a) ou medo da morte. Você aprenderá, também, a reconhecer as crenças subjacentes que impedem que seus olhos vejam a realidade e como lidar com aqueles juízos que você faz de si mesmo e que o(a) perturbam.

Em todo o livro haverá muitos exemplos de pessoas exatamente como você realizando O Trabalho — pessoas que creem que seus problemas são insolúveis, que estão certas de que terão que sofrer pelo resto de suas vidas porque um filho adorado morreu ou porque vivem com alguém a quem já não amam. Você conhecerá uma mulher desesperada com o choro de um bebê, outra, que vive com medo por causa do mercado de ações, pessoas aterrorizadas pelos pensamentos sobre algum trauma de infância ou apenas tentando conviver com um colega de trabalho com quem é difícil lidar. Você verá como elas conseguiram encontrar uma saída para seu sofrimento; e talvez por meio deles e das ideias práticas nas páginas que se seguem você encontrará sua própria saída.

Cada pessoa aprende O Trabalho de seu próprio jeito. Algumas aprendem o processo principalmente observando como os diálogos se desenvolvem. (Eu as encorajo a lê-los de uma maneira pró-ativa — buscando, em seu interior, suas próprias respostas enquanto lê.) Outras aprendem O Trabalho unicamente pela prática: investigando o que for que está lhes perturbando naquele momento, com um papel e uma caneta à mão. Sugiro que você leia o capítulo 2, e possivelmente o capítulo 5 também, para absorver as instruções básicas. Depois disso, pode, por exemplo, ler cada um dos diálogos, um após outro — mas só se sentir que isso o(a) ajuda. Se preferir selecionar e ler os diálogos cujos temas lhe interessam especificamente, nenhum problema. Ou você pode preferir seguir as instruções conforme elas são apresentadas em todo o livro e ler algum diálogo só de vez em quando. Estou certa de que você fará aquilo que funciona melhor para você.

Estamos entrando na dimensão que podemos controlar

— nosso interior.

1

Alguns princípios básicos

O QUE EU GOSTO EM O Trabalho é que ele lhe permite entrar em seu interior e encontrar sua própria felicidade, sentir aquilo que já existe dentro de você, permanente, imutável, sempre presente, sempre à espera. Não há necessidade de um professor. Você é o professor pelo qual vinha esperando. Você é a pessoa que pode pôr um fim a seu próprio sofrimento.

Costumo dizer: não acredite em nada do que digo. Quero que você descubra o que é verdadeiro para você, não para mim. Apesar disso, quando iniciaram O Trabalho, muitas pessoas acharam os princípios úteis.

Percebendo quando seus pensamentos contradizem a realidade

Só sofremos quando acreditamos em uma ideia que contradiz a realidade. Quando a mente está perfeitamente clara, queremos aquilo que é real.

Querer que a realidade seja diferente é mais difícil do que tentar ensinar um gato a latir. Você pode ficar tentando durante horas e no final o gato vai olhar para você e dizer: "miau." Querer que a realidade seja diferente do que é não é viável. Podemos passar o resto da vida tentando ensinar um gato a latir.

Se você prestar atenção, no entanto, perceberá que pensamentos como esses lhe vêm à mente dezenas de vezes ao dia: "As pessoas deveriam ser mais bondosas", "As crianças deveriam se comportar melhor", "Meus vizinhos deveriam cuidar melhor da grama do jardim", "A fila do supermercado deveria andar mais rápido", "Meu marido (ou minha esposa) deveria concordar comigo", "Eu deveria ser mais magra (ou mais bonita, ou ter mais sucesso)". Esses pensamentos são maneiras de querer que a realidade seja diferente do que é. Se você acha que isso parece deprimente, tem toda razão. Todo o estresse que sentimos advém de nossas tentativas de discutir com aquilo que é.

Depois que despertei para a realidade, em 1986, as pessoas, muitas vezes, se referiam a mim como a mulher que ficou amiga do vento. Barstow é uma cidade no deserto, onde o vento sopra a maior parte do tempo, e todos o detestam; as pessoas chegam a se mudar porque não podem suportar o vento. A razão que me levou a fazer amizade com o vento — com a realidade — é que descobri que não tinha escolha. Compreendi que é quase uma loucura se opor a ela. Quando discuto com a realidade, perco — só 100 por cento das vezes. Como é que sei que o vento deve soprar? Porque está soprando!

As pessoas que ainda não conhecem O Trabalho às vezes me dizem: "Mas deixar de discutir com a realidade é perder o poder. Se eu simplesmente aceitar a realidade, passarei a ser passiva. Posso até perder a vontade de agir." Eu lhes respondo com uma pergunta: "Você pode ter certeza de que isso é verdade? O que é que lhe dá mais poder: 'Gostaria de não ter perdido meu emprego' ou 'perdi meu emprego; o que posso fazer agora?'"

O Trabalho revela que aquilo que você acha que *não* deveria ter ocorrido, *deveria* ter ocorrido. E deveria ter ocorrido simplesmente porque ocorreu e nenhum pensamento no mundo pode modificar essa situação. Isso não significa que você tolera o que ocorreu ou está de acordo com ele. Apenas significa que pode ver as coisas sem a resistência e sem a confusão de sua luta interna. Ninguém quer que os filhos fiquem doentes, ninguém quer se envolver em um acidente de carro; mas quando essas coisas acontecem, de que vale discutir mentalmente com elas? Embora seja evidente que fazer isso é uma tolice, o fazemos, porque não sabemos deixar de fazê-lo.

Sou amante da realidade não porque seja uma pessoa espiritual, mas porque, quando discuto com ela, sofro. Podemos ver que a realidade é boa exatamente como é porque, quando discutimos com ela, nos sentimos tensos e frustrados. Não nos sentimos naturais ou equilibrados. Quando paramos de nos opor à realidade, a ação se torna mais simples, fluida, generosa e destemida.

Permanecendo naquilo que é de nossa conta

Posso apontar apenas três tipos de assuntos no universo: os meus, os seus e os de Deus. (Para mim, a palavra *Deus* quer dizer "realidade". Realidade é Deus, porque ela governa. Tudo aquilo que está fora do meu controle, ou do seu controle, ou do controle de todos os demais, eu chamo de assuntos de Deus.)

Muito de nosso estresse surge por vivermos mentalmente conectados com o que não é de nossa conta. Quando penso: "Você precisa arranjar um emprego, quero que você seja feliz", estou entrando nos assuntos que são de *sua* conta. Quando me preocupo com terremotos, enchentes, guerra ou com a data da minha morte, estou me envolvendo nos assuntos de Deus. Se, mentalmente, envolvo-me com os seus assuntos ou com os assuntos de Deus, o resultado é a separação. Percebi isso no início de 1986. Quando, mentalmente, interferia nos assuntos de minha mãe com pensamentos como, por exemplo: "Minha mãe deveria me compreender", imediatamente tinha uma sensação de solidão. E compreendi que todas as vezes na minha vida em que me sentira magoada ou solitária é porque estava envolvida no que era da conta de outra pessoa.

Se você está vivendo sua vida e eu estou mentalmente também vivendo sua vida, quem está aqui vivendo a minha? Estamos ambos lá longe.

Estar mentalmente em seus assuntos evita que eu esteja presente nos meus próprios. Fico separada de mim mesma, perguntando-me por que minha vida não dá certo.

Achar que sei o que é melhor para qualquer outra pessoa é estar fora daquilo que é da minha conta. Mesmo em nome do amor, tal atitude é pura arrogância, e o resultado é tensão, ansiedade e medo. Sei o que é certo para mim mesma? Isso, sim, faz parte dos meus assuntos. Portanto, preciso lidar com isso primeiro, antes de tentar solucionar seus problemas para você.

Se você entender os três tipos de assuntos o suficiente para permanecer em seus próprios, poderá libertar sua vida de uma maneira que nem você próprio(a) pode imaginar. Na próxima vez que estiver se sentindo estressado(a) ou desconfortável, pergunte a si mesmo(a) em que assuntos você está mentalmente, e é possível que dê uma boa risada. A pergunta pode trazer você de volta para si mesmo(a). E você pode chegar a perceber que, na verdade, nunca esteve presente, que tem estado vivendo mentalmente nos assuntos de outras pessoas a vida toda. Só perceber que você está envolvido nas coisas que são da conta de outras pessoas pode trazê-lo(a) de volta para seu próprio e maravilhoso eu.

E praticando isso por algum tempo, pode vir a descobrir que também não tem preocupações específicas e que sua vida está correndo perfeitamente bem por conta própria.

Enfrentando seus pensamentos com compreensão

Um pensamento é inofensivo a não ser que acreditemos nele. Não são nossos pensamentos, mas o *vínculo* com nossos pensamentos que nos faz sofrer. O vínculo com um pensamento significa acreditar que ele é verdadeiro, sem um questionamento mais profundo. Uma crença é um pensamento ao qual nos vinculamos, muitas vezes durante anos.

A maior parte das pessoas acham que *são* aquilo que seus pensamentos dizem que são. Um dia percebi que não estava respirando — eu estava sendo "respirada". E depois também percebi, para minha surpresa, que não estava pensando — que eu estava sendo "pensada" e que aquele pensamento não era meu. Você por acaso acorda de manhã e diz para si mesmo(a): "Acho que não vou pensar hoje"? Tarde demais. Você já está pensando! Os pensamentos simplesmente aparecem. Surgem do nada e voltam para o nada, como nuvens deslocando-se em um céu vazio. Eles vêm para passar, não para ficar. Não oferecem nenhum perigo até o momento em que nos vinculamos a eles como se fossem verdade.

Ninguém é capaz de controlar seu pensamento, embora algumas pessoas possam contar histórias sobre como o fizeram. Não me desfaço de meus pensamentos — eu os enfrento com compreensão. E com isso *eles* é que *me* abandonam.

Pensamentos são como a brisa ou as folhas nas árvores ou as gotas da chuva que cai. Aparecem da mesma forma, e por meio da investigação podemos ficar amigos deles. Você discutiria com uma gota de chuva? As gotas de chuva não são pessoais, e os pensamentos também não. Se enfrentarmos com compreensão um conceito que nos causa sofrimento, na próxima vez que ele surgir podemos até achá-lo interessante. Aquilo que antes era um pesadelo agora é apenas interessante. Na próxima vez que ele aparecer, você pode achá-lo cômico. E, na próxima, é possível que nem o note. Esse é o poder de amar a realidade.

Ficando conscientes de nossas histórias

Muitas vezes uso a palavra *história* para falar sobre pensamentos — ou uma sequência de pensamentos — de cuja veracidade nos convencemos. A história pode ser sobre o passado, sobre o presente ou sobre o futuro; pode ser sobre como as coisas deveriam ser, como poderiam ser ou por que são assim. Histórias surgem em nossas mentes centenas de vezes por dia — quando alguém se levanta sem dizer uma palavra e sai da sala, quando alguém não sorri ou não retorna uma chamada telefônica, ou até quando um estranho nos sorri; antes ou depois de abrir uma carta importante, você sente uma sensação estranha no peito; quando seu chefe sugere que você vá até sua sala, ou quando seu companheiro (ou companheira) fala com você em certo tom de voz. Histórias são as teorias não testadas, não investigadas, que nos dizem o que todas essas coisas significam. Nós nem chegamos a perceber que elas são apenas teorias.

Uma vez, indo ao toalete de senhoras em um restaurante perto de minha casa, encontrei-me com uma mulher que saía do único compartimento. Sorrimos uma para a outra e, quando fechei a porta, ela começou a cantar enquanto lavava as mãos. Que linda voz!, pensei. Mas aí, ao ouvi-la sair, notei que o assento do vaso sanitário estava todo molhado. Como é que as pessoas podem ser tão grosseiras?, pensei. E como será que ela conseguiu urinar no assento inteiro? Será que ela ficou em pé sobre ele? Então, veio-me a ideia de que ela era um homem — um travesti, cantando em falsete no banheiro das mulheres. Passou pela minha mente segui-la (segui-lo) e dar-lhe uma lição sobre a sujeira que tinha feito. Enquanto limpava o assento, fiquei pensando em tudo o que diria. A seguir, puxei a descarga. A água encheu o vaso até em cima e encharcou o assento. E eu fiquei ali parada rindo.

Nesse caso, o curso natural dos eventos foi bastante generoso para expor minha história antes que ela prosseguisse ainda mais. Mas, normalmente, isso não acontece. Antes de descobrir a investigação, eu não tinha nenhum meio de parar esse tipo de pensamento. Histórias pequenas geram histórias grandes; histórias grandes geram teorias importantes sobre a vida, como as coisas foram terríveis e como o mundo é um lugar perigoso. Com isso, acabei sentindo-me apavorada demais e deprimida demais até para sair de meu quarto.

Quando você está agindo de acordo com teorias não investigadas a respeito daquilo que está acontecendo e não está sequer consciente disso, encontra-se naquilo que eu chamo de "o sonho". Muitas vezes, o sonho é perturbador; às vezes, transforma-se em um pesadelo. Em momentos como esses, é uma boa ideia testar a veracidade de suas teorias executando O Trabalho sobre elas. O Trabalho sempre elimina um pouco de sua história desconfortável. Quem seria você sem ela? Que proporção do seu mundo é composta de histórias não investigadas? Você nunca saberá, até que investigue.

Procurando o pensamento por trás do sofrimento

Nunca tive uma sensação de estresse que não tenha sido provocada pelo vínculo com um pensamento falso. Por trás de todos os sentimentos desconfortáveis há sempre um pensamento que não é verdadeiro para nós. "O vento não deveria estar soprando", "Meu marido deveria concordar comigo". Temos aquele pensamento que contradiz a realidade, depois uma sensação de estresse e, a seguir, atuamos com base naquela sensação, o que cria ainda mais estresse para nós. Em vez de entender a causa original — um pensamento —, tentamos mudar as sensações estressantes procurando sua fonte fora de nós mesmos(as). Tentamos mudar alguma outra pessoa, ou procuramos sexo, comida, álcool, drogas ou dinheiro a fim de encontrar um consolo temporário e a ilusão de controle.

É fácil ser levado de roldão por um sentimento incontrolável; portanto, é uma boa ideia lembrar que qualquer sensação de estresse é como um despertador piedoso que diz: "Você está preso(a) no sonho." Depressão, dor e medo são dons que dizem: "Meu bem, dê uma olhada nos seus pensamentos neste momento. Você está vivendo uma história que não é verdadeira para você." Viver uma inverdade é sempre estressante. Mas se nós não respeitarmos o despertador, tentaremos alterar e manipular o sentimento buscando suas causas fora de nós mesmos(as). Normalmente, a consciência da sensação surge antes da consciência do pensamento. É por isso que digo que há um despertador que lhe avisa que você está em um pensamento e que investigá-lo lhe faria bem. E investigar um pensamento falso por meio de O Trabalho sempre o(a) leva de volta a quem você é realmente. Porque é penoso acreditar que você é diferente daquilo que é realmente para viver qualquer história que não seja a da felicidade.

Se você colocar a mão no fogo, é preciso que alguém lhe diga para retirá-la? Você tem de tomar uma decisão? Não. Quando sua mão começa a queimar, ela se retrai. Você não precisa direcioná-la; ela se move sozinha. Da mesma forma, quando você compreender, através da investigação, que um pensamento falso causa sofrimento, você vai se afastar dele. Antes do pensamento, você não estava sofrendo. Com o pensamento, você começa a sofrer; quando você reconhece que o pensamento não é verdadeiro, uma vez mais não há sofrimento. E é assim que O Trabalho funciona. "Qual é minha reação quando tenho aquele pensamento?" Mão no fogo. "Como eu seria sem ele?" Mão fora das chamas. Examinamos o pensamento, sentimos nossa mão no fogo e naturalmente recuamos para a posição original; não é preciso que nos digam nada. E na próxima vez que o pensamento surgir, a mente automaticamente se distancia do fogo. O Trabalho nos convida a ter a consciência da causa e do efeito internos. Quando reconhecemos isso, todo nosso sofrimento começa a se desemaranhar por conta própria.

Investigação

Uso a palavra *investigação* como sinônimo de O Trabalho. *Investigar* ou *inquirir* é colocar um pensamento ou uma história diante das quatro perguntas e das inversões (o que será explicado no capítulo seguinte). A investigação é uma forma de pôr fim à confusão e de sentir paz interna, mesmo em um mundo de caos aparente. Mais que tudo, é sobre a compreensão de que todas as respostas de que sempre necessitaremos estão sempre disponíveis dentro de nós.

A investigação é mais que uma técnica: ela traz à luz, lá do fundo de nós mesmos(as), um aspecto inato de nosso ser. Quando praticada por algum tempo, a investigação adquire vida própria dentro de você. Surge sempre que os pensamentos aparecem, à medida que eles se equilibram e se unem. Essa parceria interna o(a) deixa desimpedido(a) e livre para viver como um ouvinte generoso, espontâneo, destemido e divertido, um estudante de você mesmo(a) e um(a) amigo(a) confiável, que não irá nos ofender, nos criticar ou guardar mágoas de nós. Eventualmente, sente-se a compreensão automaticamente, como um meio de vida. A paz e a alegria encontram, de modo natural, inevitável e irreversível o caminho para cada cantinho de sua mente, e em todos os seus relacionamentos e experiências. O processo é tão sutil que é provável que você nem tenha consciência dele. Você pode apenas notar que antes costumava sofrer e agora já não sofre.

Ou estamos nos vinculando a nossos pensamentos ou investigando-os. Não há alternativa.

2

A grande desconstrução

Uma crítica sobre O Trabalho que ouço constantemente é que ele é simples demais. As pessoas dizem: "A liberdade não pode ser assim tão simples!" E eu respondo: "Você pode saber realmente que isso é verdade?"

Faça uma crítica de seu próximo, escreva-a, faça as quatro perguntas, faça as inversões. Quem iria imaginar que a liberdade pudesse ser tão simples?

Colocando sua mente no papel

O primeiro passo para O Trabalho é escrever suas opiniões sobre qualquer situação estressante em sua vida, passada, presente ou futura — sobre uma pessoa de quem você não gosta ou que o(a) preocupa, uma situação com alguém que o(a) irrita, atemoriza ou entristece, ou alguém a respeito de quem você é ambivalente ou está confuso(a). Escreva essas opiniões, exatamente como as pensou. (Use uma folha de papel em branco; ou, se tem acesso à internet, vá para o site www.thework.com, para a seção intitulada "O Trabalho", onde você encontrará um formulário chamado "Julgue seu próximo", para baixar e imprimir.

Não se surpreenda se você achar essa tarefa difícil. Por milhares de anos ensinaram-nos a não julgar — mas, sejamos honestos, apesar disso, julgamos os outros o tempo todo. A verdade é que todos nós temos julgamentos formados circulando em nossa cabeça. Por meio de O Trabalho, finalmente temos permissão para extravasá-los, ou até para gritá-los, no papel. Descobrimos que até os pensamentos mais cruéis podem ser defrontados com o amor incondicional.

Sugiro que você escreva sobre alguém — pai ou mãe, amante, inimigo — a quem você não conseguiu perdoar totalmente. Este é o lugar mais adequado para começar. Mesmo que você tenha perdoado aquela pessoa uns 99 por cento, não estará livre até que seu perdão seja total. O 1 por cento que você ainda não perdoou é exatamente o lugar onde você vai encontrar obstáculos em todos os seus outros relacionamentos, inclusive no relacionamento com você mesmo(a).

Sugiro especificamente que se você ainda não conhece a investigação, não escreva sobre você mesmo(a) no início. Se começar julgando a si próprio(a), suas respostas incluirão um motivo e soluções que não deram certo. Julgar outra pessoa, fazer a investigação e revertê-la é o melhor caminho para a compreensão. Você pode se julgar mais tarde, quando já estiver fazendo o inquérito por tempo suficiente para confiar no poder da verdade.

Se começar apontando o dedo acusatório para o outro, o foco não estará sobre você. Você poderá relaxar e não ser censurado(a). Normalmente, temos muita certeza sobre o que as outras pessoas precisam fazer, como deveriam viver, com quem deveriam estar. Temos uma visão normal sobre outras pessoas, mas não sobre nós mesmos(as).

Quando você faz O Trabalho, verá quem você é ao ver o que você acha que as outras pessoas são. Eventualmente, chegará a compreender que tudo fora de você é um reflexo de seu próprio pensamento. Você é o contador de histórias, o projetor de todas as histórias, e o mundo é a imagem projetada de seus pensamentos.

Desde o início do mundo as pessoas vêm tentando mudá-lo para que possam ser felizes. Isso nunca funcionou, porque aborda o problema de trás para a frente. O que O Trabalho nos dá é um meio de mudar o projetor — a mente —, não o que foi projetado. É como ter um pedaço de gaze sobre a lente de um projetor. Achamos que há algum defeito na tela e tentamos modificar esta ou aquela pessoa, seja quem for que esteja mais perto daquele defeito. Mas é inútil tentar mudar as imagens projetadas. No momento em que compreendermos onde está a gaze, podemos limpar a própria lente. Isso é o fim do sofrimento e o início de um pouco de alegria no paraíso.

As pessoas muitas vezes me dizem: "Por que devo julgar meu próximo? Já sei que tudo é sobre eu mesmo(a)." Eu digo: "Entendo. Mas, por favor, confie no processo. Julgue seu próximo e siga as direções simples."

Aqui vão alguns exemplos de pessoas sobre as quais você pode querer escrever: mãe, pai, esposa, marido, filhos, irmãos, sócio, vizinho, amigo, inimigo, companheiro de quarto, chefe, professor, empregado, colega de trabalho, colega de equipe, vendedores, clientes, homens, mulheres, as autoridades, Deus. Normalmente, quanto mais pessoal for a escolha, mais poderoso será O Trabalho.

Mais tarde, quando você ganhar experiência na execução de O Trabalho, é provável que queira investigar seus julgamentos sobre questões como a morte, dinheiro, saúde, seu corpo, seus vícios e até suas autocríticas. (Veja o capítulo 6, "O Trabalho realizado com profissões e dinheiro"; o capítulo 7, "O Trabalho realizado com suas autocríticas"; e o capítulo 11, "O Trabalho realizado com o corpo e com vícios".) Com efeito, quando você estiver pronto(a), poderá escrever e investigar sobre qualquer pensamento desconfortável que surja em sua mente. Quando compreender que cada momento de estresse que vivencia é uma bênção que lhe indica o caminho de sua própria liberdade, a vida passará a ser muito generosa e abundante, além de todos os limites.

Por que e como escrever no formulário

Por favor, não caia na tentação de continuar sem escrever seus julgamentos. Se você tentar fazer O Trabalho mentalmente, sem colocar seus pensamentos no papel, a mente vai levar a melhor. Antes que perceba, ela estará correndo para criar outra história que confirme sua primeira declaração. Mas, embora a mente possa se justificar com uma rapidez maior que a da luz, ela pode ser controlada pelo ato de escrever. Quando a mente é parada no papel, os pensamentos se estabilizam e a investigação pode ser aplicada facilmente.

Escreva seus pensamentos sem tentar censurá-los. Sente com a caneta e o papel e espere. As palavras virão. A história virá. E se você realmente quer saber a verdade, se não tiver medo de ver sua história no papel, o ego vai escrever como um louco. Nada lhe importa; está totalmente desinibido. Esse é o dia pelo qual o ego vem esperando. Dê-lhe sua vida no papel. Ele vem esperando que você pare, pelo menos uma vez, e realmente o escute. Ele lhe dirá tudo, como uma criança. Então, quando a mente estiver expressa no papel, você pode investigar.

Convido-o(a) a ser crítico(a), severo(a), infantil e mesquinho(a). Escreva com a espontaneidade de uma criança que está triste, zangada, confusa ou temerosa. Não tente ser sagaz, espiritual ou bondoso(a). Este é o momento para ser totalmente honesto(a), sem censurar o que sente. Permita que suas emoções se expressem, sem qualquer medo das consequências ou qualquer ameaça de punição.

As pessoas que estão envolvidas com O Trabalho há algum tempo ficam cada vez mais mesquinhas em seus formulários, à medida que tentam encontrar os obstáculos que ainda existem. As crenças ficam mais sutis, mais invisíveis, conforme os problemas vão se dissolvendo. São as últimas criancinhas gritando: "Uhu! Estou aqui. Venha me pegar!" Quanto mais você fizer O Trabalho, com menos censura fica e se torna cada vez mais mesquinho(a), porque fica difícil encontrar alguma coisa que o(a) perturbe. Por fim, já não consegue descobrir nenhum problema. Essa é uma experiência que ouço de milhares de pessoas.

Escreva os pensamentos e histórias que estão percorrendo você, aquelas que realmente lhe causam dor — a raiva, o ressentimento, a tristeza. Aponte o dedo acusatório, primeiro, para as pessoas que o(a) magoaram, aquelas que estiveram mais próximas de você, pessoas de quem você tem inveja, pessoas que não pode suportar, pessoas que a desiludiram. "Meu marido me deixou", "Meu companheiro me contagiou com Aids", "Minha mãe não me amava", "Meus filhos não me respeitam", "Minha amiga me traiu", "Odeio meu chefe", "Odeio meus vizinhos; estão arruinando minha vida". Escreva sobre aquilo que leu no jornal pela manhã, sobre pessoas sendo assassinadas ou perdendo suas casas por causa da fome ou da guerra. Escreva sobre o caixa no supermercado que estava muito lento ou sobre o motorista que atravessou seu caminho na autoestrada. Todas as histórias são variações sobre um único tema: *Isso não deveria estar acontecendo. Eu não deveria ter de vivenciar isso. Deus é injusto. A vida não é justa.*

As pessoas que ainda não conhecem bem O Trabalho pensam: "Não sei o que escrever, por que tenho de fazer O Trabalho, afinal? Já não estou zangada. Nada está realmente me incomodando." Se você não sabe sobre o que escrever, espere. A vida irá lhe dar um assunto. Talvez uma amiga que não telefonou, quando disse que iria fazê-lo, e o(a) desapontou. Talvez, quando você tinha 5 anos de idade, sua mãe o(a) castigou por algo que não tenha feito. Talvez fique nervoso(a), ou amedrontado(a) quando lê o jornal ou quando pensa sobre o sofrimento no mundo.

Coloque no papel a parte da mente que está dizendo essas coisas. Você não pode estagnar a história dentro de sua cabeça, por mais que tente. Isso não é possível. Mas quando a coloca no papel e a escreve exatamente da maneira que a mente a está relatando, com todo seu sofrimento, frustração, raiva e tristeza, você pode, então, dar uma olhada naquilo que está dando voltas dentro de você. Pode ver tudo aquilo no mundo material, em forma física. E pode, finalmente, por meio de O Trabalho, começar a entendê-lo.

Quando uma criança se perde, é provável que sinta puro terror. Quase o mesmo tipo de terror pode ocorrer quando você se perde no caos de sua mente. Mas, ao entrar no Trabalho, é possível descobrir ordem e aprender o caminho de volta à casa. Não importa em que rua você está caminhando, há alguma coisa familiar; você sabe onde está. Você poderia ser sequestrado(a) e seu sequestrador ocultá-lo(a) durante um mês e depois atirá-lo(a) de um carro com uma venda nos olhos, mas quando você tirar a venda e olhar os prédios e as ruas, começará a reconhecer uma cabine telefônica ou um pequeno mercado, e tudo torna-se familiar. Você saberá o que fazer para encontrar o caminho de casa. É assim que O Trabalho funciona. No momento em que sua mente for tratada com compreensão, ela poderá sempre encontrar o caminho de casa. Não haverá mais nenhum lugar onde você possa ficar perdido(a) ou confuso(a).

O Formulário para julgar o próximo

Depois que minha vida mudou, em 1986, passei muito tempo no deserto perto de minha casa, apenas escutando a mim mesma. Histórias que sempre perturbaram a humanidade surgiram dentro de mim. Mais cedo ou mais tarde, tenho a impressão de ter testemunhado todos os conceitos, e descobri que, embora estivesse sozinha no deserto, o mundo inteiro estava comigo. E o que eu ouvia era algo assim: "Eu quero", "Eu preciso", "Eles deveriam", "Eles não deveriam", "Estou zangada porque", "Estou triste", "Nunca farei isso", "Não quero". Essas frases, que se repetiam sem cessar em minha mente, transformaram-se na base para os seis conjuntos de perguntas no "Formulário para julgar seu próximo". O objetivo do formulário é ajudá-lo(a) a colocar no papel as histórias e juízos que lhe causam dor; está destinado a extrair julgamentos que de outra forma poderiam ser difíceis de revelar.

Os julgamentos que você escrever no Formulário vão ser o material que irá usar para fazer O Trabalho. Você colocará cada uma das frases que escreveu — uma por uma — frente às quatro perguntas e deixará que cada uma delas o encaminhe para a verdade.

Em seguida você vai encontrar um exemplo de um "Formulário para julgar seu próximo" já preenchido. Escrevi sobre meu segundo marido, Paul, nesse exemplo (que foi incluído aqui com a permissão dele). Esses são o tipo de pensamentos que eu costumava ter sobre ele antes da mudança em minha vida. À medida que você for lendo, sugiro que substitua o nome Paul pelo nome respectivo em sua vida.

1. **Quem o(a) deixa zangado(a), triste ou desapontado(a), e por quê?**
Não gosto de (eu estou irritada, triste, amedrontada, confusa etc.) *Paul porque ele não me escuta. Estou zangada com Paul porque ele me desperta à meia-noite e não se importa com minha saúde. Não gosto de Paul porque ele contradiz tudo que eu digo. Fico triste com Paul porque ele está tão zangado.*

2. **Como você quer que essa pessoa mude? O que você quer que ele(a) faça?**
Quero que (nome) *Paul me dê atenção total. Quero que Paul me ame completamente. Quero que Paul leve em consideração minhas necessidades. Quero que Paul concorde comigo. Quero que Paul faça mais exercício.*

3. **O que essa pessoa deveria ou não deveria fazer, ser, pensar ou sentir? Que conselho você daria?**
   (Nome) *Paul não deveria ver tanta televisão. Paul deveria parar de fumar. Paul deveria dizer que me ama. Não deveria me ignorar. Não deveria me criticar na frente das crianças ou de nossos amigos.*

4. **O que essa pessoa deveria fazer para que você fosse feliz?**
   Preciso que (nome) *Paul me escute. Preciso que Paul pare de mentir para mim. Preciso que Paul compartilhe seus sentimentos e esteja disponível emocionalmente. Preciso que Paul seja terno, bondoso e paciente.*

5. **O que você pensa dessa pessoa? Faça uma lista. Lembre-se: seja mesquinho(a) e julgador(a).**
   (Nome) *Paul é desonesto. Paul é imprudente. Paul é infantil. Ele acha que não tem que seguir as regras. Paul não é carinhoso e nunca está disponível. Paul é irresponsável.*

6. **O que você não quer voltar a experienciar com essa pessoa de novo?**
   Nunca mais quero ou recuso-me a *viver com Paul se ele não mudar. Recuso-me a ficar vendo Paul arruinar sua saúde. Nunca mais quero discutir com Paul. Nunca mais quero ouvir as mentiras de Paul.*

Investigação: As quatro perguntas e as inversões

1. Isso é verdade?
2. Você pode saber com absoluta certeza que isso é verdade?
3. Como você reage, o que acontece quando você acredita neste pensamento?
4. Quem você seria sem esse pensamento?

e

Inverta e encontre três exemplos genuínos e específicos de como cada inversão pode ser verdadeira em sua vida.

Agora, usando as quatro perguntas, investiguemos a primeira frase do número 1 no exemplo: *Não gosto de Paul porque ele não me escuta.* À medida que você lê a frase, pense em alguém que você não perdoou totalmente.

1. Isso é verdade? Pergunte a si mesmo(a): "É verdade que Paul não me escuta?" Fique parada. Se você realmente quiser saber a verdade, a resposta surgirá para enfrentar a pergunta. Deixe que a mente faça a pergunta e espere pela resposta que virá.

2. Você pode saber com absoluta certeza que isso é verdade? Considere estas perguntas: Será que eu posso ter certeza absoluta de que é verdade que Paul não me escuta? Será que posso saber quando alguém está escutando ou não? Será que às vezes eu não escuto mesmo quando dou a impressão de estar escutando?

3. Como você reage, o que acontece quando você acredita neste pensamento? A essa altura, examine como você reage e como trata Paul quando tem o pensamento "Paul não me escuta". Faça uma lista. Por exemplo: "Dou-lhe 'aquele olhar'. Eu o interrompo. Castigo-o não lhe dando atenção. Começo a falar cada vez mais rápido e mais alto e a tentar forçá-lo a ouvir e compreender." Continue fazendo sua lista enquanto você entra dentro de si mesmo(a). Veja como você se trata naquela situação e como se sente. "Eu me calo. Eu me isolo. Como e durmo muito e vejo televisão dias inteiros. Sinto-me deprimida e solitária." Fique parada e compreenda como você reage quando acredita no pensamento "Paul não me escuta".

4. Quem você seria sem esse pensamento? Agora pense em quem você seria se pudesse não ter o pensamento "Paul não me escuta". Feche os olhos e imagine Paul não lhe escutando. Imagine que você não tem esse pensamento de que Paul não a escuta (ou até de que ele deveria escutá-la). Não se apresse. Perceba o que lhe é revelado. O que é que você vê? Como isso faz você se sentir?

Inverta. Quando invertida, a frase original "Não gosto de Paul porque ele não me escuta" poderia transformar-se em: "Não gosto de mim mesmo(a) porque não escuto Paul." Isso é verdadeiro, ou mais verdadeiro para você? Quando você não ouve Paul? Quando está pensando que

Paul não a escuta, *você* o está escutando? Continue a procurar outros exemplos de como você não escuta (algum colega de trabalho ou alguém de quem você gosta, por exemplo).

Outra inversão que poderia ser tão verdadeira ou até mais verdadeira é: "Não gosto de mim mesmo(a) porque não me escuto." Quando você está fora daquilo que é de sua conta, e pensando sobre o que Paul deveria estar fazendo, você está se escutando? Você dá uma pausa em sua própria vida quando crê que ele deveria escutar? Você consegue ouvir como fala com Paul quando crê que ele deveria escutar?

Depois dessas inversões, você continuaria uma investigação típica com a próxima frase escrita no número 1 do Formulário — "*Estou zangada com Paul porque ele não me valoriza*" — e depois com todas as outras frases no Formulário.

As inversões são *suas* receitas para ter mais saúde, paz e felicidade. Você é capaz de dar a si próprio(a) o remédio que vem receitando para outras pessoas?

Sua vez: o formulário

Agora você já sabe o bastante para tentar O Trabalho. Primeiramente, coloque seus pensamentos no papel. Ainda não é o momento de investigar com as quatro perguntas; faremos isso mais tarde. Apenas escolha uma pessoa ou situação e escreva, usando frases curtas e simples. Lembre-se de *apontar o dedo acusatório ou o juízo para fora de você*. Você pode escrever desde sua posição atual ou de sua perspectiva quando tinha 5 ou 20 anos de idade. Por favor, *não* escreva sobre você ainda.

1. Quem o(a) deixa zangado(a), triste ou desapontado(a), e por quê? Lembre-se: seja severo(a), infantil e mesquinho(a).
Não gosto (estou irritada, triste, amedrontada, confusa etc.) de (nome) porque_____.

2. Como você quer que essa pessoa mude? O que você quer que ele(a) faça?
Quero que (nome)_____.

3. **O que essa pessoa deveria ou não deveria fazer, ser, pensar ou sentir? Que conselho você daria?**
(Nome) deveria (não deveria)_____.

4. **O que essa pessoa deveria fazer para que você fosse feliz?** (Faça de conta que é seu aniversário e que você pode ganhar o que quiser. Peça tudo!)
Preciso que (nome) _____.

5. **O que você pensa dessa pessoa? Faça uma lista. (Lembre-se: seja mesquinho(a) e julgador(a).)**
(Nome) é_____.

6. **O que você não quer voltar a experimentar com essa pessoa de novo?**
Nunca mais quero ou recuso-me a_____.

[Observação: Às vezes, é possível que você se sinta contrariado(a) sem saber por quê. Há sempre uma história interna, mas ocasionalmente ela pode ser difícil de encontrar. Se você sentir um bloqueio com o Formulário para julgar seu próximo, veja "Quando é difícil de encontrar a história", página 214.]

Sua vez: a investigação

Uma por uma, compare cada frase em seu Formulário para julgar seu próximo com as quatro perguntas e depois inverta a frase com a qual você está trabalhando. (Se precisar de ajuda, consulte o exemplo na página 51.) Durante todo esse processo, esteja pronto(a) para aceitar possibilidades além daquelas que você acha que sabe e pratique essa atitude. Não há nada mais emocionante do que descobrir as coisas desconhecidas da mente. É como mergulhar.

Continue fazendo a pergunta e espere. Deixe que a resposta lhe encontre. Eu chamo isso de encontro entre o coração e a mente: a polaridade mais suave da mente (que eu chamo de coração) encontrando a polaridade que está ainda confusa porque não foi investigada. Quando a mente pergunta sinceramente, o coração irá responder. Muitos de vocês começarão a ter revelações sobre vocês mesmos e seu mundo, revelações que podem transformar sua vida inteira, para sempre.

Use um pouco do seu tempo, agora, para experimentar um pouquinho de O Trabalho. Examine a primeira frase que você escreveu no número 1 de seu Formulário. Agora, faça as seguintes perguntas a si próprio(a):

1. Isso é verdade?

Não se apresse. O Trabalho tem o objetivo de descobrir o que é verdadeiro na parte mais profunda de seu ser. Pode não coincidir com nada que você já pensou antes. Mas quando sentir sua própria resposta, saberá que é ela. Apenas seja gentil, permaneça com a resposta e deixe que ela o(a) leve para a parte mais profunda de seu mundo interior.

Não há respostas certas ou erradas para essas perguntas. Você está escutando suas respostas agora, não as de outras pessoas, e nada que lhe ensinaram algum dia. Isso pode ser bastante desconcertante, porque você está entrando no desconhecido. À medida que continuar mergulhando ainda mais fundo, permita que a verdade em seu interior venha à tona e responda à pergunta. Seja tolerante quando você se entregar à investigação. Deixe que essa experiência o(a) domine completamente.

2. Você pode saber com absoluta certeza que isso é verdade?

Esta é uma oportunidade para aprofundar-se no desconhecido, encontrar as respostas que vivem sob aquilo que você acha que sabe. O que eu posso dizer sobre esse terreno é que aquilo que vive sob um pesadelo é uma coisa boa. Você realmente quer saber a verdade?

Se sua resposta para a pergunta 2 é sim, você pode simplesmente saltar para a próxima pergunta. Mas é possível que você ache que é mais útil fazer uma pausa e reescrever sua frase a fim de revelar sua interpretação dela. Normalmente, é a interpretação, que pode estar oculta, que lhe causa dor. Para uma explicação detalhada de como reescrever, veja as páginas 109-112.

3. Como você reage, o que acontece quando você acredita nesse pensamento?

Faça uma lista. Como você trata a si mesmo(a), como você trata a pessoa sobre quem escreveu, quando você tem aquele pensamento? O que é que você faz? Seja específico. Faça uma lista de suas ações. O que é que você diz para aquela pessoa quando tem aquele pensamento? Faça uma lista das coisas que diz. Como você vive quando crê naquele pensamento? Faça uma lista da sensação física que tem com cada reação dentro de você. Onde é que você a sente? Como é a sensação exatamente (formigamento, calor etc.)? Que tipo de conversa do eu ocorre em sua cabeça quando você tem aquele pensamento?

4. Quem você seria sem esse pensamento?
Feche os olhos e espere. Imagine-se, só por um momento, sem aquele pensamento. Imagine que você não tem a capacidade de ter esse pensamento quando está na presença daquela pessoa (ou naquela situação). O que é que você vê? Como se sente? Qual é a diferença na situação? Faça uma lista das possibilidades de viver sua vida sem esse conceito. Por exemplo, sem o pensamento, qual seria a diferença em seu tratamento daquela pessoa na mesma situação? Isso parece mais generoso dentro de você?

Inverta.
Para fazer a inversão, reescreva sua frase. Dessa vez, escreva-a como se tivesse sido escrita sobre você. Onde você escreveu o nome de alguém, ponha o seu. Em vez de "ele" ou "ela", ponha "eu". Por exemplo: "Paul deveria ser bom para mim" inverte-se em "Eu deveria ser boa para mim mesma" e "Eu deveria ser boa para Paul". Outro tipo é uma inversão de 180 graus para o extremo oposto: "Paul não deveria ser bom para mim." Ele não deveria ser bom, porque ele não é (na minha opinião). Essa não é uma questão de moralidade, mas daquilo que realmente é verdade.

É possível que você chegue a perceber que existem três, quatro ou até mais inversões em uma frase. Ou que há apenas uma ou duas que lhe parecem verdadeiras para você. (A inversão para a frase número 6 no Formulário é diferente da inversão normal. Tomamos a frase e substituímos "Eu nunca mais vou querer..." por "Estou disposta a..." e, depois, "Não vejo a hora de...") Veja as páginas 116-123 para ajuda com inversões.

Considere se a frase invertida é ou não tão verdadeira ou mais verdadeira que sua frase original. Por exemplo, a inversão "devo ser boa para mim mesmo(a)" realmente parece tão verdadeira quanto ou mais verdadeira que a frase original, porque, quando eu penso que Paul deveria ser bom para mim, fico zangada e ressentida e posso me causar muito estresse. Essa não é uma coisa boa a ser feita. Se eu fosse boa para mim mesma, não teria de esperar pela bondade dos outros. "Eu deveria ser boa para o Paul" — esta também é pelo menos tão verdadeira quanto a frase original. Quando penso que Paul deve ser bom para mim e fico zangada e ressentida, trato Paul com muita indelicadeza, especialmente em minha mente. Deixe-me começar comigo mesma e agir como gostaria que Paul agisse. Quanto à frase "Paul não deveria ser bom para mim", esta é, certamente, mais verdadeira que sua contrária. Ele não deveria ser bom, porque não é. Essa é a realidade.

A continuação da investigação

Agora é o momento para você continuar a aplicar as quatro perguntas e as inversões para seus próprios julgamentos, um de cada vez. Leia todas as frases que você escreveu em seu Formulário para julgar seu próximo. Depois, investigue cada frase, uma por uma, perguntando a si mesmo(a):

1. **Isso é verdade?**
2. **Você pode saber com absoluta certeza que isso é verdade?**
3. **Como você reage, o que acontece quando você acredita nesse pensamento?**
4. **Quem você seria sem esse pensamento?**

depois

Inverta e encontre três exemplos genuínos e específicos para cada inversão.

Se você tentar O Trabalho agora e sentir que parece não estar funcionando com você, tudo bem. Salte para o próximo capítulo, ou faça O Trabalho com uma pessoa diferente e volte para essa primeira pessoa mais tarde. Não pare para se preocupar se O Trabalho está ou não funcionando. Você está apenas começando a aprender a usá-lo. É como andar de bicicleta. Tudo o que você precisa é continuar oscilando. À medida que for lendo os diálogos, vai começar a ter uma percepção maior do processo. E você não será necessariamente a primeira pessoa a notar que está funcionando. Pode descobrir, como muitas pessoas descobriram, que o processo parece não ter qualquer efeito agora, mas que você já mudou de uma forma que você próprio(a) não consegue sentir. O Trabalho pode ser muito sutil e profundo.

Todas as pessoas são imagens refletidas de si mesmas

— o que você pensa retorna para você.

3

Os diálogos

AO LER OS DIÁLOGOS NESTE livro, é importante compreender que não há nenhuma diferença fundamental entre aquilo que o facilitador faz (nestes exemplos, o facilitador sou eu) e o que, sozinha, uma pessoa realizando O Trabalho faz. Você mesmo(a) é o professor e o curandeiro que aguarda há tanto tempo. Este livro tem como objetivo ajudá-lo(a) a realizar O Trabalho por conta própria. A ajuda de um facilitador não é necessária, embora possa ser muito eficaz. Outra possibilidade, que pode ser bastante útil, é observar alguém realizando O Trabalho com um facilitador e, à medida que observa, buscar dentro de si mesmo(a) suas próprias respostas. Esse tipo de participação irá ajudá-lo(a) a aprender como se questionar.

Muitos dos capítulos a seguir contêm diálogos com homens e mulheres realizando O Trabalho. São transcrições editadas de conversas gravadas durante oficinas que administrei no último ano ou nos últimos dois anos. Em uma oficina típica, vários participantes se oferecem voluntariamente para sentar a meu lado, um a um, diante do público presente, e ler o que escreveram em seu "Formulário para julgar seu próximo". A seguir, são orientados para a energia das quatro perguntas e para as inversões e, portanto, para suas próprias conclusões, autoinduzidas.

Descobri que em todos os idiomas e em todos os países que visitei não existem pensamentos novos. São todos reciclados. Os mesmos pensamentos surgem na mente de cada pessoa, de uma forma ou de outra, mais cedo ou mais tarde. E é por isso que O Trabalho de qualquer pessoa também pode ser o seu. Leia esses diálogos como se tivessem sido escritos por você. Não leia apenas as respostas dos participantes da oficina. Vá dentro de você mesmo(a) e descubra suas próprias respostas. Envolva-se emocionalmente e aproxime-se dos outros o máximo que puder. Descubra onde e quando você vivenciou aquela experiência sobre a qual está lendo.

Você vai observar que nem sempre faço as quatro perguntas na ordem definida anteriormente. Às vezes, vario a sequência normal, deixo algumas perguntas de lado, concentrando-me em apenas uma ou duas delas; em outras, pulo todas as perguntas e vou diretamente para as inversões. Embora a ordem normal das perguntas funcione bem, depois de algum tempo pode não ser necessário fazê-las em ordem. Não é preciso começar com "Isso é verdade?". Qualquer uma das perguntas pode iniciar o processo. "Como você reage, o que acontece quando você acredita nesse pensamento?" pode ser a primeira, se você achar que isso parece apropriado. Apenas uma dessas perguntas pode libertá-lo(a) se você investigar profundamente dentro de si mesmo(a). Essas perguntas se internalizam quando a investigação está em você. No entanto, até que isso ocorra, o normal é que as mudanças mais dramáticas ocorram quando fazemos todas as quatro perguntas e as inversões na ordem sugerida. E é por isso que recomendo fortemente que aqueles que estão começando O Trabalho utilizem essa ordem.

Note também que, às vezes, faço duas perguntas complementares: "Você encontra um motivo para abandonar esse pensamento?" e "Você pode identificar um motivo para manter esse pensamento que não lhe cause estresse?". Estas são continuações da terceira pergunta: "Como você reage, o que acontece quando você acredita nesse pensamento?", e podem ser bastante úteis.

Observe também que quando acho adequado ajudo a pessoa a descobrir a história que é a causa verdadeira para seu sofrimento e que pode estar oculta em seu inconsciente. Isso pode exigir que se examine a frase original com maior profundidade para encontrar a afirmação que se esconde nela. Ou pode significar desviar a investigação das frases escritas e direcioná-la para uma declaração dolorosa que a pessoa fez espontaneamente. (Quando você fizer O Trabalho sozinho(a) e um novo pensamento doloroso ou uma história mais profunda surgir, talvez seja uma boa ideia escrevê-los e incluí-los em sua investigação.)

Entenda, por favor, que O Trabalho não aprova qualquer ação nociva. Achar que ele justifica qualquer coisa que não seja boa é interpretá-lo erroneamente. Se você encontrar algo nas páginas seguintes que lhe pareça frio, egoísta, desatencioso ou cruel, sugiro que o trate com suavidade. Respire através dele. Sinta e vivencie o que ele desperta em *você*. Vá dentro de si mesmo(a) e responda às quatro perguntas. Vivencie a investigação em si próprio(a).

Se algum dos exemplos a seguir não provocarem em você o grau de empatia que desejaria sentir, tente substituir aquilo que está escrito por alguém que tem importância em sua vida. Por exemplo, se a questão do participante é com um amigo e você substitui a palavra *amigo* por *marido, esposa, amante, mãe, pai* ou *chefe*, é possível que descubra que O Trabalho dessa outra pessoa acaba sendo seu Trabalho. Achamos que estamos fazendo O Trabalho sobre pessoas, mas, na verdade, estamos trabalhando em nossos *pensamentos* sobre as pessoas. (Você pode escrever um Formulário inteiro sobre sua mãe, por exemplo, e descobrir mais tarde que seu relacionamento com sua própria filha melhorou dramaticamente porque, embora não consciente disso, você estava conectada aos mesmos pensamentos com relação a ela.)

O Trabalho permite que você entre em si mesmo(a) e sinta a paz que já existe em seu interior. Essa paz é imutável, inabalável e sempre presente. O Trabalho o(a) levará lá. É uma verdadeira volta ao lar.

(Observação: Para ajudá-lo(a) no processo de investigação, as quatro perguntas estão impressas em negrito no capítulo 4.)

Se eu tivesse uma oração, seria esta: "Deus, livrai-me do desejo de amor, aprovação e apreciação. Amém."

4

O Trabalho realizado com casais e na vida familiar

Minha experiência indica que os professores de que mais precisamos são as pessoas com quem vivemos no momento. Nossos cônjuges, pais e filhos são os mestres mais perceptivos que poderíamos desejar. Repetidamente, eles nos mostrarão a verdade que não queremos ver, até que, finalmente, logramos vê-la.

Em 1986, depois que voltei para casa, da clínica, com uma compreensão radicalmente diferente do mundo e de mim mesma, descobri que nada que meu marido ou meus filhos fizessem podia me irritar. A investigação estava viva dentro de mim e todos os pensamentos que eu tinha eram enfrentados por um questionamento silencioso. Quando Paul fazia alguma coisa que me teria deixado zangada antes, e o pensamento "ele deveria" surgia em minha mente, tudo que eu sentia era gratidão e vontade de rir. Ele poderia estar andando sobre os tapetes com os sapatos cheios de lama, ou jogando a roupa pela casa inteira, ou gritando comigo, abanando os braços, o rosto vermelho, e se "ele deveria" surgisse em minha mente, eu simplesmente ria de mim mesma, porque sabia aonde aquilo me levava; sabia que me levava ao "eu deveria". Ele deveria parar de gritar? *Eu* é que deveria parar de gritar, mentalmente, a respeito dele, antes de lembrar-lhe de tirar os sapatos enlameados.

Lembro-me de estar sentada no sofá da sala com os olhos fechados quando Paul entrou e, ao ver-me assim, veio em minha direção correndo e gritando: "Por Cristo, Kate, o que é que você tem?" Era uma pergunta simples. Então, entrei em mim mesma e me perguntei: "O que é que você tem, Katie?" Não era pessoal. Será que eu poderia apenas descobrir uma resposta para aquela pergunta? Por um segundo, eu realmente pensei que Paul não deveria estar gritando, embora a realidade fosse que ele *estava* gritando. Ah, é *isso* que eu tenho. Então, eu disse: "Meu bem, o que tenho de errado é que pensei que você não deveria estar gritando, e isso fez com que não me sentisse bem. Obrigada por perguntar. Agora, sinto que está tudo bem outra vez."

Durante aqueles primeiros meses, meus filhos me procuravam para dizer o que realmente pensavam da mulher que conheciam como mãe — coisas que antes seriam motivo suficiente para que fossem punidos. Por exemplo, Bobby, meu filho mais velho, confiava em mim o suficiente para dizer: "O Ross sempre foi seu favorito. Você sempre gostou mais dele do que de mim." (Ross é meu filho mais novo.) E, finalmente, eu era a mãe que podia escutar. Entrei em meu interior com o que ele me dissera e fiquei imóvel. "Isso poderia ser verdade? Ele teria razão?" E como eu encorajei meus filhos a falarem honestamente, porque eu realmente queria saber a verdade, eu a encontrei. Então, respondi a Bobby: "Meu querido, está claro para mim. Você tem toda razão. Eu estava muito confusa." O que senti foi um grande amor por ele, como meu mentor, que viveu toda aquela dor, e um amor semelhante pela mulher que achava que preferia um filho ao outro.

As pessoas, muitas vezes, me perguntam se eu era religiosa antes de 1986, e digo que sim. Minha religião era "meus filhos deviam apanhar suas meias". Eu era totalmente dedicada a ela, embora nunca funcionasse. Então, um dia, depois que O Trabalho ficou vivo dentro de mim, compreendi que aquilo simplesmente não era verdade. A realidade era que, dia após dia, eles continuavam deixando as meias no chão, depois de todos aqueles anos em que eu mandava, reclamava e os castigava. Vi que se *eu* quisesse que as meias fossem apanhadas, eu é que deveria fazê-lo. Meus filhos estavam perfeitamente felizes com as meias no chão. Quem tinha o problema? Era eu. Eram meus pensamentos sobre as meias no chão que tornavam minha vida mais difícil, não as meias deles. E quem tinha a solução? Uma vez mais, eu mesma. Compreendi que podia ter razão ou podia estar livre. Levei apenas uns minutos para apanhar as meias, sem qualquer pensamento sobre meus filhos. E uma coisa incrível começou a acontecer. Compreendi que eu adorava apanhar as meias. Era para mim, não para eles. Deixou de ser uma tarefa doméstica naquele momento e passou a ser um prazer apanhá-las e ver o chão sem aquela desordem. No fim, eles perceberam meu prazer e começaram a apanhar as meias por conta própria, sem que eu precisasse pedir.

Nossos pais, filhos, cônjuges e amigos apertarão todos os botões que temos, repetidamente, até que compreendamos o que é que ainda não queremos saber sobre nós mesmos(as). O que eles fazem, continuamente, é apontar para nossa liberdade.

Quero que meu filho converse comigo

Neste diálogo, uma mãe acaba entendendo aquilo que lhe parecia ser indiferença por parte do filho. Quando compreendeu que sua tristeza, ressentimento e culpa não tinham nada a ver com ele, mas sim com seu próprio modo de pensar, ela criou a possibilidade de mudança, para ela e também para o filho. Não temos que esperar que nossos filhos mudem para que possamos ser felizes. Podemos até vir a descobrir que a própria situação que nos desagrada é o que estávamos procurando — a penetração em nós mesmos(as).

* * *

Elizabeth [lendo de seu Formulário]: *Estou zangada com Christopher porque ele parou de entrar em contato comigo e não me convida para conhecer a família dele. Fico triste porque ele não fala comigo.*

Katie: Ótimo. Continue.

Elizabeth: Quero que Christopher fale comigo de vez em quando, me convide para encontrar com ele, a esposa e os filhos. Ele devia enfrentar a mulher e dizer que não quer excluir sua mãe. E devia parar de me culpar.

Preciso que Christopher me aceite, aceite minha maneira de viver. E preciso que entenda que fiz o que pude. Christopher é um covarde, ressentido, arrogante e rígido. Não quero mais sentir que ele está me rejeitando ou que já não está entrando em contato comigo.

Katie: Ok. Agora vamos usar alguns desses pensamentos para o inquérito. A essa altura, vamos examinar nosso pensamento, fazer as quatro perguntas e inverter. E ver se podemos chegar a algum entendimento. Vamos começar. Leia a primeira frase outra vez.

Elizabeth: Estou zangada com Christopher porque ele parou de entrar em contato comigo e não me convida para conhecer a família dele.

Katie: **Isso é verdade?** É realmente verdade? [Há uma longa pausa.] Só responda sim ou não, querida. Não há nenhum truque nessas perguntas. Uma resposta não é melhor que outra. Isso é simplesmente para você poder entrar em você mesma e ver o que é realmente verdade. E talvez entrar outra vez ainda, mais profundamente. E mais profundamente ainda. "Ele não entra em contato com você ou a convida para conhecer sua família" — **isso é verdade?**

Elizabeth: Bem, algumas vezes.

Katie: Bom. Algumas vezes é mais honesto, porque você acaba de revelar que ele realmente a convida. "Ele não a convida para conhecer sua família" — **isso é verdade?** A resposta é simplesmente não.

Elizabeth: É, posso ver isso.

Katie: **Como você reage, o que acontece quando você acredita nesse pensamento?**

Elizabeth: Fico completamente tensa. Minha mente fica agitada todas as vezes que o telefone toca.

Katie: Você pode encontrar um motivo para abandonar o pensamento "Ele não a convida para conhecer sua família"? E não estou pedindo que o abandone. Apenas, simplesmente, você pode encontrar um motivo para abandonar essa mentira, que contradiz a realidade?

Elizabeth: Posso.

Katie: Dê-me uma razão positiva para manter essa história, uma razão que não lhe cause estresse.

Elizabeth [após uma longa pausa]: Não encontro nenhuma.

Katie: Vamos trabalhar o pensamento "Quero que meu filho me telefone". Posso lhe contar minha experiência — que eu nunca quero que meus filhos me telefonem. Quero que eles vivam da maneira que queiram viver. Quero que telefonem para seja lá quem for que queiram telefonar, e adoro que essa pessoa sempre seja eu. Não foi sempre assim. **Quem você seria sem o pensamento** "Quero que meu filho me telefone. Quero que ele me convide para ver sua família, mesmo se ele não quiser"?

Elizabeth: Eu seria uma pessoa que poderia respirar e desfrutar da vida.

Katie: E você teria intimidade com ele, sem separação, mesmo que ele não a visitasse. Intimidade com ele aqui, no coração. Vamos agora **inverter** essa primeira frase.

Elizabeth: Estou zangada e triste comigo mesma porque parei de entrar em contato comigo.

Katie: É isso mesmo. Você tem vivido mentalmente naquilo que é da conta de seu filho. Portanto, você se trocou pelo sonho de como seu filho deveria viver. Eu adoro meus filhos, e tenho certeza de que eles podem conduzir a vida deles pelo menos tão bem como eu poderia conduzi-las. Eles precisam me ver? Confio que são as melhores pessoas para decidir isso. Se eu quiser vê-los, eu lhes digo, e eles dizem sim ou não, honestamente. É assim. Se disserem sim, fico feliz. Se disserem não, fico feliz também. Não tenho nada a perder. Isso não é possível. Você pode descobrir outra inversão?

Elizabeth: Estou triste porque não converso comigo mesma.

Katie: Você não conversa com você mesma. Você está mentalmente lá, conduzindo as coisas que são da conta dele. E, então, está sentindo toda a solidão disso. A solidão de não estar aqui para você mesma. Tudo bem, agora leia sua próxima frase.

Elizabeth: Quero que Christopher fale comigo de vez em quando, me convide para encontrar com ele, a esposa dele e os filhos.

Katie: Você quer que ele a convide para encontrar a esposa dele e os filhos — **isso é realmente verdade?** Por que você quer estar com eles? O que é que você quer que eles façam ou digam?

Elizabeth: O que realmente quero é que eles me aceitem.

Katie: **Inverta isso.**

Elizabeth: O que realmente quero é que eu me aceite.

Katie: Por que atribuir a eles a responsabilidade de algo que você pode dar a si mesma?

Elizabeth: E o que eu realmente quero é que eu os aceite, a maneira como eles vivem.

Katie: Sim. Com ou sem você. [Elizabeth ri.] E eu sei que você pode fazer isso porque pensou que eles poderiam fazê-lo tão facilmente. Isso me diz que você sabe como. "Se eles convidarem você, aceitarão você" — **Você pode saber com absoluta certeza que isso é verdade?**

Elizabeth: Não.

Katie: Então, **como você reage, o que acontece quando você acredita nesse pensamento?**

Elizabeth: É horrível. Tenho dor de cabeça e tensão nos ombros.

Katie: Então, você quer que eles a convidem e a aceitem, e depois você terá... o quê?

Elizabeth: Por uns poucos minutos, suponho que terei alguma coisa. Depois, quando eu sair, será a mesma história.

Katie: Você vai lá, e o que é que você ganha?

Elizabeth: Uma espécie de satisfação.

Katie: É. Você conta a história de como eles convidaram você e essa história a faz feliz. Ou você conta a história de como eles não convidam você e a história a deixa triste. Nada acontece a não ser sua história. E, apesar disso, você acredita que é a ação ou inação deles que causa suas emoções. Você está se iludindo com seus próprios pensamentos não investigados, e no nome deles, saltando de um lado para outro — feliz, triste, feliz, triste. "É culpa deles que estou feliz, é culpa deles que estou triste." É uma confusão. Vamos ver a frase seguinte.

Elizabeth: Ele devia enfrentar a mulher...

Katie: **Isso é verdade?** Ele faz isso?

Elizabeth: Não.

Katie: **Como você reage, o que acontece quando você acredita nesse pensamento?**

Elizabeth: É horrível. Me faz sofrer.

Katie: Claro, porque não é verdade para você. "Christopher, crie uma guerra em sua casa, e ganhe, para que eu possa ir lá." Isso não é o que você quer de seus filhos. E depois prossegue com "Ele é um covarde". Ainda não paramos de investigar. Talvez o que você perceba como covardia, o fato de ele não enfrentar a esposa, seja realmente coragem. Talvez seja amor. Você pode ver um motivo para abandonar o pensamento "Ele devia enfrentar a mulher"?

Elizabeth: Posso.

Katie: Sim. Uma razão é a guerra interna. A guerra interna causa a guerra externa. **Quem você seria sem esse pensamento?**

Elizabeth: Menos zangada.

Katie: Pois é. Você pode até chegar à conclusão de que tem um filho corajoso e carinhoso, que faz o que sabe fazer, em paz com a família, mesmo com uma mãe que acha que ele deveria enfrentar a esposa. Como é que você o trata quando tem esse pensamento? Você lhe dá "aquele olhar"? Apenas para fazer com que ele saiba que você pensa que ele é um covarde, ou que está agindo errado? Vamos examinar a frase seguinte.

Elizabeth [rindo]: Será que eu vou sobreviver a tudo isso aqui em cima?

Katie [rindo]: Bem, espero que não. [O público ri alto.]

Elizabeth: Espero que não.

Katie: Este Trabalho é o fim do mundo como o compreendemos, minha querida. É a abertura para a realidade, como ela realmente é, em toda sua beleza. O que já é verdade é muito melhor sem qualquer plano meu. E fico feliz por isso. Minha vida é tão simples, agora que já não governo o mundo em minha mente. E meus filhos e amigos estão muito gratos por isso. Vamos examinar a próxima frase.

Elizabeth: Ele deveria parar de me culpar.

Katie: "Ele deveria parar de lhe culpar" — **isso é verdade?** Agora você quer controlar o pensamento dele — até quem ele deve culpar.

Elizabeth [rindo]: Meu Deus!

Katie: Você quer dominar toda a mente de seu filho. Você sabe o que é melhor para ele. Você até sabe o que ele deveria estar pensando. "Desculpe, Christopher, não pense nada a não ser que eu lhe diga o que pensar; não pense até que eu queira." [Risos.] "E, depois, vamos dar um jeito na sua mulher. E, por falar nisso, eu te amo." [Mais risos.]

Elizabeth: Ai, ai. Eu sabia!

Katie: Então, leia a frase outra vez.

Elizabeth: Ele deveria parar de me culpar.

Katie: Ele culpa você — **isso é realmente verdade?**

Elizabeth: Não.

Katie: **Como você reage, o que acontece quando você acredita nesse pensamento?**

Elizabeth: Uff! Quase morro.

Katie: E qual é a pior coisa que ele poderia dizer para lhe culpar? [Para o público.] O que é que seus filhos poderiam dizer sobre vocês que vocês não gostariam de ouvir?

Elizabeth: "Você não foi uma boa mãe. Você não é uma boa mãe."

Katie: Você pode descobrir isso? Você pode descobrir quando sentiu que não fez o que uma boa mãe deveria fazer?

Elizabeth: Sim.

Katie: Se um de meus filhos me dissesse: "Você não é uma boa mãe", eu poderia dizer honestamente: "Eu sei, meu querido, posso entender por quê, eu viajo pelo mundo todo, quase nunca estou fisicamente aqui para você e meus netos. Obrigada por me lembrar disso. O que é que você sugere?" Meus filhos e eu temos tudo em comum. Eles me dizem aquilo que posso não ter percebido sozinha. Olho dentro de mim para ver se eles têm razão, e até o momento sempre tiveram. É só uma questão de me aprofundar o suficiente em busca da verdade para encontrá-la. Posso sair e atacá-los e suas ideias a meu respeito, na tentativa de fazer com que eles mudem de ideia e manter minha falta de consciência, ou posso ir para dentro de mim e buscar uma nova verdade que irá me libertar. É por isso que eu digo que todas as guerras pertencem ao papel. A investigação me leva às respostas internas. E quando meus filhos dizem: "Você é uma mãe maravilhosa", eu posso entrar em mim e encontrar isso também. Não tenho que ir até eles e dizer: "Ah, muito obrigada, muito obrigada, muito obrigada" e viver minha vida provando que sou maravilhosa. Posso entrar em mim e encontrar "sou uma mãe maravilhosa". E aí não tenho que alardear, fazendo todos aqueles agradecimentos. Posso sentar com meus dois filhos sem dizer nada, com lágrimas de alegria correndo em minha face. O amor é tão grande que se pode morrer nele — a morte do eu — e ser totalmente consumida por ele. É o que você é, e isso terá você toda de volta, uma vez mais. Tão simples. Meus filhos sempre têm razão. Minha filha sempre tem razão. Meus amigos sempre têm razão. Ou procuro compreender isso ou sofrerei. Compreender tudo isso. Eu sou tudo o que eles dizem que sou. E qualquer coisa que acho que exige defesa me afasta de uma compreensão total. Portanto, minha querida, vamos fazer a **inversão**.

Elizabeth: Eu devia parar de culpá-lo.

Katie: Sim. Trabalhe nisso. Não é tarefa dele trabalhar nisso. Ele está sustentando sua família. Essa coisa de "parar de culpar" é uma filosofia sua; você é que tem que vivê-la. Isso vai mantê-la muito ocupada e fora das coisas que são da conta dele. E é aí que a vida começa. Começa de onde você está agora, não de onde ele está. Vamos ver a próxima frase.

Elizabeth: Preciso que Christopher me aceite, aceite minha maneira de viver.

Katie: "Pare sua vida, Christopher, e aceite *minha* maneira de viver." É disso que você realmente precisa? **Isso é verdade?**

Elizabeth: Não. Realmente não é verdade.

Katie: **Inverta isso.** "Eu preciso..."

Elizabeth: Eu preciso aceitá-lo e seu modo de vida. Isso me faz sentir muito melhor.

Katie: Claro. O modo de vida dele. Ele tem uma família maravilhosa, ele não a convida com todos os seus conceitos em sua vida para fazer guerra com a esposa, ter de valorizar você e...

Elizabeth: Ai, meu Deus.

Katie: Ele me parece um homem muito sábio.

Elizabeth: Ele é.

Katie: Você podia telefonar para ele e agradecer. "Obrigada por não me convidar. Eu não tenho sido o tipo de pessoa que você realmente quer ter por perto. E eu entendo isso agora."

Elizabeth [rindo]: É, agora posso ver isso.

Katie: E você também pode fazer com que ele saiba que você o ama e que está trabalhando para chegar ao amor incondicional. Portanto, minha querida, aí está uma outra inversão.

Elizabeth: Preciso me aceitar, preciso aceitar meu modo de vida.

Katie: Sim. Dê-lhe um pouco de paz e saiba que é você que tem de aceitar seu modo de vida. Eu sei que deve ser uma questão muito simples para você aceitá-la, porque você esperava que seu filho a aceitasse assim, de um momento para outro! [Estala os dedos.] Vamos examinar a próxima.

Elizabeth: Preciso que ele entenda que fiz o que pude.

Katie: **Isso é verdade?**

Elizabeth: Não.

Katie: **Qual é sua reação quando você acredita nesse conto de fadas?**

Elizabeth: Fico magoada e com raiva. Sinto-me como se estivesse no inferno.

Katie: **Quem você seria sem essa história** de ser vítima? É a história de um ditador que não consegue o que quer. Aqui está o ditador: "Você deve me dizer que eu fiz o melhor que pude." Isso é loucura. Quem seria você sem essa história tão, tão triste?

Elizabeth: Eu seria um ser livre e alegre.

Katie: Isso é muito emocionante. Você já seria como queria que ele a visse: uma mãe que fez o possível na ocasião e ama seu filho agora. Ele nunca poderia saber quem você é realmente, de qualquer jeito. Não é possível. Eu digo: deixe de lado o intermediário e seja feliz e livre de onde você está neste momento. Assim que começamos a fazer isso, ficamos tão adoráveis que nossos filhos são atraídos por nós. Tem de ser assim. A mente do contador de histórias, o projetor da história, mudou, portanto, o que você projeta como mundo tem de mudar. Quando sou franca, meus filhos têm de me amar. Eles não têm escolha. O amor é tudo que eu posso projetar ou ver. O mundo inteiro é simplesmente minha história projetada de volta para mim, na tela da minha própria percepção. A história toda. Vamos examinar a próxima frase, minha querida.

Elizabeth: Christopher é um covarde.

Katie: **Isso é verdade?** Meu Deus, olha quem ele tem tido que enfrentar. Um tigre. Uma mãe tigresa. [Elizabeth cai na gargalhada.]

Elizabeth: Ah, uma tigresa, ui. É, isso é verdade. Bem, ele sempre fez as coisas bem, desde o comecinho.

Katie: É possível que você queira compartilhar isso com ele. "Ele é um covarde." **Inverta.**

Elizabeth: Eu sou uma covarde.

Katie: Sim. Você o usa para sua felicidade. Mas ele não está aceitando isso. Ele é um excelente professor. Nós todos vivemos com um professor perfeito. Sem erro. Vamos examinar as seguintes frases e **invertê-las**.

Elizabeth: *Ele é ressentido.* Eu sou ressentida. *Ele é arrogante.* Eu sou arrogante. *Ele é rígido.* Eu sou rígida.

Katie: Sim. Estivemos apenas meio confusas por algum tempo. Só um pouco de confusão aqui e ali, nada sério.

Elizabeth [chorando]: Tenho desejado isso há tanto tempo, acabar com essa confusão.

Katie: Eu sei, meu anjo. Nós todos vimos desejando isso há muito tempo. Chegou a hora. Vamos passar para sua última frase.

Elizabeth: Não quero mais sentir que ele está me rejeitando.

Katie: **Inverta**. "Estou disposta a sentir..."

Elizabeth: Estou disposta a sentir que ele está me rejeitando.

Katie: Cada vez que ele a rejeite, se você ainda sentir dor, pode compreender que O Trabalho ainda não está feito. E ele é o mestre. Ele vai continuar rejeitando você até você entender. Você é responsável por não o rejeitar ou a você mesma. Leve isso ao inquérito e dê liberdade a você mesma. "Não vejo a hora..."

Elizabeth: Não vejo a hora de senti-lo me rejeitando.

Katie: É bom que doa. A dor é o sinal de que você está confusa, que está em uma mentira. Avalie seu filho, escreva tudo, faça suas quatro perguntas, inverta tudo e compreenda a dor que ainda permanece.

Elizabeth: Está bem.

Katie: Você é a solução para seu problema — seu problema aparente. Nenhuma mãe ou filho já se fizeram mal alguma vez. Estamos lidando apenas com uma confusão. Por meio deste Trabalho, chegamos a compreender isso.

O "caso" do meu marido

Marisa estava visivelmente nervosa quando subiu ao palco para sentar-se ao meu lado; os lábios tremiam, e parecia estar a ponto de chorar. Observe como a investigação pode ser poderosa se uma pessoa quer de fato saber a verdade, mesmo quando está sofrendo muito e acha que a trataram de uma maneira terrivelmente injusta.

AME A REALIDADE

* * *

Marisa [lendo de seu Formulário]: *Estou zangada com David* — meu marido —, *porque ele fica dizendo que precisa de tempo para resolver as coisas. Quero que David expresse o que está sentindo quando o está sentindo, porque estou cansada de perguntar. E não tenho paciência para esperar.*

Katie: Então, "maridos devem expressar o que estão sentindo" — **isso é verdade?**

Marisa: É.

Katie: E qual é a realidade neste planeta?

Marisa: Bem, basicamente, eles não fazem isso.

Katie: Então, como é que você sabe que os maridos *deveriam* expressar seus sentimentos? Eles não o fazem. [O público e Marisa riem.] Às vezes. Essa é a realidade. "Maridos devem expressar seus sentimentos" é apenas um pensamento em que acreditamos, sem nenhuma evidência. **Qual é sua reação quando você acredita nessa mentira?** Você entende o que quero dizer quando chamo isso de mentira? Não é verdade que ele deve expressar seus sentimentos, porque a verdade é que ele não os expressa, em sua experiência. Isso não quer dizer que ele não vá expressar seus sentimentos totalmente daqui a dez minutos ou em dez dias. Mas a realidade é que, neste momento, isso não é verdade. **Então, como você reage, o que acontece quando você acredita nesse pensamento?**

Marisa: Fico zangada e magoada.

Katie: Pois é. E como é que você o trata quando crê no pensamento de que ele deveria expressar seus sentimentos e ele não o faz?

Marisa: Sinto como se estivesse me intrometendo, exigindo alguma coisa.

Katie: Eu deixaria o "sinto como" de lado. Você se intromete e exige.

Marisa: Mas eu... Ah... É exatamente o que faço.

Katie: E como você se sente quando se intromete e exige?

Marisa: Nada bem.

Katie: Você pode encontrar um motivo para abandonar esse pensamento? E, por favor, não tente abandoná-lo. Minha experiência é que não podemos abandonar um pensamento, porque não fomos nós que o fizemos, para começo de conversa. Portanto, a pergunta é simples: "Você pode encontrar *um motivo* para abandonar o pensamento?" Normalmente, motivos muito bons podem ser descobertos em sua resposta para a pergunta 3: "Como você reage, o que acontece quando você acredita nesse pensamento?" Cada reação estressante — a raiva, por exemplo, a tristeza ou o distanciamento — é uma boa razão para abandonar o pensamento.

Marisa: Entendo, posso encontrar um motivo.

Katie: Dê-me uma razão que não lhe cause estresse para acreditar no pensamento de que os maridos devem expressar seus sentimentos.

Marisa: Uma razão que não me cause estresse?

Katie: Dê-me uma razão que não lhe cause estresse para acreditar nisso.

Marisa: Realmente não sei como...

Katie: Dê-me uma razão que não lhe cause dor ou estresse para acreditar no pensamento "Meu marido deve expressar seus sentimentos para mim". Há quantos anos vocês estão casados?

Marisa: Dezessete.

Katie: E durante 17 anos, segundo você, ele não expressou seus sentimentos. Dê-me uma razão que não lhe cause estresse para acreditar nesse pensamento. [Há uma longa pausa.] É possível que você demore um pouco para encontrar uma.

Marisa: Sim. Não consigo encontrar uma razão que não me cause estresse.

Katie: **E quem seria você**, vivendo com esse homem, **se não acreditasse nessa mentira?**

Marisa: Seria uma pessoa mais feliz.

Katie: Pois é. Então o que estou ouvindo é que seu marido não é o problema.

Marisa: É. Porque sou eu que me intrometo e exijo.

Katie: Você é quem acredita nessa mentira que lhe magoa tanto. O que ouço você mesma dizendo é que, se não acreditasse nela, seria feliz. E quando acredita nela, você se intromete e exige. Portanto, como é que seu marido pode ser o problema? Você está tentando alterar a realidade. Essa é a confusão. Eu sou uma amante da realidade. Sempre posso contar com ela. E gosto da ideia de que ela pode mudar também. Mas sou uma amante da realidade exatamente da maneira que ela é aqui e agora. Portanto, leia a frase outra vez, sobre o que você quer que seu marido faça.

Marisa: Quero que David expresse o que está sentindo quando o está sentindo.

Katie: **Inverta isso.** "Quero que eu..."

Marisa: Eu quero expressar meus sentimentos. Mas isso é o que eu faço o tempo todo!

Katie: Exatamente. Isso é algo para você viver. É o seu jeito, não o dele.

Marisa: Ah, entendo.

Katie: Você é a pessoa que deve expressar seus sentimentos, porque você o faz. Ele não deve expressar os dele, porque ele não o faz. Você anda pela casa intrometendo-se e exigindo, enganando a si mesma com essa mentira de que o seu jeito é melhor. Como é que você sente quando se intromete?

Marisa: Nada bem.

Katie: E você está se sentindo mal no lugar dele. Você o está culpando disso.

Marisa: Exatamente. Entendo o que você está dizendo.

Katie: Você se sente mal e crê que ele é que está causando isso. E o tempo todo é seu próprio equívoco. Tudo bem, vamos examinar a frase seguinte.

Marisa: Estou cansada de perguntar. E não tenho paciência para esperar.

Katie: "Você não tem paciência para esperar" — **isso é verdade?**

Marisa: É.

Katie: E você *está* esperando?

Marisa: Suponho que sim.

Katie: Eu deixaria esse "suponho" de lado.

Marisa: Estou esperando. Sim.

Katie: "Você não tem paciência para esperar" — **isso é verdade?**

Marisa: É.

Katie: E você *está* esperando?

Marisa: Estou. E não sei como parar isso.

Katie: Então, "Você não tem paciência para esperar" — **isso é verdade?** [Há uma pausa muito longa.] Você *está* esperando! Você *está* esperando! Ouvi isso de seus próprios lábios!

Marisa: Ah, entendi! Puxa!

Katie: Entendeu?

Marisa: Sim.

Katie: Sim. Você *tem* paciência para esperar. Você persiste. Dezessete anos, 18 anos...

Marisa: É.

Katie: Então, **como você reage, o que acontece quando você acredita no pensamento** de que você não tem paciência para esperar? Como é que você trata seu marido quando acredita nessa mentira?

Marisa: Não o trato muito bem. Me fecho para ele. Grito com ele, às vezes, ou choro e ameaço deixá-lo. Falo umas coisas bastante cruéis.

Katie: Então me dê um motivo não estressante para acreditar nessa mentira.

Marisa: Não há nenhum.

Katie: **Quem você seria** em seu lar **se não acreditasse nessa mentira?**

Marisa: Acho que ficaria feliz pelo fato de que o amo e não me envolveria com todo o resto.

Katie: Isso. E na próxima vez que falar com ele, é possível que queira lhe dizer: "Você sabe, querido, eu devo amar você muito, porque sou paciente. Tenho me enganado. Digo a você sempre que não tenho paciência para esperar, mas isso não é verdade."

Marisa: Sim.

Katie: Isso é o que eu amo com relação à integridade. Cada vez que entramos dentro de nós mesmas, é lá que ela está. É um lugar encantador para viver. Agora, **vamos inverter**. "Eu não sou paciente para esperar" — qual é o extremo oposto desta frase, a inversão de 180 graus?

Marisa: Eu sou paciente para esperar.

Katie: Sim. Essa frase não é tão verdadeira, ou mais verdadeira do que a outra?

Marisa: Mais verdadeira. Definitivamente, mais verdadeira.

Katie: Vamos examinar sua frase seguinte.

Marisa: Vou ler, porque eu a escrevi. *David não deve achar que vou esperar a vida toda...* [Rindo.] Que é exatamente o que venho fazendo, é claro.

Katie: Então, "ele não deve achar que" — **isso é verdade?**

Marisa: É claro que não.

Katie: Não. Ele tem todas as provas de que você *vai* esperar.

Marisa [sorrindo e sacudindo a cabeça]: É.

Katie: Então... **qual é sua reação quando você pensa isso?** Você sabe o que eu adoro, querida? O fato de que os pensamentos que costumavam nos deixar profundamente deprimidas, aqueles mesmos pensamentos, quando são compreendidos, fazem a gente rir. Esse é o poder da investigação.

Marisa: É incrível!

Katie: E só nos deixa com "você sabe, querido, eu amo você". Amor incondicional.

Marisa: É mesmo.

Katie: E não é nada mais do que uma questão de esclarecimento. E então, **como você reage, o que acontece quando você acredita no pensamento** de que ele não deve achar que você vai esperar a vida toda?

Marisa: Estou me iludindo se acreditar naquilo que escrevi.

Katie: Sim. E é muito doloroso viver uma mentira. Somos como crianças. Somos tão inocentes. O mundo inteiro lhe diria que você está certa de ser impaciente.

Marisa: Eu, certamente, acreditei nisso até hoje.

Katie: Mas quando você entra em você, pode ver o que realmente é verdade. O fato de que nenhuma outra pessoa pode lhe causar dor faz sentido. Essa é *sua* tarefa.

Marisa: É, é muito mais fácil culpar uma outra pessoa.

Katie: Bem, mas isso é verdade? Talvez seja mais fácil *não* culpar os outros. E é a verdade que nos liberta. Eu acabei percebendo que não há nada a perdoar, que era eu quem causava meus próprios problemas. Descobri exatamente o que você está descobrindo. Vamos examinar sua quarta frase.

Marisa: Preciso que David pare de dizer que ele não quer me magoar, quando ele fica fazendo coisas que me magoam.

Katie: "Ele quer lhe magoar" — **Você pode saber com absoluta certeza que isso é verdade?**

Marisa: Não. Não posso ter certeza disso.

Katie: "Ele quer lhe magoar" — entre em você e veja se isso é verdade.

Marisa: Não sei como responder a isso. Ele *diz* que não quer.

Katie: "Ele quer lhe magoar" — **Você pode saber com absoluta certeza que isso é verdade?**

Marisa: Não.

Katie: E **como você reage, o que acontece quando você acredita nisso?** Como é que você o trata?

Marisa: Não o trato nada bem. Basicamente, ponho a culpa nele.

Katie: Basicamente, você age como se quisesse magoá-lo.

Marisa: Ah! Entendi... entendi.

Katie: Por isso, é claro, você projeta que ele quer magoá-la. A verdade é que *você* quer magoá-lo. Você é o projetor de tudo, a pessoa que conta toda a história.

Marisa: É fácil assim, de verdade?

Katie: Sim, é.

Marisa: Puxa!

Katie: Se eu acho que uma outra pessoa está causando meu problema, estou louca.

Marisa: Entendo. Então... nós causamos nossos próprios problemas.

Katie: Sim, e todos eles. Foi apenas um equívoco. Seu equívoco. Não deles. Nunca, nem mesmo um pouquinho. Sua felicidade é sua responsabilidade. Isso é uma boa notícia. Como você se sente quando você vive com um homem e acredita que ele quer magoá-la?

Marisa: Horrível.

Katie: Então dê-me uma razão para acreditar no pensamento de que seu marido quer magoá-la que não lhe cause estresse.

Marisa: Não consigo achar nenhuma.

Katie: **Quem você seria,** vivendo com seu marido, **se não acreditasse nesse pensamento?**

Marisa: Seria uma pessoa muito feliz. Agora vejo isso tão claramente.

Katie: "Ele quer me magoar" — **inverta isso.**

Marisa: Eu quero me magoar. Sim. Entendo.

Katie: Isso é tão verdadeiro, ou mais verdadeiro?

Marisa: Mais verdadeiro, eu acho.

Katie: É assim que nós somos. Não conhecemos outro caminho, até conhecê-lo. É para isso que estamos aqui esta noite. Sentamos juntas e encontramos outro caminho. Há uma outra inversão. "Ele quer me magoar..."

Marisa: Eu quero magoá-lo. Sim. Essa também é mais verdadeira.

Katie: E ainda há uma outra inversão. "Ele quer me magoar..." — qual é a inversão de 180 graus?

Marisa: Ele *não* quer me magoar.

Katie: Ele pode estar dizendo a verdade. Isso é igualmente possível. Ok, gostaria de voltar um pouco. "Você quer magoar seu marido" — **isso é mesmo verdade?**

Marisa: Não. Não, eu não quero isso.

Katie: Não, querida. Nenhum de nós magoaria outro ser humano se não estivéssemos confusos. Essa é a minha experiência. A confusão é o único sofrimento neste planeta. Como você se sente quando o magoa?

Marisa: Nada bem.

Katie: Pois é. E esse sentimento é um dom. Ele faz com que você saiba que seu ponto de partida é sua integridade. Nossos pensamentos dizem: "Ah, eu não deveria magoá-lo." Mas não sabemos como parar. Você já percebeu isso?

Marisa: Já.

Katie: E a coisa continua. Portanto, por meio do autoconhecimento — da maneira que estamos vivenciando aqui —, por meio dessa compreensão, esse modo de fazer se modifica. Eu era como você. Não podia mudar. Não podia parar de magoar meus filhos e a mim mesma. Mas quando compreendi o que era verdade para mim, com as perguntas vivas dentro de mim, meu modo de agir mudou. Os problemas cessaram. Eu não os parei; eles pararam. É simples assim. Agora, o que foi que ele fez? Você disse que as ações dele provam que ele quer magoá-la. Qual é o exemplo disso? Onde está a prova?

Marisa: Em poucas palavras, ele teve um caso, e me contou há mais ou menos uns cinco meses. Os sentimentos que eles tinham um pelo outro ainda continuam a existir, e eles ainda se falam e se veem. Essas são as ações.

Katie: Ok. Agora, imagine eles dois em sua mente. Você pode vê-los?

Marisa: Já os vi muitas vezes.

Katie: Agora, olhe para o rosto de seu marido. Olhe para ele olhando para ela. Agora, olhe para ele por apenas um momento, sem a sua história. Olhe os olhos dele, seu rosto. O que é que você vê?

Marisa: Amor por ela. E felicidade. E sofrimento também, porque não estão juntos. Ele quer estar com ela...

Katie: **Isso é verdade? Você pode saber com absoluta certeza que isso é verdade?**

Marisa: Certeza absoluta, não. Não, não posso.

Katie: Com quem ele está?

Marisa: Ah! Está comigo.

Katie: "Ele quer estar com ela" — **isso é verdade?**

Marisa: Hum... ele...

Katie: Com quem ele está?

Marisa: Ok. Sim. Entendo o que você quer dizer.

Katie: "Ele quer estar com ela" — **isso é verdade?** Quem o está impedindo? Ele é livre.

Marisa: E eu deixei isso bem claro também.

Katie: Então, **como você reage, o que acontece quando você acredita no pensamento** de que ele quer estar com ela...?

Marisa: Ah, dói muito.

Katie: ... e ele está morando com você?

Marisa: Acho que não estou totalmente no presente. Não estou *vivenciando* o fato de que ele me ama e está comigo.

Katie: Ele está morando com você e na sua mente você o tem morando com ela. Então, não tem *ninguém* morando com esse cara! [Marisa e o público riem.] Aqui temos um lindo homem, e ninguém morando com ele! [Marisa ri ainda mais forte.] "Quero que ele more comigo, quero que ele more comigo!" Bem, quando é que você vai começar? Como é que você o trata quando acredita que ele quer estar com ela e a verdade é que ele está morando com você?

Marisa: Não o trato muito bem. Afasto-o de mim.

Katie: E depois você se pergunta por que ele gosta de ficar com ela.

Marisa: É. É mesmo.

Katie: Dê-me um motivo — que não lhe cause estresse — para que você acredite no pensamento de que ele quer estar com ela, quando o fato é que ele está com você.

Marisa: Um motivo que não me cause estresse?

Katie: Você não pode *obrigá-lo* a vir para casa. Ele vem para casa porque quer. **Quem você seria se não acreditasse nesse pensamento?**

Marisa: Ah!... [com um enorme sorriso] Eu não teria qualquer problema.

Katie: "Ele quer estar com ela" — **inverta isso.**

Marisa: Ele quer estar comigo.

Katie: Sim. Isso pode ser tão verdadeiro ou mais verdadeiro.

Marisa: Pode, pode.

Katie: Ouvi você dizer que ele parecia feliz.

Marisa: Sim.

Katie: Não é isso que você quer?

Marisa: Ah, definitivamente, quero a felicidade dele. Já disse isso a ele. A qualquer preço.

Katie: "Quero a felicidade dele" — **inverta isso.**

Marisa: Quero minha felicidade.

Katie: Sim.

Marisa: Desesperadamente.

Katie: Não é essa a verdade?

Marisa: É.

Katie: Você quer que ele seja feliz porque isso faz você feliz. Eu digo: tire o intermediário e fique feliz agora. Ele a seguirá. Ele tem de seguir, porque ele é uma projeção sua.

Marisa [rindo]: Sim.

Katie: A felicidade dele é responsabilidade dele.

Marisa: Definitivamente.

Katie: E a sua, sua responsabilidade.

Marisa: É. Eu entendo.

Katie: Ninguém pode fazê-la feliz a não ser você.

Marisa: Eu não sei por que isso é tão difícil.

Katie: Talvez porque você pense que é tarefa dele amar você e fazê-la feliz quando você não sabe como fazer isso por si. "Eu não posso fazer isso — faça você."

Marisa: É mais fácil dar a responsabilidade para outra pessoa.

Katie: Isso é verdade? Como é que ele poderia provar que a ama? O que poderia fazer?

Marisa: Não tenho a menor ideia.

Katie: Isso não é interessante? Talvez ele também não saiba. [Marisa e o público riem.] A não ser que talvez ele possa simplesmente vir para casa e ser seu marido.

Marisa: Ontem eu lhe teria dito: "Ele pode me provar isso não a vendo mais." Isso me teria feito feliz. Agora, já não posso dizer isso.

Katie: Você está vendo a realidade com um pouco mais de clareza. Vamos examinar a frase seguinte.

Marisa: "O que penso dele?" Não sei o que dizer. Eu o amo.

Katie: **Inverta isso.**

Marisa: Eu me amo. Isso me levou algum tempo.

Katie: Você não se ama apenas quando você o ama?

Marisa: Nunca vi isso dessa maneira. Mas é.

Katie: Vamos examinar a próxima, meu anjo.

Marisa: Nunca quero sentir que minha felicidade dependa de que alguém me ame.

Katie: "Estou disposta...", e leia a frase outra vez.

Marisa: Estou disposta a sentir que minha felicidade dependa de que alguém me ame.

Katie: Sim, porque vai doer acreditar nesse pensamento. E depois avalie seu marido outra vez, ou seja lá quem for, faça as quatro perguntas, inverta, e traga a si própria de volta para a sanidade, para a paz. A dor mostra a você o que ainda falta ser investigado. Mostra o que ainda a está separando da consciência do amor. É para isso que a dor serve. "Estou desejando..."

Marisa: Estou desejando sentir que minha felicidade dependa de que alguém me ame?

Katie: Sim. Algumas de nós estamos voltando para a sanidade, porque estamos cansadas da dor. Temos pressa. Não temos tempo para ficar brincando. É uma boa coisa você pensar: "Ah, eu seria feliz se ele fosse diferente." Escreva a frase. Faça-a passar pela investigação.

O bebê não deveria chorar

Se você cuida de alguém — se tem filhos ou se sente penosamente responsável por qualquer pessoa —, é provável que ache este diálogo bastante útil. As frases de Sally: "Sou responsável pelas escolhas de meus filhos" e "Tenho de cuidar de meus filhos" são crenças subjacentes para muitas pessoas (veja o capítulo 9) e é maravilhoso observá-la à medida que ela vai vendo esses conceitos com mais clareza durante o processo de investigação.

* * *

Sally: Estou buscando uma forma de trabalhar minha depressão.

Katie: Ok, vamos ver com que causas estamos lidando — em que pensamentos confusos você está acreditando que não são verdadeiros para você e por isso a deixam deprimida.

Sally [lendo de seu Formulário]: *Meu filho me irrita quando não é responsável. Não faz o dever de casa. Não faz suas tarefas como venho lhe dizendo que faça todos os dias nos últimos oito anos.* Quer dizer, é como se fosse um novo problema todos os dias.

Katie: Sim, eu ouço claramente o que você diz. Você se ouve? Você é uma influência tão grande na vida dele. Durante oito anos você vem lhe dando orientação. Durante oito anos, isso não funcionou.

Sally: Entendo, mas é contra meu temperamento não dizer nada. Não posso simplesmente deixar que ele faça o que quer. Como mãe, sou responsável pelas escolhas de meus filhos, pelas consequências dessas escolhas e pelas pessoas em que eles se transformam.

Katie: A investigação é para as pessoas que realmente querem saber a verdade. Você realmente quer saber a verdade?

Sally: Quero.

Katie: A beleza deste Trabalho é que vamos lidar com a *sua* verdade como mãe e não com a verdade do mundo. "Você é responsável pelas escolhas de seus filhos" — **isso é verdade?**

Sally [após uma pausa]: Bem, não. A verdade é que nunca pude controlar o que ele faz. Não tenho qualquer controle sobre essas coisas. Mas sinto que deveria ter.

Katie: Você disse: "Não tenho qualquer controle sobre essas coisas." Isso é o que é contra seu temperamento. Embora você não tenha controle sobre *nada*, você acha que deveria ter. O resultado desse pensamento é ansiedade, frustração e depressão.

Sally: Não é deprimente pensar que não tenho controle sobre nada? Quer dizer, então de que serve tentar? Fico tão frustrada que nem quero mais ter que ficar cuidando dele. Às vezes, nem quero ser uma mãe.

Katie: **É verdade** que você tem de cuidar de seu filho? Quem a obriga a fazer isso?

Sally: Bem, na verdade, ninguém. Eu mesma. Hum. Não, provavelmente não é verdade que eu tenha de cuidar dele.

Katie: Eu abandonaria o "provavelmente".

Sally: É mais verdadeiro dizer que eu *quero* cuidar dele — mesmo quando não gosto daquilo que ele está fazendo.

Katie: Você acabou de encontrar uma verdade maravilhosa dentro de você. Essa verdade traz muita liberdade. Você nunca vai *ter* de cuidar de seu filho outra vez. Desde o começo, você nunca *teve* de fazê-lo. Isso significa que ele não lhe deve nada. Você não está fazendo isso por ele. Agora, você entende que está fazendo isso por você mesma. Com essa consciência, você serve seus filhos, sabendo que você está lá porque quer, servindo-lhes e ensinando a eles segundo a maneira como você vive. Você faz isso simplesmente porque os ama, e porque gosta de você mesma quando faz isso. Não é sobre eles. Isso é amor incondicional, embora seja um ato totalmente egoísta. É a verdade pertencendo a si mesma. No momento em que você sente isso, o amor a si mesma torna-se tão ganancioso que não existem limites em termos das pessoas que ele pode servir. É por isso que amar uma pessoa incondicionalmente é amar a todas as pessoas. Tudo bem, vamos viajar para dentro de você, em busca daquelas respostas das quais você ainda não está consciente. "Seu filho deveria fazer seu dever de casa" — **isso é verdade?**

Sally: É.

Katie: **Você pode saber com absoluta certeza que é verdade** que ele deveria fazer seu dever de casa?

Sally: Pago para que ele vá a uma escola particular. Sei que é verdade.

Katie: Sim, e **você pode saber com absoluta certeza que é verdade** de que ele deveria fazer o dever de casa? Ele faz o dever de casa?

Sally: Oitenta por cento das vezes.

Katie: Então, "ele deveria fazer o dever de casa 100 por cento das vezes" — isso é verdade? Qual é a realidade? O que foi que ele fez durante oito anos?

Sally: O que ele vem fazendo nesses oito anos? Ele faz só uns 80 por cento. E eu devo ficar feliz por isso? Simplesmente aceitar?

Katie: Não importa se você aceita ou não. A realidade é que ele faz uns 80 por cento. Não estou dizendo que ele não fará os 100 por cento amanhã, mas, no momento, essa é a realidade. Você deveria simplesmente aceitar? Vamos ver... Durante oito anos... [O público ri.] você vem discutindo com a realidade, e você sempre perdeu. O efeito disso foi estresse, frustração e depressão. Vamos **inverter** tudo isso.

Sally: Eu me irrito quando eu não faço meu dever de casa e minhas tarefas. Sim, isso é verdade. Faço exatamente isso. E fico realmente aborrecida comigo nessas ocasiões. Ok, vejo que estou esperando que ele faça mais do que eu estou realmente fazendo.

Katie: Quando você tiver o pensamento de que ele deveria fazer o dever de casa e suas tarefas, observe a inversão. Faça *seus* próprios deveres e tarefas — 100 por cento. Pode ter sido seu exemplo que ensinou a ele a fazer 80 por cento? Ou talvez você faça 50 por cento e ele 80 por cento. Ele poderia ser seu professor.

Sally: Isso é realmente muito bom. Entendi. Eu não fui um modelo 100 por cento. Também fiquei muito deprimida por causa do meu bebê ano passado. Não era o bebê que eu queria que ele fosse. Ficava doente o tempo todo, não dormia muito. Não era uma criança feliz. Ainda não é uma criança amigável. Chora quando vê gente. Fiquei tão deprimida.

Katie: "Ele não é uma criança amigável" — **isso é verdade? Você pode saber com absoluta certeza que é verdade** que ele não é uma criança amigável, internamente?

Sally: Não.

Katie: **Como você reage, o que acontece quando você acredita nesse pensamento** sobre seu filho?

Sally: Fico com medo de como as pessoas vão tratá-lo em sua vida. Imagino que a vida dele vai ser difícil, porque vai ser difícil para as pessoas gostarem dele, e ninguém vai querer formar uma família com ele porque ele é tão hostil, e num instante já fico achando que não há esperança para ele. "Ele nunca vai ter amigos", é o que sinto. É por isso que fico deprimida quando ele vê gente e começa a chorar.

Katie: **Quem você seria sem esse pensamento?**

Sally: Eu ficaria tranquila. Eu o amaria exatamente como ele é.

Katie: Com o pensamento, você fica deprimida. Sem ele, você não fica. Então, querida, você não pode perceber que é seu pensamento não investigado e não o comportamento de seu filho que a está deprimindo? Você não pode ver que ele não tem nada a ver com isso? "Ele não deve chorar quando vê gente" — **isso é verdade?**

Sally: Não.

Katie: Qual é a realidade?

Sally: É o que ele faz.

Katie: **Como você reage, o que acontece quando você acredita no pensamento** de que ele não deveria chorar quando vê gente, mas ele chora?

Sally: Fico deprimida. Fico triste e constrangida. Minha mãe diz que o estou mimando. As pessoas dizem que ele é estranho. Então, eu penso: "Ah, não! Ele é estranho! O que está errado com ele? O que está errado comigo?" E quando ele chora, chego a me pegar gritando com ele para que cale a boca, o que parece fazer com que chore ainda mais alto. E não funciona. Ele não para de chorar.

Katie: Então, uma vez mais, você está descobrindo que não é o comportamento dele que a deprime. Isso não é possível. É seu próprio comportamento mental que a deprime. Isso é natural quando você acredita no pensamento de que ele não deveria estar chorando quando está chorando, e que o fato de ele estar chorando significa que há algo errado com ele e algo errado com você. Isso é deprimente. Queremos que nossos filhos confirmem o cuidado — o amor, a criação, a aceitação — que não estamos dando a nós mesmas. Se não fosse assim, por que precisaríamos que eles se comportassem de acordo com nosso ideal? Quando você está sendo sensata, uma criança que chora é só isso: uma criança chorando. E você está presente em seus pensamentos e nas ações que são resultado de uma mente lúcida e carinhosa. Então, como é que você trata seu bebê quando você acha que ele não deveria chorar quando vê gente?

Sally: Digo a ele para ficar contente. "Vamos ficar contentes, contentes, contentes!"

Katie: Então você está ensinando que ele está errado. Se ele está chorando e você diz "Vamos ficar contentes", você ensina que ele está errado. Ele acha que é um fracasso a seus olhos. Mas se você estiver lúcida, calma e feliz, embora ele esteja chorando, então, através de seu exemplo, você irá lhe mostrar outra maneira de viver.

Sally: Eu estou lhe dizendo para ser algo que ele não é.

Katie: Pois é. Você está lhe dizendo para ser diferente do que ele é. Isso é amor condicional. Querida, feche os olhos e por um momento imagine seu bebê chorando, mas sem a sua história.

Sally [após uma longa pausa]: Na verdade, ele fica até meio engraçadinho! Isso é exatamente o que ele é. Eu apenas quero segurá-lo em meus braços e dizer: "Oi, está tudo bem."

Katie: Você está criando intimidade com seu filho, e ele nem está na mesma sala. Feche os olhos agora e olhe para sua mãe lhe dizendo: "O que é que essa criança tem? Você a está mimando outra vez?" Olhe para ela sem a sua história.

Sally [com os olhos fechados, após uma longa pausa]: É apenas minha mãe contando a história dela, e meu filhinho chorando até não poder mais. Os dois estão apenas sendo o que são. Nada deprimente ali.

Katie: Ouço você dizer que seu filho não é uma criança amigável. **Você pode saber com absoluta certeza que isso é verdade**, querida?

Sally: Não.

Katie: **Como você reage, o que acontece quando você acredita nesse pensamento?**

Sally: Fico triste, quero protegê-lo, fico deprimida e frustrada. Quero correr, e quero ficar, e fico infeliz e me sinto um fracasso como mãe.

Katie: Você pode encontrar um motivo para abandonar esse pensamento? E não estou pedindo que o abandone. Você não criou seu pensamento, portanto, como é que você pode abandonar aquilo que não causou? Em minha experiência, nós não fazemos os pensamentos aparecerem, eles apenas aparecem. Um dia, percebi que a maneira como apareciam não era nada pessoal. Perceber isso realmente ajuda a investigar. Só quero saber se você pode ver uma razão para abandonar o pensamento de que ele não é uma criança amigável.

Sally: Sim, posso ver várias, certamente.

Katie: E pode ver uma razão lúcida que não lhe cause estresse para manter esse pensamento, uma razão que não seja estressante?

Sally: Não, não posso encontrar nenhuma.

Katie: **Quem você seria**, em sua casa, com seu filho, **sem esse pensamento?**

Sally: Entendo. Sem esse pensamento, eu estaria tranquila e lúcida. Não estaria deprimida.

Katie: Então, o que estou aprendendo com você é que nenhuma criança jamais pode lhe causar depressão. Só você pode. O que ouço de você é que com o pensamento, há estresse, e sem o pensamento, há paz. Não é nenhuma surpresa que quando culpamos os outros por nossa insanidade, nos sentimos mal. Estivemos buscando nossa paz no mundo externo. Estivemos olhando na direção errada.

Sally: Não posso acreditar que isso seja tão simples!

Katie: Se não fosse simples, eu nunca o teria encontrado. Ótimo. Bem-vinda ao Trabalho.

Preciso da aprovação de minha família

Quando Justin sentou-se para fazer O Trabalho, parecia um adolescente idealista e incompreendido. Não é fácil encontrar seu próprio caminho quando você crê que precisa de amor, de aprovação, de apreciação ou de qualquer outra coisa de sua família. É particularmente difícil quando você quer que eles vejam as coisas de sua maneira (para o bem deles, é claro). À medida que o inquérito se desenrola, Justin reúne-se mentalmente com sua família uma vez mais, e, ao mesmo tempo, respeita seu próprio caminho.

* * *

Justin [lendo seu Formulário]: *Estou zangado, confuso e triste com minha família porque eles ficam me julgando. Fico zangado porque existe um modelo que colocam diante de mim. Estou zangado com minha família e seus conhecidos por acharem que o caminho deles é o único que serve. Me entristece sentir que recebo mais amor quando adoto o padrão que eles me destinaram e me comporto do jeito que acham que as coisas devem ser.*

Katie: Ótimo. E a frase seguinte?

Justin: Quero que minha família seja o que é e não reduzam seu amor e sua atenção de acordo com sua percepção e ideia de meu progresso. Quero que me aceitem enquanto aprendo minha própria verdade nesta vida e que me amem por ter encontrado partes de minha própria verdade e minhas bases.

Katie: Ótimo. Leia a primeira frase outra vez.

Justin: Estou zangado, confuso e triste com minha família porque eles ficam me julgando.

Katie: Ok. Não só é a tarefa dos pais, mas é a tarefa de todos neste mundo julgar. É nosso trabalho. O que há além disso? Tudo é um julgamento. Dê-me um pensamento que não seja um julgamento. "É um céu" — isso é um julgamento. É o que fazemos. Portanto, "Os pais não devem julgar seus filhos" — **isso é verdade?** Qual é a realidade? Eles julgam?

Justin: Julgam.

Katie: Claro, meu bem. É a função deles. **Como você reage, o que acontece quando você acredita no pensamento** "meus pais não deveriam me julgar"?

Justin: Bem, me fragiliza, porque sinto que eu preciso... Não sei, eu discordo de algumas das coisas que me foram ensinadas.

Katie: Vamos permanecer na investigação. Observe como sua mente quer ir numa direção que prove que ela está certa. Quando você perceber que isso está acontecendo, volte suavemente para a pergunta. **Como você reage, o que acontece quando você acredita nesse pensamento?** Fragiliza você. O que mais?

Justin: Faz com que eu fique parado onde estou, e sinto muito medo.

Katie: Como é que você trata seus pais quando crê no pensamento "Quero que vocês parem de me julgar" e eles continuam lhe julgando?

Justin: Eu me rebelo, e fico distante. E meu passado foi assim até agora.

Katie: Sim. Então, você pode ver um motivo para abandonar essa filosofia que contradiz a realidade de sempre, que os pais não deveriam julgar seus filhos?

Justin: Sim.

Katie: Ok. Agora, o que eu quero que você faça depois de todos esses anos é me dar uma razão que não lhe cause estresse, apenas dê-me uma razão lógica e não estressante para você manter essa mentira ridícula dentro de você.

Justin: Bem, é uma base para a vida da gente. É como uma crença religiosa.

AME A REALIDADE

Katie: E essa razão o faz se sentir em paz?

Justin: Não. [Pausa.] Não há uma razão que traga paz.

Katie: É uma crença insana. As pessoas deviam parar de julgar os outros? Em que planeta você acha que estamos? Fique à vontade por aqui: quando a gente chega no planeta Terra, você nos julga e nós o julgamos. É isso. Será um planeta agradável de viver, assim que você aprender bem as regras básicas. Mas essa sua teoria é totalmente oposta ao que realmente acontece. É loucura. **Quem você seria sem esse pensamento?** Quem seria você se não tivesse a capacidade para pensar um pensamento assim tão maluco: "quero que meus pais parem de me julgar"?

Justin: Eu teria paz interior.

Katie: Pois é. Chama-se ter todos os trunfos na mão. Isso é o fim da guerra dentro de você. Sou uma amante da realidade. Como é que sei que estou melhor com aquilo que é real? Porque é o que é. Os pais julgam, é isso aí. Você teve uma vida inteira de evidência para saber que isso é verdade. Portanto, meu bem, **inverta isso.** Vamos ver o que é possível. Vamos ver o que funciona.

Justin: Fico confuso e triste comigo mesmo porque me julgo.

Katie: Sim. E há uma outra. "Fico confuso..."

Justin: Fico confuso e triste comigo mesmo porque julgo meus pais e minha família.

Katie: Isso mesmo. Então, vamos combinar uma coisa. Quando *você* parar de julgá-los por julgarem você, então vá conversar com eles sobre julgamento.

Justin: Isso é tão verdadeiro!

Katie: Quando você parar de fazer o que você quer que eles parem de fazer, então poderá conversar com eles. Pode demorar um pouco.

Justin: Não sei se já estou pronto.

Katie: Claro, meu bem. Agora, leia o número 2 de seu Formulário outra vez.

Justin: Quero que minha família seja o que é e não reduzam seu amor e sua atenção...

Katie: Eles já são o que são. São pessoas que reduzem seu amor e sua atenção e que julgam, segundo você.

Justin [rindo]: Tudo bem.

Katie: É assim que eles são, pelo que parece, até que deixem de sê-lo. Essa é a função deles, meu bem. O cachorro late, o gato mia e seus pais julgam. E eles... o que mais você disse que eles fazem?

Justin: Bem, eles reduzem seu amor e atenção de acordo com...

Katie: Sim. Isso também é a função deles.

Justin: Mas eles são minha família!

Katie: Sim, são. E reduzem e julgam. Meu bem, essa sua filosofia é muito estressante. Dê-me uma razão não estressante para você manter essa filosofia que está tão fora da realidade. O que quero dizer é que estamos falando "maluquices".

Justin: Eu realmente me senti maluco por bastante tempo.

Katie: Bem, você teria de se sentir maluco por bastante tempo. Você não se perguntou o que é verdade e o que não é. Então, **quem você seria** na presença de sua família **sem esse pensamento?** Quem seria você sem a capacidade para ter esse pensamento que contradiz a realidade?

Justin: Seria fabuloso! Eu ficaria tão feliz!

Katie: Sim. Eu concordo com isso. É minha experiência também.

Justin: Mas eu quero...

Katie: Você pode dizer "mas" quantas vezes quiser e eles ainda vão continuar fazendo o trabalho deles.

Justin: É.

Katie: A realidade não espera pela sua opinião, pelo seu voto, pela sua permissão, meu querido. Ela apenas continua a ser o que é e fazendo o que faz. "Não. Espere minha aprovação." Acho que não. Você perde sempre. **Inverta isso,** vamos examinar as possibilidades. "Quero que eu..."

Justin: Quero que eu seja quem sou...

Katie: Sim.

Justin: ... e não reduza meu amor e minha atenção por mim mesmo de acordo com minha percepção da ideia de meu progresso. Isso é difícil de engolir.

Katie: Muito bem! Gosto da parte em que você achou que seus pais deveriam engolir a mesma coisa durante todos esses anos. [O público ri.] Portanto, fique com essa ideia por um momento. Compreendo que estou exigindo muito, mas essas são revelações muito importantes. Sem uma história, as revelações têm espaço para vir à tona de onde sempre viveram, dentro de você. Há uma outra inversão. Seja tolerante. "Quero que eu..."

Justin [após uma pausa]: Não consigo ver.

Katie: Leia a frase como você a escreveu.

Justin: Quero que minha família seja o que é...

Katie: "Quero que eu..."

Justin: Quero que eu seja o que sou e não reduza meu amor e atenção de acordo com...

Katie: ... "sua"...

Justin: ... sua percepção e ideia do meu progresso. Uau! Gostei dessa!

Katie: Sim, é viver aquilo que você queria que eles vivessem.

Justin: Eu simplesmente não quero ceder, isso faz brotar essa confusão dentro de mim.

Katie: É assim que deve ser, meu bem. Fale um pouco mais sobre a confusão. Quais são seus pensamentos?

Justin: Há 11 irmãos na minha família, e eles todos ficam dizendo: "Você não está fazendo a coisa certa."

Katie: Bem, pode ser que eles tenham razão. E você precisa viver o que precisa viver. Obviamente, você precisa de 11, 12, 13 pessoas sendo agressivas com você para que possa saber o que é verdade para você mesmo. O seu caminho é seu. O deles é o deles. Vamos examinar a frase seguinte.

Justin: Quero que me aceitem enquanto aprendo minha própria verdade nesta vida.

Katie: Eles vão aceitar o que aceitam. Eles conseguiram fazer com que você aceitasse a maneira deles viverem? Podem fazer isso? Treze pessoas conseguiram convencer você a seguir o caminho delas?

Justin: Bem, essa é minha tarefa, certo? Porque a base da vida deles...

Katie: Sim ou não. Eles o convenceram a caminhar pelo caminho deles?

Justin: Não.

Katie: Então, se você não consegue aceitar o deles, o que o leva a pensar que eles podem aceitar o seu?

Justin: Isso é verdade.

Katie: Ponha a coisa em perspectiva. Treze pessoas não conseguem convencer você, e você acha que vai convencer todas as 13? Se isso é uma guerra, você está em menor número.

Justin: Eu sei.

Katie: **Como você reage, o que acontece quando você acredita no pensamento** "Quero que eles aceitem meu jeito de ser", e eles não aceitam?

Justin: É doloroso.

Katie: Sim. Solitário?

Justin: Ah, muito.

Katie: Você pode ver um motivo para abandonar essa teoria de que qualquer pessoa no mundo precisa aceitar você sempre?

Justin: Preciso abandonar isso.

Katie: Não estou pedindo que abandone isso. Estou apenas perguntando se você pode ver um bom motivo para fazê-lo. Não podemos abandonar conceitos. Podemos apenas fazer brilhar uma pequena luz sobre eles à medida que fazemos a investigação, e você verá que o que achou que era verdade, não era. E quando a verdade é vista, não há nada que possa fazer com que aquela mentira volte a ser verdade para você outra vez. Um exemplo sobre o qual podemos trabalhar é aquilo que você escreveu: "Quero que minha família aceite meu jeito de ser." É impossível. Como é que você os trata quando acredita nesse pensamento?

Justin: Me distancio deles.

Katie: **Quem você seria** na sua família **sem o pensamento** "Quero que aceitem meu jeito de ser"?

Justin: Extrovertido, carinhoso.

Katie: **Inverta.**

Justin: Quero me aceitar enquanto aprendo minha própria verdade nesta vida.

Katie: Isso mesmo! Se eles não estão fazendo isso, quem sobra? Você. Portanto, meu bem, você pode encontrar outra inversão? "Quero que eu..."

Justin: Quero que eu os aceite enquanto eles aprendem sua própria verdade nesta vida.

Katie: Sim. Isso é tudo que eles estão fazendo. Eles estão fazendo o mesmo que você está fazendo. Estamos todos fazendo o melhor que podemos. Vamos examinar a frase seguinte.

Justin: Quero que me amem por ter encontrado partes de minha própria verdade...

Katie: É da conta de quem, quem você ama?

Justin: Da minha conta.

Katie: E é da conta de quem, quem eles amam?

Justin: Da conta deles.

Katie: Como é que você se sente quando está organizando mentalmente a vida deles, ordenando a quem eles devem amar e por quê?

Justin: Não é onde eu deveria estar.

Katie: É solitário?

Justin: Muito.

Katie: Pois, então, vamos **inverter** isso.

Justin: Quero que eu os ame por terem encontrado partes de sua própria verdade.

Katie: Bingo! A verdade deles, não a sua. Eles têm uma maneira de ser que é tão fabulosa que os 13 concordam com ela! Dê-me um exemplo daquilo que eles dizem que é tão doloroso. Qual é a coisa mais dolorosa que eles podem dizer para você ou sobre você?

Justin: Que estou perdido.

Katie: Você pode encontrar o lugar onde esteve perdido por algum tempo?

Justin: Claro que posso!

Katie: Bem, então eles têm razão. Na próxima vez que eles disserem: "Você está perdido", você pode responder: "Eu sei, eu também percebi isso outro dia." Está bem?

Justin: Está.

Katie: Então, que outra coisa terrível eles disseram que pode ser verdade? Vou lhe dizer que, no meu caso, quando alguém costumava dizer algo que era verdade, uma das maneiras de eu saber se era verdade é que eu ficava imediatamente na defensiva. Eu bloqueava a ideia, e brigava com eles mentalmente e sofria tudo que acompanha tal tipo de atitude. E eles estavam apenas dizendo a verdade. Como amante da verdade, você não quer saber realmente o que é? Muitas vezes, é exatamente aquilo que você tem estado procurando. Que outra coisa eles dizem que é dolorosa?

Justin: Sinto que eles me interrompem quando tento descrever o que estou passando. Isso é doloroso.

Katie: É claro que é. Você acha que nós devemos escutar?

Justin: Será que um filho não merece isso?

Katie: Não. Não é uma questão de merecer. Eles simplesmente não escutam. "Têm 12 crianças aqui; nos dê uma chance!" **Como você reage, o que acontece quando você acredita no pensamento** "eles deveriam me escutar" e eles não escutam?

Justin: Sinto-me sozinho.

Katie: E como é que você os trata quando acredita nesse pensamento?

Justin: Eu me distancio deles.

Katie: É difícil para eles escutá-lo quando você está longe!

Justin: É.

Katie: "Quero que eles me escutem, então acho que vou embora."

Justin: É, entendo seu argumento.

Katie: As coisas estão começando a fazer um pouco de sentido? **Quem você seria** nessa família incrível **sem esse pensamento?** Quem seria você se não tivesse a capacidade de ter o pensamento "Quero que me escutem"?

Justin: Ficaria contente e em paz.

Katie: E seria aquele que escuta?

Justin: Seria o que escuta.

Katie: Vamos **inverter** isso. Vamos ouvir como *você* deve viver, meu bem, não sua família.

Justin: Eu quero amar a mim mesmo por ter encontrado partes de minha própria verdade e minha base. Quero mesmo.

Katie: Então permaneça com essa ideia por um minuto... E a outra inversão.

Justin: Quero amá-los por terem encontrado partes de sua própria verdade e base. Sim. Eu os amo totalmente por sua felicidade, mas... Está bem, está bem. [Justin e o público riem.]

Katie: Você captou a ideia. É uma grande coisa. Adorei ver como percebeu o que é mais verdadeiro para você e o julgamento cessou. Você riu e permaneceu na realidade. Ok, a frase seguinte.

Justin: Já sei a resposta para essa.

Katie: Ah, você é muito bom! Quando a gente pega o jeitinho da realidade, meu bem... ah!

Justin: Desejo muito que eles respeitem a música que faço e...

Katie: Sem chance.

Justin: É mesmo.

Katie: **Inverta.**

Justin: Desejo muito que eu respeite minha música.

Katie: Há uma outra. "Desejo muito que eu..."

Justin: Desejo muito que eu respeite a música deles?

Katie: Eis o que a música deles é: "Não queremos escutar, não queremos entender. Venha para nosso caminho, funcionou para nós, sabemos que vai funcionar para você." Essa é a música deles. Todos nós temos nossa música, meu bem. Se alguém diz: "Venha e ande no meu caminho, ele é lindo", tudo o que ouço é que eles me amam de todo o coração e querem me dar aquilo que consideram lindo. Nem sempre acontece ser o meu caminho. Mas, certamente, é igual ao meu. E fico contente que o caminho deles funcione para eles e traga felicidade. Todos esses caminhos! Não há nenhum que seja superior ao outro. Mais cedo ou mais tarde, começamos a perceber isso. A comunicação para isso é: "Fico feliz porque seu caminho o faz feliz. Obrigado por querer partilhá-lo comigo."

Justin: Eu poderia lidar com isso quando me estabilizar com tudo mais. Seria simples dizer: "Estou feliz por vocês e estou feliz por mim."

Katie: "Fique fora disso; não estamos interessados! Gostamos de ouvir a parte em que você diz que está feliz por nós. Supere isso!" Coisas muito penosas. Ninguém quer ouvir sobre você, certamente não no nível que queremos ouvir sobre nós mesmos. É assim que as coisas são, por enquanto. Estar ciente disso pode ser o fim da guerra dentro de você, e há tanta força nisso, e eu lhe digo sinceramente que a verdade do que estamos falando hoje vai fluir através de sua música. Não é isso que você quer?

Justin: É. Não acredito que nunca percebi isso antes.

Katie: Ah, meu querido, eu não vi isso durante 40 anos, até que despertei para a realidade, da maneira que você está fazendo hoje. É sempre apenas um começo. Você pode ir para casa e pedir a sua mãe que se sente com você um tempinho. E se ela disser: "Não, não tenho tempo", tudo bem! Não veja a hora de o momento chegar. Há sempre uma outra maneira de estar com ela. Se ela estiver trocando fraldas, você pode dizer: "Posso ajudar?" Ou você pode se sentar ao lado dela e apenas ouvir o que ela está dizendo, ou só observar o que ela está fazendo. Convide-a a falar sobre o caminho dela e escute sobre a vida dela, observe como o rosto dela se ilumina quando ela fala do Deus e do caminho dela, sem deixar que sua história interfira. Há muitas maneiras de estar com sua mãe. Pode ser um mundo totalmente novo para você. Isso abre um mundo inexplorado quando você está certo daquilo que realmente quer. Ninguém pode me privar de minha família — ninguém a não ser eu mesma. Fiquei muito feliz por você ter percebido isso hoje. Não há nenhuma família para ser salva. Não há nenhuma família para ser convertida. Só há uma pessoa, no final das contas — você.

Justin: Gosto disso.

Katie: Vamos examinar a última frase em seu Formulário.

Justin: Recuso-me a nunca ser ouvido.

Katie: "Estou disposto..."

Justin: Estou disposto a nunca ser ouvido.

Katie: "Não vejo a hora de..."

Justin: Não vejo a hora de... não, isso não... bem...

Katie: Se eles não o ouvem e isso o magoa, faça O Trabalho outra vez. "Eles devem me ouvir" — **isso é verdade?**

Justin: Não.

Katie: **Como você reage, o que acontece quando você acredita no pensamento** "eles deveriam me ouvir", e eles não ouvem?

Justin: Horrível.

Katie: Então, **quem você seria sem esse pensamento,** sem essa mentira, "Eles deveriam me ouvir"?

Justin: Uau... É uma pergunta tão simples, mas há... Uau! Eu ficaria feliz. Em paz.

Katie: "Eles deveriam me ouvir" — **inverta isso.**

Justin: Eu deveria me ouvir.

Katie: Há uma outra.

Justin: Eles não deveriam me ouvir.

Katie: Sim. A não ser que o façam. E ainda há uma outra.

Justin: Eu deveria ouvi-los.

Katie: Isso. Ouça a canção deles. Querer que meus filhos me ouçam é loucura. Eles só vão ouvir o que ouvem, não o que eu digo. Talvez fosse possível filtrar o que eles ouvem: "Não ouça nada a não ser o que eu digo." Isso não lhe parece maluquice? "Não ouça nada mais, não ouça seus próprios pensamentos, ouça o que eu quero que você ouça, me ouça." Loucura. E simplesmente não funciona.

Justin: A gente perde tanta energia tentando...

Katie: ... direcionar a audição alheia. Não tem jeito. Quero que eles ouçam o que ouvem. Já não sou mais louca. Sou uma amante da realidade. Sugiro que você vá a algum lugar e fique quieto consigo mesmo esta noite. Fique com esses pensamentos. Então, é possível que queira ir para casa e dizer a sua família o que descobriu sobre você mesmo. Diga-lhes de uma forma que você mesmo possa ouvir. E observe o pensamento "quero que eles me ouçam". Observe quem você é com esse pensamento e quem você é sem ele. Não espere que eles ouçam. Apenas fale para que você mesmo possa ouvir.

A realidade é sempre mais generosa do que as histórias que contamos sobre ela.

5

Aprofundando a investigação

Este capítulo oferece novas maneiras de utilizar as quatro perguntas e as inversões e perspectivas adicionais que lhe permitirão uma investigação mais profunda e mais bem delineada. Minha intenção aqui é lhe apoiar no início dessa viagem para o interior da mente infinita e naquele momento em que você irá começar a compreender que não há nada a temer. A investigação o sustentará e dará segurança, seja qual for o destino de sua viagem.

O Trabalho sempre nos traz de volta para quem realmente somos. Cada crença que for investigada até que seja realmente compreendida permitirá que a próxima crença venha à tona. Você, então, a desfaz. E depois vai desfazendo as seguintes, uma a uma. E aí descobre que está até aguardando com ansiedade a próxima crença. Em determinado momento, é possível que você perceba que está considerando todos os pensamentos, sentimentos, pessoas e situações como amigos. Até que, por fim, começa a procurar um problema. E, finalmente, percebe que não teve nenhum durante anos.

Pergunta 1: Isso é verdade?

Às vezes, é imediatamente evidente que a frase que você escreveu não é verdade. Se a resposta que surge em sua mente é um enfático "não", então pule para a pergunta 3. Para os outros casos, vamos ver algumas maneiras de examinar a pergunta 1 mais detalhadamente.

Qual é a realidade da situação?

Se sua resposta para a pergunta 1 foi "sim", pergunte a si mesmo(a): Qual é a realidade desta situação?

Investiguemos a frase: "Paul não deveria ver tanta televisão." Qual é a realidade da situação? Na sua experiência, ele realmente vê muita televisão? Sim: A realidade é que Paul fica vendo televisão por um período entre seis e dez horas quase todos os dias. Como sabemos que Paul deve ver tanta televisão? Porque ele o faz. Esta é a realidade da situação; esta é a verdade. Um cachorro late, um gato mia e Paul vê televisão. Essa é a função dele. Pode ser que nem sempre seja assim, mas, no momento, é o que ocorre. O pensamento de que Paul não deveria ver tanta televisão é apenas sua forma de discutir mentalmente com aquilo que é real. Não lhe faz nenhum bem, e não faz com que Paul mude; o único efeito é causar estresse. No momento em que você aceitar a realidade de que ele vê muita televisão, quem sabe quais mudanças poderão surgir em sua vida?

A realidade, para mim, é o que é verdadeiro. A verdade é o que está diante de você, o que está realmente acontecendo — seja o que for. Queira você ou não, agora está chovendo. "Não deveria estar chovendo" é apenas um pensamento. Na realidade, não existe o "deveria" ou o "não deveria". Esses são apenas pensamentos que impomos à realidade. A mente é como um instrumento de nivelação de um carpinteiro. Quando a bolha vai para um lado — "não deveria estar chovendo" —, já sabemos que a mente está presa em seu pensamento. Quando a bolha está bem no meio — "está chovendo" —, sabemos que a superfície está plana e que a mente está aceitando a realidade como ela é. A partir dessa posição, mudanças positivas podem ocorrer de uma maneira eficaz, organizada e sensata. Não saberemos necessariamente como as mudanças ocorrem, mas, apesar disso, elas ocorrem.

É da conta de quem?

Quando você tem aquele pensamento que escreveu, está se intrometendo nos assuntos de quem? Quando acha que alguém ou alguma outra coisa que não seja você mesmo(a) precisa mudar, mentalmente, você está em áreas que não são de sua conta. É claro, então, que você se sente isolado(a), sozinho(a) e estressado(a). Pergunte a si mesmo(a): "É da conta de quem quantas horas de televisão eu vejo? É da conta de quem quantas horas de televisão Paul vê? E será que eu posso realmente saber o que é melhor para Paul a longo prazo?

Pergunta 2: Você pode saber com absoluta certeza que isso é verdade?

Se sua resposta à pergunta 1 foi "sim", pergunte-se: "Posso ter certeza absoluta de que isso é verdade?" Em muitos casos, a frase *parece* ser verdade. É óbvio que sim. Seus conceitos são baseados em uma vida inteira de crenças mantidas por uma evidência que não foi investigada.

Depois que eu acordei para a realidade, em 1986, percebi muitas vezes como as pessoas (em conversas, na mídia, em livros) fazem declarações como: "Não há compreensão suficiente no mundo", "Há violência demais", "Devíamos nos amar mais uns aos outros". Eram histórias em que eu também acreditava. Pareciam sensíveis, generosas e solidárias, mas quando eu as ouvia, percebia que acreditar nelas provocava um estresse e uma preocupação que não parecia me trazer paz interna.

Por exemplo, quando eu ouvia: "As pessoas devem ser mais solidárias", surgia dentro de mim a pergunta: "Posso saber com absoluta certeza que isso é verdade? Posso realmente saber, por mim mesma, dentro de mim, que as pessoas devem ser mais solidárias? Mesmo que seja isso que o mundo inteiro me diga, é verdade, realmente?" E para minha surpresa, quando eu me escutava, via que o mundo é o que é — nada mais, nada menos. Quando se trata da realidade, não existe nenhum "o que deveria ser". Há apenas o que existe, da maneira que existe, neste momento imediato. A verdade é anterior a qualquer história. E todas as histórias, antes de serem investigadas, ocultam a verdade, não permitindo que ela seja vista.

Naquele momento, então, eu pude enfim indagar sobre cada história que pudesse ser desconfortável: "Posso saber com absoluta certeza que isso é verdade?" E a resposta, como a pergunta, foi uma experiência: Não. Naquela resposta eu me senti com raízes — solitária, tranquila, livre.

Como é possível que "não" fosse a resposta correta? Todas as pessoas que eu conhecia, e todos os livros, diziam que a resposta devia ser "sim". Mas cheguei à conclusão de que a verdade tem vida própria e não seria imposta por ninguém. Na presença daquele "não" interior eu percebi que o mundo é sempre como deve ser, seja eu contra isso ou não. E, então, abracei a realidade com todo meu coração. Amo o mundo, sem quaisquer condições.

Brinquemos agora com a frase: "Estou magoada porque Paul está zangado comigo." É possível que você tenha respondido: "Sim, é verdade. Paul está zangado comigo. O rosto dele está vermelho, a veia de seu pescoço lateja e ele grita comigo." Portanto, aí está a prova. Mas penetre dentro de você uma vez mais. Você pode ter certeza de que é com você que Paul está zangado? Pode realmente saber o que ocorre na mente de alguém? Pode saber pela expressão facial ou linguagem corporal de uma pessoa o que ela está realmente pensando ou sentindo? Já sentiu medo ou raiva, por exemplo, e observou suas próprias emoções terríveis e impotentes fazerem com que você aponte um dedo acusatório na direção da pessoa que está mais próxima de você? Pode realmente saber o que uma outra pessoa está sentindo, mesmo quando ela lhe diz? Pode ter certeza de que elas estão percebendo seus próprios pensamentos e emoções com clareza? Você, por acaso, nunca se sentiu confuso com relação à origem de sua raiva, ou disfarçou-a, ou deturpou-a? Você pode ter certeza absoluta de que é verdade que Paul está zangado com você?

Além disso, você pode realmente saber que está magoada porque Paul está zangado? É a zanga de Paul que está *causando* sua mágoa? Seria possível a você, com uma atitude diferente, estar ali, diante da explosão de raiva de Paul, e não sentir nem um pouco como uma coisa pessoal? Seria possível apenas escutar e receber calma e carinhosamente o que ele está dizendo? Depois do inquérito, essa foi minha experiência.

Suponhamos que sua frase seja: "Paul deve parar de fumar". É claro que ele deve! Todos sabem que fumar diminui o fôlego e causa câncer de pulmão e doenças cardíacas. Agora, aprofunde-se em seu interior com a pergunta: você pode realmente saber que é verdade que Paul deve parar de fumar? Pode ter certeza de que a vida dele seria melhor ou que ele iria viver por mais tempo se parasse de fumar? Afinal, ele poderia ser atropelado por um caminhão amanhã. Você pode realmente saber que, se Paul parasse de fumar, isso seria melhor para ele ou para você a longo prazo? (E não estou dizendo que não seria.) Pode realmente saber o que é melhor para Paul na estrada de sua vida? "Paul deve parar de fumar" — você pode saber com absoluta certeza que isso é verdade?

Se sua resposta ainda é "sim", tudo bem. É assim que deve ser. Se acha que o que a outra pessoa fez ou disse é realmente aquilo que você escreveu, e também que pode ter certeza absoluta de que é verdade, salte diretamente para a pergunta 3. Mas se estiver um pouco hesitante, tente um ou mais dos exercícios que lhe oferecemos na sessão seguinte.

Quando você acha que é verdade

Às vezes, você pode não se sentir muito confortável com seu sim para as questões 1 e 2; elas podem fazer com que você sinta que está sendo pressionado a não prosseguir com sua investigação. Você quer ir mais fundo, mas a frase que escreveu, ou o pensamento que o está torturando, parece ser um fato irrefutável. Damos, a seguir, algumas formas de estimular seus pensamentos para que eles saiam a campo aberto, e, por sua vez, provoquem novas frases, que permitam que a investigação se aprofunde e alivie seu estresse.

E isso significa que_____

Uma maneira eficaz de se inspirar é acrescentar "e isso significa que _____ " à sua frase original. Seu sofrimento pode ser provocado por um pensamento que interpreta o que ocorreu, e não pelo pensamento que você escreveu. A frase adicional o(a) estimula a revelar sua interpretação do fato. Para efeitos da investigação, a resposta à incitação é sempre aquilo que *você* pensa que a frase significa.

Vamos supor que você tenha escrito: "Estou zangada com meu pai porque ele me bateu." Isso é verdade? Sim: você *está* zangada e, sim: ele *realmente* bateu em você, muitas vezes, quando você era criança. Tente escrever a frase com a interpretação adicional. "Estou zangada com meu pai porque ele me bateu e isso significa que _____." É possível que você acrescentasse "e isso significa que ele não me ama".

Quando você sabe qual é sua interpretação, pode submetê-la à investigação. Escreva a nova frase, e aplique a ela todas as quatro perguntas e as inversões. Você pode vir a compreender que é sua interpretação do fato que está causando estresse.

O que você acha que teria?

Outro meio de se inspirar é ler sua frase original e perguntar a si mesmo(a) o que você acha que teria se a realidade estivesse (em sua opinião) totalmente a seu favor. Suponhamos que você tenha escrito originalmente: "Paul deveria me dizer que me ama." Sua resposta para a incitação "o que você acha que teria?" poderia ser que, se Paul dissesse que a amava, você se sentiria mais segura. Escreva esta nova frase — "Eu me sentiria mais segura se Paul dissesse que me ama" — e submeta-a à investigação.

O que de pior poderia acontecer?

Quando sua frase é sobre algo que você acha que não quer, leia-a e imagine o pior resultado possível que a realidade poderia lhe dar. Imagine seus piores medos confrontados no papel até o fim. Seja bem meticuloso(a). Leve a situação a seu limite máximo.

Sua frase pode ser, por exemplo: "Estou inconsolável porque minha esposa me deixou." Agora, pergunte-se: "Qual é a pior coisa que poderia acontecer?" Faça uma lista de todas as coisas terríveis que a seu ver podem acontecer como resultado de sua situação atual. Após cada cenário aterrorizante que venha à mente, imagine o que poderia acontecer a seguir. E, então, o que mais poderia acontecer? E depois? Seja uma criança apavorada. Seja bem detalhista. Não tente se controlar.

Quando você terminar de escrever, volte ao início da lista e aplique as quatro perguntas e as inversões para cada frase sobre "o pior que poderia acontecer". Use a investigação em tudo que você escreveu, frase por frase.

O que é "deveria"?

Um quarto estímulo é procurar uma versão "deveria" ou "não deveria" da sua frase original. Se sua raiva surge pela crença de que a realidade deveria ter sido diferente, reescreva a frase "Estou zangada com meu pai porque ele me bateu" como "Meu pai não devia ter me batido". Esta frase pode ser mais fácil de investigar. Para a primeira versão desta frase, nós sabemos a resposta — ou pensamos que a sabemos — antes mesmo de começar o processo de investigação. "Isso é verdade? Definitivamente, sim." Apostaríamos nossas vidas nisso. Com a forma reescrita não estamos tão seguros, mas sim abertos para descobrir uma outra verdade, mais profunda.

Onde está sua prova?

Às vezes você está convencido(a) de que a frase que escreveu é verdade e acredita que pode ter certeza absoluta disso, mas não examinou sua "prova". Se você realmente quer saber a verdade, pode trazer toda sua evidência à tona e submetê-la ao teste do inquérito. Aqui está um exemplo:

Frase original: Paul me deixa triste porque ele não me ama.

A prova que Paul não me ama:

1. Às vezes ele passa por mim sem falar comigo.
2. Quando eu entro no quarto, ele não levanta os olhos.
3. Ele não demonstra que me viu. Continua a fazer aquilo em que está interessado.
4. Ele não me chama pelo nome.
5. Peço a ele que retire o lixo e ele finge que não me ouve.
6. Digo a ele que horas vai ser o jantar e às vezes ele não aparece.
7. Quando conversamos, ele parece distante, como se tivesse coisas mais importantes para fazer.

Investigue cada frase "que prova a verdade" usando todas as quatro perguntas e as inversões, como no exemplo seguinte:

1. Às vezes ele passa por mim sem falar comigo. *Isso prova* que ele não me ama. Isso é verdade? Posso ter certeza absoluta de que isso é verdade? (É possível que ele esteja mentalmente absorto em alguma outra coisa?) Continue com as quatro perguntas e com as inversões.

2. Quando eu entro no quarto, ele não levanta os olhos. *Isso prova* que ele não me ama. Isso é verdade? Posso ter certeza absoluta de que isso significa que ele não me ama? Continue a testar sua evidência com a ajuda das quatro perguntas e das inversões.

Submeta toda a lista ao mesmo teste e depois volte a sua investigação original: "Paul me deixa triste porque não me ama" — isso é verdade?

Encontrando sua "prova da verdade"

Pense em uma pessoa na sua vida (passada ou presente) que você acha que não o ama. Depois faça uma lista das provas que você tem de que isso é verdade.

A seguir, investigue cada frase que você escreveu como se fosse uma "prova de verdade", usando as quatro perguntas e as inversões.

Pergunta 3: Como você reage, o que acontece quando você acredita nesse pensamento?

Com esta pergunta começamos a perceber a causa e o efeito internos. Você nota que quando crê nesse pensamento (e não há nada de errado em acreditar nele) há uma certa intranquilidade, uma perturbação que pode ir desde um ligeiro desconforto até o medo ou o pânico. Uma vez que você tenha compreendido, a partir da pergunta 1, que o pensamento nem mesmo é verdade para você, você está frente a frente com o poder de uma mentira. Sua natureza é a verdade. Quando você se opõe a ela, sente-se uma outra pessoa. O estresse nunca parece tão natural como a paz.

Depois que as quatro perguntas me encontraram, eu notava pensamentos como "As pessoas devem ser mais solidárias" e percebia que me davam uma sensação de desconforto. Observava também que antes de ter aquele pensamento havia paz. Minha mente estava tranquila e serena.

Não havia estresse, nenhuma reação física que me perturbasse. Isso é quem eu sou, sem minha história. Depois, na calma daquela percepção, comecei a perceber os sentimentos que acompanhavam aquela crença ou vínculo com aquele pensamento. E, naquele estado, podia ver que, se realmente acreditasse no pensamento, o resultado seria um sentimento de desconforto e tristeza. Dali, o pensamento seguinte seria: "Devo fazer alguma coisa a esse respeito." E mais adiante ele se transformaria em culpa; eu não tinha a menor ideia de como fazer as pessoas mais solidárias, porque eu própria não podia ser mais solidária do que na verdade já era. Quando me perguntei: "Qual é minha reação quando acredito no pensamento de que as pessoas devem ser mais solidárias?", vi que não só tinha aquela sensação desconfortável (que era evidente), como também reagia tendo imagens mentais — das injustiças que sofrera alguma vez, das coisas horríveis que achara que as pessoas tinham me feito, da falta de generosidade do meu primeiro marido com relação a meus filhos e a mim mesma —, para provar que o pensamento era verdadeiro. Eu voava para um mundo que não existia. E lá estava eu, sentada em uma cadeira com uma xícara de chá, vivendo mentalmente nas imagens de um passado ilusório. Transformava-me em um personagem das páginas de uma história de sofrimento — sua heroína, presa em um mundo cheio de injustiça. Reagia, então, vivendo em um corpo estressado, vendo tudo através de olhos assustados, uma sonâmbula, alguém em um pesadelo sem fim. O remédio foi simplesmente investigar.

Adoro a pergunta 3. No momento em que você a responde para você mesmo(a), quando vê a causa e o efeito de um pensamento, todo seu sofrimento começa a desemaranhar-se. A princípio, é possível que nem perceba o que está ocorrendo. Que nem saiba que está progredindo. Mas o progresso não é responsabilidade sua. Apenas continue executando O Trabalho e ele também continuará levando-o(a) cada vez mais fundo dentro de você mesmo(a). Da próxima vez que o problema com que você lidou aparecer, é provável que você até ria, surpreso(a). É possível que não sinta qualquer tensão; que nem sequer note mais o pensamento.

Você pode ver um motivo para abandonar esse pensamento? (E, por favor, não tente abandoná-lo.)

Esta é outra pergunta que faço muitas vezes como um suplemento à pergunta 3, porque pode trazer mudanças radicais nos níveis de consciência. Juntamente com a próxima pergunta, ela penetra mais fundo naquela consciência de causa e efeito internos. "Posso encontrar um motivo para abandonar esse pensamento? Sim, posso: eu estava em paz antes de esse pensamento aparecer, e depois que ele surgiu sinto tensão e estresse."

É importante compreender que a investigação tem a ver com percepção, não com abandonar o pensamento. Abandonar pensamentos não é algo viável. Se você acha que estou lhe pedindo para abandonar o pensamento, ouça isso: Não é o que estou fazendo. A investigação não tem nada a ver com livrar-se de pensamentos; o objetivo é compreender o que é verdade para você, por meio da percepção e de um amor a si próprio(a) incondicional. No momento em que você vir a verdade, o pensamento abandona você, não o contrário.

Você pode descobrir um motivo para manter esse pensamento que não lhe cause estresse?

A segunda pergunta adicional é: "Você pode descobrir um motivo para manter esse pensamento que não lhe cause estresse?" É possível que você encontre vários, mas todos causam estresse, todos o(a) magoam. Nenhum deles é tranquilo ou válido, não se você estiver interessado(a) em dar um fim a seu sofrimento. Se você encontrar um motivo que pareça válido, pergunte-se: "Esse motivo me dá paz ou é estressante? Ter esse pensamento traz paz ou estresse à minha vida? E eu funciono com mais eficiência, com mais solidariedade e com mais clareza quando estou estressada ou quando estou livre de estresse?" (Na minha experiência, todo estresse é ineficiente.)

Pergunta 4: Quem você seria sem esse pensamento?

Esta é uma pergunta de grande poder. Imagine-se na presença da pessoa sobre a qual você escreveu em um momento em que ela não está fazendo aquilo que você acha que ela *deveria* ou quando ela está fazendo aquilo que você acha que ela *não* deveria estar fazendo. Agora, por um ou dois minutos, feche os olhos, respire fundo e imagine quem você seria se não pudesse ter esse pensamento. Como sua vida seria diferente nessa mesma situação mas sem aquele pensamento? Mantenha os olhos fechados e observe tudo sem sua história. O que você vê? Como você se sente a respeito deles sem a história? Que situação você prefere — com a história ou sem ela? Qual delas parece mais generosa? Qual traz mais tranquilidade?

Muitas pessoas mal se reconhecem quando se libertam das limitações de suas histórias. Elas não têm referência para essa sensação. A pergunta lhes revela uma identidade nova. Portanto, "não sei" é uma resposta comum. As pessoas também respondem dizendo "Eu seria livre", "Eu ficaria tranquilo", "Eu seria uma pessoa mais solidária". Você poderia dizer também: "Eu estou lúcida o suficiente para compreender a situação e agir com eficiência." Sem nossas histórias, não só somos capazes de agir de uma maneira lúcida e sem medo, como também passamos a ser o(a) amigo(a), o(a) ouvinte. Somos pessoas vivendo vidas felizes. Somos a apreciação e a gratidão, que se tornaram tão naturais como nossa respiração. A felicidade é o estado natural para alguém que sabe que não há nada para descobrir e que já temos tudo de que necessitamos, bem aqui e agora.

A resposta para a pergunta 4 também pode nos deixar sem uma identidade. Isso é muito emocionante. Você fica com nada e passa a ser nada mais do que a realidade do momento: uma mulher sentada em uma cadeira, escrevendo. Isso pode ser um pouco assustador, já que não deixa qualquer ilusão de um passado ou de um futuro. Você pode perguntar: "Como é que eu vivo agora? O que é que eu faço? Nada faz sentido." E eu diria: "'Sem passado ou futuro, você não sabe como viver' — você está absolutamente certa de que isso é verdade? 'Você não sabe o que fazer e nada faz sentido' — você está realmente certa de que isso é verdade?" Escreva seus medos e se conduza pelo inquérito uma vez mais sobre esses conceitos sutis e complexos. O objetivo do inquérito é trazer-nos de volta para nossa mente sã, para que possamos compreender por nós mesmos(as) que vivemos em um paraíso e não percebemos.

"Quem seria você sem esse pensamento?" é a formulação da pergunta 4 que sugiro se você está começando a fazer O Trabalho. Também sugiro que as pessoas construam a pergunta de uma outra maneira: "Quem ou o quê você seria sem esse pensamento?" Fique com a pergunta em sua mente. Deixe que pensamentos e imagens venham e sumam enquanto você contempla essa formulação da pergunta. Pode ser uma experiência extremamente enriquecedora. É possível que você queira brincar com a formulação original da pergunta 4: "O que você seria sem o pensamento?" "Paz" é a resposta que as pessoas dão com frequência. E uma vez mais eu pergunto: "O que você seria até mesmo sem esse pensamento?"

As inversões

As inversões são uma parte muito importante de O Trabalho. É a parte em que você examina o que escreveu sobre outras pessoas e vê se aquilo é verdadeiro — ou ainda mais verdadeiro — quando se aplica a você mesmo(a). A investigação combinada com as inversões é o atalho para o autoconhecimento. Enquanto você achar que a causa de seu problema está "lá fora" — que outra pessoa ou outra coisa são responsáveis por seu sofrimento —, a situação é insolúvel. Significa que está para sempre no papel de vítima, que está sofrendo no paraíso. Portanto, traga a verdade para si e comece a se libertar.

Por exemplo, a frase "Paul é cruel" é invertida para "Eu sou cruel". Entre em si mesma e descubra situações em sua vida em que isso parece ser verdade. Você também foi cruel com Paul? (Olhe suas respostas para a pergunta "Qual é sua reação quando você pensa 'Paul é cruel'? Como você o trata?") Você não está sendo cruel no momento em que considera Paul cruel? Vivencie como se sente quando crê que Paul é cruel. Seu corpo pode ficar tenso, o coração bater mais forte, você pode sentir calor no rosto — isso é bom para você? Você pode ficar crítica e defensiva — qual é a sensação que isso provoca em você? Essas reações são os resultados de seu pensamento não investigado.

Quando Paul a insulta, por exemplo, quantas vezes você repete aquela cena mentalmente? Quem é mais cruel — Paul (que a insultou uma vez hoje) ou você (que multiplicou aquele insulto repetidamente em sua mente)? Considere o seguinte: o que você está sentindo é o resultado da própria ação de Paul ou de seu próprio juízo sobre ela? Se Paul a insultasse e você não soubesse, você sofreria? Faça uma pequena pausa. Vá fundo. Enquanto você medita, tenha cuidado para permanecer nas coisas que são unicamente de sua conta.

Um inimigo é o amigo que você julga por escrito a fim de ver claramente os segredos ocultos dentro de si próprio(a). Aquele que você considera um inimigo é a projeção de seu pensamento. Quando você trabalha com a projeção por meio do inquérito, o inimigo passa a ser seu amigo.

Os três tipos de inversão

Há três maneiras de fazer a inversão. Uma crítica pode se voltar para você mesmo(a), para o outro ou pode ser o oposto do que era. Há muitas combinações possíveis dessas três formas. Uma frase, quando invertida, pode fazer com que você compreenda muitas coisas. A ideia não é descobrir o maior número de inversões, e sim encontrar aquelas que lhe permitem mudar e alcançar o autoconhecimento, a clareza que o(a) liberte do pesadelo a que você, inocentemente, está conectado(a). Inverta a frase original da maneira que quiser até encontrar as inversões que têm mais efeito sobre você.

Brinquemos com a frase "Paul deveria me valorizar".

Inverta-a para você mesma:
Eu deveria me valorizar (é minha tarefa, não a dele).

Inverta-a para o outro:
Eu deveria valorizar Paul (especialmente quando ele não me valoriza).

Inverta-a para o oposto:
Paul não deveria me valorizar (a menos que o faça).

Esteja preparada para interiorizar cada inversão que descobrir, e sinta onde, ou como, ela é tão ou mais verdadeira quanto a frase original. Como a inversão se aplica a você, em sua vida? Faça-a sua. Se isso lhe parece difícil, acrescente a palavra "às vezes" à inversão. Você pode admitir que é verdade *às vezes*, mesmo que seja só naquele momento em que você está achando que é verdade sobre o outro? Observe como você quer sair de si mesma e mentalmente transportar-se para aquilo que é da conta da outra pessoa.

Espere que surja um exemplo em sua mente de como você realmente vivencia a inversão em sua vida. Como é que você faz isso com Paul? Seja específica. Faça uma lista das muitas maneiras e situações em que você não valoriza ou não valorizou Paul. Faça uma lista de como você não valoriza outras pessoas e situações em sua vida. Faça uma lista das coisas que você faz para si mesma ou para outros e descubra como você nem sempre se valoriza.

Sugiro que você sempre use as quatro perguntas antes de fazer as inversões. Você pode ser tentado(a) a pegar um atalho e chegar logo à inversão sem submeter sua frase à investigação antes. Essa não é uma maneira eficiente de utilizar as inversões. O sentimento de crítica que se volta para você mesmo(a) pode ser brutal se ocorrer antes de um processo detalhado de autoeducação, e são as quatro perguntas que lhe dão essa ferramenta. Elas põem fim à ignorância daquilo que você acredita ser verdade; as inversões, vindas em último lugar, parecem suaves e fazem sentido. Sem as questões em primeiro lugar, as inversões podem parecer severas e constrangedoras.

O Trabalho não é sobre vergonha e culpa. Nem sobre provar que você é que está errado(a). O poder das inversões reside na descoberta de que tudo o que você pensa que vê lá fora é realmente uma projeção de sua própria mente. Tudo é uma imagem inversa de seu próprio pensamento. Ao descobrir a inocência da pessoa que julgou, você acaba reconhecendo sua própria inocência.

Às vezes, é possível que você não encontre as inversões em seu comportamento ou ações. Se isso ocorrer, procure-a em seu pensamento. Por exemplo, a inversão de "Paul deve parar de fumar" é "Eu deveria parar de fumar". Pode ser que você nunca tenha fumado um só cigarro em toda a vida. É possível que esteja fumando na sua mente. Repetidamente, você solta fumaça com raiva e frustração quando imagina Paul fazendo com que sua casa fique cheirando a cigarro. Você "fuma" mentalmente mais vezes em um dia do que Paul? Sua receita para paz, então, é que você pare de fumar mentalmente e pare de ficar "expelindo fumaça" com sua raiva porque Paul fuma. Será que vale a pena eu me deixar morrer de um ataque de coração por causa do estresse de acreditar nesse pensamento antes que Paul morra de câncer de pulmão? Que a paz esteja comigo!

Outro modo de descobrir é substituir a palavra "fumar" por alguma outra. É verdade, você nunca fumou. Mas há outra coisa que você usa da mesma maneira que Paul usa os cigarros — comida, drogas, cartões de crédito ou relacionamentos? Sua inversão pode ser uma experiência que lhe traga humildade. Poderia ser: "Eu devo parar de falar asperamente com o Paul." Ou: "Eu deveria parar de usar nossos cartões de crédito como um meio de me sentir melhor." Esteja disposta a ouvir você mesma o conselho que está dando a ele, o conselho que lhe mostra como viver dentro das coisas que são de sua conta.

As inversões em ação

As inversões lhe dão uma nova percepção muito poderosa. O autoconhecimento nunca é total até que você o ponha em prática. Treine as inversões. Quando você perceber como tem dado sermões aos demais, volte atrás e se corrija e conte como é difícil para você mesma fazer o que quer que eles façam. Deixe que eles saibam os meios que você usou para manipulá-los ou enganá-los, como se zangou, usou sexo, dinheiro e até culpa para obter o que queria.

Nem sempre consegui viver as inversões que eu tão generosamente apresentava aos outros para que eles as vivessem. Quando percebi isso, encontrei-me no mesmo nível que as pessoas a quem julgara. Vi que minha filosofia não era assim tão fácil de ser vivida para nenhum de nós. Vi que estávamos todos fazendo o melhor que podíamos. Foi assim que uma vida inteira de humildade teve início.

A comunicação é outra forma eficiente que encontrei de cristalizar o que aprendera. No primeiro ano após despertar para a realidade, fui muitas vezes até as pessoas que eu julgara e partilhei com elas minhas inversões e entendimentos. Relatava unicamente o que tinha descoberto sobre a minha parte em alguma dificuldade que estivesse sentindo. (Sob nenhuma circunstância falava sobre a parte *delas*.) Fiz isso para que pudesse ouvir tudo aquilo na presença de pelo menos duas testemunhas — a outra pessoa e eu mesma. Eu dava e recebia. Se, por exemplo, sua frase foi "Ele mentiu para mim", uma inversão seria "Menti para ele". Neste caso, faça uma lista de todas as mentiras de que você se lembra de ter dito e relate-as para aquela pessoa, nunca, de forma alguma, mencionando as mentiras que ela lhe disse, pois essas são da conta dela. Você está fazendo isso para sua própria liberdade. A humildade é o verdadeiro refúgio.

Quando eu queria andar ainda mais rápido e mais livremente, descobri que pedir desculpas e dar satisfações com sinceridade era um excelente atalho. "Dar satisfação" significa corrigir um erro percebido. O que eu chamo de "viver a correção" tem um alcance ainda maior. Aplica-se não só para um incidente específico mas para todos os incidentes futuros daquele mesmo tipo. Quando eu percebia, por meio da investigação, que tinha magoado alguém no passado, parava de magoar qualquer pessoa. Se mesmo depois disso magoava alguém, eu lhe dizia imediatamente por que o fizera, o que era que tinha medo de perder ou o que queria obter deles; e começava tudo outra vez, sempre com a ficha limpa. Essa é uma maneira eficaz de viver livremente.

Uma desculpa realmente sincera é apenas uma maneira de desfazer um erro e recomeçar sobre uma base nivelada e sem culpa. Peça desculpas e corrija-se, para seu próprio bem. Tudo isso tem a ver com sua própria paz. De que adianta ser um santo só nas palavras? A Terra já está cheia deles. Paz é aquilo que você já é, sem uma história. Será que você pode apenas viver isso?

Repasse sua lista de exemplos sobre como as inversões são verdadeiras para você e sublinhe cada frase em que sinta que prejudicou alguém de alguma maneira. (Para os que quiserem terminar seu sofrimento rapidamente, sua lista de respostas à pergunta "Qual é sua reação — como você os trata — quando acredita naquele pensamento?" poderia mantê-los muito ocupados relatando e desculpando-se.) Dê satisfações a si próprio(a), ao dar satisfações aos outros. Devolva-lhes, na mesma medida, aquilo que, a seu ver, você obteve à custa deles, em cada um dos casos.

Relatórios honestos e não manipuladores, aliados a correções práticas, trazem verdadeira intimidade a relacionamentos que, sem isso, seriam impossíveis. Se algumas das pessoas em seu Formulário já faleceram, preste satisfações práticas aos demais. Dê-nos o que teria dado a elas, para seu próprio bem.

Conheci um homem que levava sua liberdade muito a sério. Fora viciado em drogas e ladrão, assaltara várias casas e era muito bom naquilo que fazia. Depois de algum tempo realizando O Trabalho, fez uma lista de todas as pessoas que roubara e de tudo que levou, tão exatamente quanto sua memória permitiu. Quando terminou a lista, ela continha dezenas de pessoas e de casas. E, então, ele começou a fazer as inversões. Sabia que ia acabar na cadeia, mas, apesar disso, tinha que fazer aquilo que, a seu ver, era o certo. Foi de casa em casa, batendo em cada porta. Era afro-americano e alguns dos lugares a que voltou não foram muito confortáveis para ele, pois tinha medo do preconceito. Mas mesmo assim continuou a trabalhar com eles e a bater nas portas. Quando as pessoas abriam, ele dizia quem era e o que tinha roubado, depois se desculpava e pedia: "Como posso reparar meu erro? Farei o que for preciso." Foi a dezenas de casas e ninguém chamou a polícia. Ele sempre dizia: "Tenho que fazer alguma coisa para reparar o que fiz. Diga-me o que fazer." E eles falavam coisas como "Ok, conserte meu carro" ou "Pinte minha casa". Ele executava a tarefa com prazer e depois fazia uma marca ao lado do nome e endereço daquela pessoa em sua lista. E cada pincelada que ele dava, disse ele, era Deus, Deus, Deus.

Um dos meus filhos, Ross, está fazendo O Trabalho há muito tempo. Há uns oito ou nove anos percebi que enquanto fazíamos compras ele às vezes dizia: "Espere por mim, mãe, volto logo", e me deixava esperando por uns dez minutos. Certa vez, observei pela vitrine da loja que ele escolheu uma camisa, levou-a ao caixa, pagou por ela e depois a colocou de volta na prateleira. Perguntei o que estava fazendo, e ele me explicou: "Há algum tempo, eu roubei umas coisas de cinco ou seis lojas. Foi horrível, mãe. Agora, quando vejo uma loja de onde roubei alguma coisa, entro, procuro um item como aquele que roubei, pago por ele e depois o coloco de volta. Tentei me entregar. Eu dizia: 'Aqui está o dinheiro para pagar o que roubei, e se você quiser me processar, tudo bem.' E eles ficavam confusos, chamavam o gerente, e o gerente não sabia o que fazer com o dinheiro, dizia que era complicado demais para o sistema. E se chamassem a polícia, os policiais iriam dizer que precisava ser um flagrante. Então, acabavam me dizendo que não havia o que fazer. Mas eu realmente precisava inverter a situação. Então, descobri essa maneira. Funciona para mim."

Ross também gosta de um exercício que lhe recomendei, que é praticar um ato generoso sem que ninguém descubra quem foi; se descobrirem, o ato não vale, é preciso começar outra vez. Já o vi em parques de diversão observando crianças que parecem não ter dinheiro suficiente. Ele tira uma nota da carteira, abaixa-se em frente da criança, finge que está catando a nota do chão e entrega-a à criança, dizendo: "Hei, cara, você deixou cair isso", e depois vai embora rapidamente, sem ao menos olhar para trás. Ele é um excelente professor de como praticar a inversão retificando seus erros.

É uma boa ideia introduzir essa prática na vida cotidiana. Os resultados são nada menos que milagrosos, e compreendidos ainda mais profundamente por meio de outros inquéritos.

A inversão para o número 6

A inversão da frase número 6 em seu Formulário para avaliar seu próximo é um pouco diferente dos demais. Mudamos "Nunca quero..." para "Estou disposto a..." e "Não vejo a hora de...". Por exemplo: "Nunca quero discutir com Paul outra vez" inverte-se e transforma-se em: "Estou disposta a discutir com Paul outra vez" e "Não vejo a hora de ter uma nova discussão com Paul".

Todas as vezes que você pensar que não está mais propenso(a) a sentir raiva ou estresse outra vez, fique disposto a que isso ocorra e até não veja a hora de chegar a ocasião. Isso pode acontecer outra vez, ainda que só em sua mente. Essa inversão é sobre como abraçar a vida em sua totalidade. Dizer — sinceramente — "Estou disposto a..." gera abertura, criatividade e flexibilidade. Qualquer resistência que você possa ter se suaviza, permitindo-lhe relaxar em vez de ter que ficar desesperadamente utilizando toda sua força de vontade ou energia para erradicar a situação de sua vida. Dizer com honestidade "Não vejo a hora de..." libera-o(a) de uma forma ativa para a vida conforme ela for se desdobrando. A liberdade interior torna-se uma expressão de amor e tranquilidade no mundo.

Por exemplo: "Não quero mais viver com Paul se ele não mudar" se transforma em "Estou disposta a viver com Paul se ele não mudar" e "Não vejo a hora de viver com Paul se ele não mudar". É até melhor que você não veja a hora de isso acontecer. Você pode se descobrir vivendo com ele, mesmo que seja só mentalmente. (Trabalhei com pessoas que ainda estavam amargas, embora seus companheiros tivessem falecido 20 anos antes.) Se você vive ou não com ele, provavelmente terá esse pensamento outra vez, e pode sentir o estresse e a depressão resultantes. Não veja a hora de ter esses sentimentos, porque eles são um lembrete de que é hora de despertar. Sentimentos desconfortáveis o levarão diretamente de volta a O Trabalho. Isso não significa que você tem de viver com Paul. A boa vontade abre a porta para todas as possibilidades da vida.

A seguir, mais dois exemplos de nosso Formulário modelo:

Frase original, número 6: *Eu me recuso a observar Paul arruinando sua saúde.*
Inversões: *Estou disposta a observar Paul arruinar sua saúde.*
Não vejo a hora de observar Paul arruinar sua saúde.

Frase original, número 6: *Nunca mais quero ser ignorada por Paul.*
Inversões: *Estou disposta a ser ignorada por Paul outra vez.*
Não vejo a hora de ser ignorada por Paul outra vez.

É bom reconhecer que os mesmos sentimentos ou situações podem ocorrer outra vez, mesmo que só em seus pensamentos. Quando você perceber que o sofrimento e o desconforto são sinais para voltar para a investigação, pode até começar não ver a hora de aflorarem esses sentimentos desconfortáveis. É possível que os considere como amigos que estejam vindo lhe mostrar que você ainda não investigou com a profundidade suficiente. Já não é necessário esperar que pessoas ou situações mudem para sentir paz e harmonia. O Trabalho é o meio mais simples de orquestrar sua própria felicidade. Você a vai encontrar dentro de você e O Trabalho o(a) leva até lá.

Ninguém pode me magoar —

isso é tarefa minha.

6

O Trabalho realizado com profissões e dinheiro

Para alguns de nós a vida é dominada por nossos pensamentos sobre trabalho e dinheiro. Mas se seus pensamentos são claros, como é possível que o trabalho ou o dinheiro sejam o problema? Nosso pensamento é tudo que precisa mudar. É tudo que *podemos* mudar. Essa é a boa notícia.

Muitos de nós somos motivados pelo desejo de sucesso. Mas o que é sucesso? O que é que queremos realizar? Fazemos apenas três coisas na vida: ficamos em pé, nos sentamos e nos deitamos. Mesmo depois de ter encontrado sucesso, ainda estaremos sentados em algum lugar até que fiquemos de pé, e ficaremos de pé até que nos deitemos ou nos sentemos outra vez. O sucesso é um conceito, uma ilusão. Você quer a cadeira de 3.900 dólares em vez da de 39 dólares? Bem, sentar-se é sentar-se. Sem uma história, temos sucesso onde quer que estejamos.

Quando trabalho com empresas, às vezes convido todos os funcionários a se criticarem mutuamente. Isso acaba sendo o que funcionários e chefes sempre quiseram: saber como são vistos do ponto de vista do outro. Então, todos fazem O Trabalho e invertem. Com isso, funcionários e diretores são levados a perceber a clareza uns dos outros e a serem atraídos por ela, ainda que não se deem conta disso. Muitas vezes, basta haver apenas uma pessoa que esteja disposta a se arriscar a ser honesto com as perguntas — e a empresa inteira começa a também apostar naquela clareza.

Certa vez, fiz O Trabalho com um executivo, que disse: "Minha assistente trabalha comigo há dez anos. Sei que ela não faz o trabalho muito bem, mas ela tem cinco filhos." Eu disse: "Muito bem. Mantenha-a aqui para que ela possa ensinar ao resto de seus funcionários que se eles tiverem filhos suficientes podem trabalhar para você se forem bons em seu trabalho ou não." E ele respondeu: "Bem, eu simplesmente não posso demiti-la." E eu: "Entendo. Mas então ponha alguém com as qualificações necessárias no lugar dela e mande-a para casa para os cinco filhos que precisam dela, e envie-lhe um contracheque todos os meses. Isso é mais honesto do que o que você está fazendo agora. A culpa custa caro." E quando o executivo leu seu Formulário para a funcionária, ela concordou com tudo o que ele tinha escrito sobre o desempenho dela no trabalho, porque ele foi bem claro e sincero. E eu perguntei a ela: "O que é que você sugere? O que você faria se fosse sua funcionária?" As pessoas normalmente se demitem quando percebem o que está acontecendo, e foi isso justamente o que ela fez. Encontrou um emprego semelhante em outra empresa, mais perto de sua casa, e lá pôde ser tanto uma boa assistente quanto uma boa mãe. O executivo compreendeu que ele nunca investigara os pensamentos que o tinham levado a ser "leal" com uma assistente que, na verdade, estava tão desconfortável com a situação quanto ele.

Nunca vi um problema sobre trabalho ou sobre dinheiro que não acabasse sendo um problema de pensamento. Eu acreditava que precisava de dinheiro para ser feliz. Mesmo quando eu tinha muito, muitas vezes ficava doente devido ao medo de que algo terrível fosse acontecer que me levasse a perder o que tinha. Compreendo, agora, que nenhuma quantia de dinheiro justifica esse tipo de estresse.

Se você vive com um pensamento não investigado do tipo "preciso de dinheiro para estar seguro e a salvo de riscos", está vivendo em um estado de espírito desesperador. Os bancos se dão mal. Os mercados de ação quebram. As moedas deflacionam. Guerras são deflagradas. As pessoas mentem, não cumprem contratos e rompem promessas. Nesse confuso estado de espírito, você pode fazer milhões de dólares e mesmo assim estar inseguro e infeliz.

Veja quanta energia o estresse e o medo exigem. E se todos os problemas fossem convertidos em soluções que o fizessem sentir paz interna?

Algumas pessoas creem que o medo e o estresse são aquilo que os motivam a fazer dinheiro. Mas você tem certeza absoluta de que isso é verdade? Tem certeza absoluta de que, sem o medo ou o estresse como motivadores, você não teria feito o mesmo volume de dinheiro ou até mais? "Preciso de medo e estresse para me motivar" — quem seria você se nunca mais acreditasse nessa história?

Depois que descobri O Trabalho dentro de mim mesma — depois que ele me encontrou —, comecei a perceber que não havia nada que eu pudesse fazer para não ter a quantia de dinheiro perfeita para mim em um momento determinado, mesmo quando tinha pouco ou nenhum dinheiro. A felicidade é uma mente lúcida. E uma mente sã e lúcida sabe como viver, como trabalhar, que e-mails enviar, que telefonemas fazer, e o que fazer para criar aquilo que quer, sem medo. Quem seria você sem o pensamento "Preciso de dinheiro para estar segura"? É possível que a convivência com você fosse muito mais fácil. Você poderia até começar a perceber as leis da generosidade, as leis de deixar que o dinheiro saia e volte sem medo. Você nunca precisa de mais dinheiro do que aquele que tem. Quando entender isso, vai começar a entender que, desde o princípio, já tinha toda a segurança que queria que o dinheiro lhe desse. É muito mais fácil fazer dinheiro a partir dessa posição.

Da mesma forma que usamos o estresse e o medo para nos motivar a fazer dinheiro, podemos descobrir-nos utilizando raiva e frustração para nos levar ao ativismo social. Se quero agir de uma maneira sã e eficiente enquanto limpo o meio ambiente da Terra, deixe-me limpar, primeiro, meu próprio meio ambiente. Todo o lixo e poluição que existem no meu pensamento — deixe-me limpar, enfrentando-o com amor e compreensão. Depois disso, minhas ações poderão se tornar verdadeiramente efetivas. Só é preciso uma pessoa para ajudar o planeta. Essa pessoa é você.

Quando trabalho em presídios, pode haver talvez 200 homens de um grupo de celas sentados ali, olhando para o chão, com os braços cruzados sobre o peito. Faço O Trabalho com eles, e depois os guardas trazem outros 200. São todos homens extremamente violentos — muitos dos quais foram condenados à prisão perpétua por estupro, assassinato e outros crimes hediondos — e eu sou a única mulher no local. E não digo uma única palavra até que os olhos deles encontrem os meus. Não é fácil para eles. Existe uma espécie de código tácito entre eles, para manter pessoas como eu fora de sua cultura. Mas eu apenas fico ali, parada na frente deles, esperando contatos visuais. Posso caminhar por entre as fileiras e andar lentamente para cima e para baixo enquanto espero, até que pelo menos um dos homens me olha nos olhos. No instante em que isso acontece, no instante em que um deles faz esse movimento, ele sempre abaixa os olhos rapidamente, mas já é tarde demais. Houve contato. Ninguém a não ser eu viu aquele olhar; ele ocorre com tal rapidez que não é possível que os outros o possam ter visto. E, no entanto, imediatamente o código começa a se romper por todo o local. Dois ou três outros olham nos meus olhos, depois mais oito, depois mais 12, e subitamente todos estão olhando para mim, rindo, ficando vermelhos e dizendo coisas entre si como "Pô!" ou "Cara, ela é doidona". E está feito. Agora posso falar com eles e lhes dar O Trabalho, e tudo porque um único homem ousou me olhar nos olhos.

Eu adoro agradecer a esses homens por sacrificarem suas vidas todas para ensinar nossos filhos como não viver — e, portanto, como viver — se quiserem ser livres. Eu lhes digo que são os melhores professores e que suas vidas são boas e necessárias. Antes de ir embora, pergunto: "Vocês passariam o resto de suas vidas na prisão se soubessem que isso evitaria que uma criança tivesse de passar pelo que vocês estão passando?" E muitos desses homens violentos compreendem e seus olhos ficam cheios de lágrimas, como os de meninos dóceis.

Não há nada que possamos fazer que não ajude o planeta. É assim que as coisas realmente são.

Ele é tão incompetente!

Gary está irritado com seu funcionário incompetente. E no seu caso? A pessoa que o(a) irrita é alguém com quem você trabalha? Ou é seu cônjuge, ou seus filhos que não lavaram os pratos direito, ou que deixaram a pasta de dentes na pia do banheiro? Veja se você pode encontrar um exemplo em sua vida e entre em você em busca de suas próprias respostas, como Gary entrou dentro de si para as suas.

* * *

Gary: Estou zangado com Frank porque ele é incompetente quando trabalha para mim.

Katie: Ok. "Frank deveria ser competente" — isso é verdade?

Gary: Acho que sim.

Katie: Você pode saber com absoluta certeza que isso é verdade? Quem lhe disse isso? O currículo dele diz que ele é competente. Suas referências dizem o mesmo. A competência dele é evidente. Você o contratou e ele deveria ser competente. Qual é a realidade em sua experiência? Ele é competente?

Gary: Na minha experiência, não.

Katie: Então, se você for sensato, esse é o único lugar de onde você pode obter sua informação — da realidade. É verdade que ele deveria ser competente? Não. Porque ele não é. Essa é sua realidade. Então podemos repassar isso até chegarmos à pergunta "Isso é verdade?", porque, quando você entender isso, vai se tornar um amante da realidade e alcançar equilíbrio. Qual é sua reação quando você acredita nessa mentira de que ele deveria ser competente quando trabalha para você, mas, na verdade, ele não é?

Gary: É frustrante e me deixa ansioso. Sinto como se eu tivesse que ser responsável pelo trabalho dele. Que tenho que consertar as coisas depois que ele termina, todas as vezes. Não posso deixá-lo fazer seu trabalho sozinho.

Katie: Você pode encontrar um motivo para abandonar o pensamento de que ele deveria ser competente? E não estou pedindo que o abandone.

Gary: Eu me sentiria melhor se pudesse abandonar essa ideia.

Katie: Esse é um ótimo motivo. Você pode encontrar uma razão que não lhe cause estresse para manter esse pensamento que se opõe à realidade?

Gary: Posso sim. Bem, não entendo bem o que você quer dizer com "se opõe à realidade".

Katie: A realidade, como você vê, é que ele não é competente. Você está dizendo que ele deveria ser. Essa teoria não está funcionando para você, porque ela se opõe à realidade. Ouço você dizer que lhe causa frustração e ansiedade.

Gary: Ok, acho que estou destrinchando a coisa. A realidade é que ele simplesmente não é competente. O que está me deixando louco é pensar que ele deveria ser, em vez de apenas aceitar o que ele é.

Katie: Ele é incompetente, você aceitando isso ou não. A realidade não espera pelo seu consentimento ou por sua aprovação. Ela é o que é. Disso você pode estar certo.

Gary: A realidade é o que é.

Katie: Sim. A realidade é sempre muito mais generosa que a fantasia. Você pode se divertir muito em casa fazendo aquilo que eu chamo de exercício da "prova da verdade". "Ele deveria ser competente" — onde está a prova? Faça uma lista e veja se qualquer um dos itens realmente prova que ele deveria ser competente quando você o submete à investigação. Tudo é uma mentira. Não *há* nenhuma prova. A verdade é que ele *não* deveria ser competente, porque ele simplesmente não é. Pelo menos não para esse trabalho.

Gary: Toda a angústia que sinto relacionada com meu trabalho tem a ver com o pensamento de que Frank deveria ser competente. A verdade é que ele simplesmente não é competente. O trecho que eu acrescentei, e que me deixou maluco, foi que ele deveria ser competente. O fato é que vou fazer o que tenho que fazer. Vou recuar até que ele já não seja mais meu problema. É isso que eu vou fazer. Ao acrescentar que ele deveria ser competente, eu fui me alterando até chegar a esse estado de nervos fodido. Bem-vinda a Nova York!

Katie: Eu não sabia que em Nova York vocês usavam essa palavra que começa com "f". [O público cai na gargalhada.]

Gary: É. Usamos sim. De vez em quando.

Katie: Então, como você seria sem essa história maluca que contradiz a realidade?

Gary: Eu seguiria a corrente e faria o que tenho que fazer no meu trabalho.

Katie: Quem seria você, ao lado desse homem no trabalho, sem a história?

Gary: Eu seria flexível e eficiente.

Katie: Sim. "Frank deveria ser competente" — inverta.

Gary: Frank não deveria ser competente.

Katie: Você entendeu a ideia. Pelo menos não enquanto ele não for. Essa é a realidade por enquanto. Há uma outra inversão.

Gary: Eu deveria ser competente. Isso é verdade.

Katie: Vamos examinar a frase número 2 no seu Formulário.

Gary: Quero que Frank assuma a responsabilidade por sua parte do projeto.

Katie: Inverta.

Gary: Quero que eu assuma a responsabilidade por minha parte do projeto.

Katie: Sim, porque até que você pare de se concentrar na incompetência dele, você não está assumindo a responsabilidade total pelo projeto.

Gary: E eu deveria assumir a responsabilidade pela parte dele do projeto.

Katie: Sim, se você quiser que o trabalho seja feito com competência, não há outra maneira. Ok, passemos para a frase seguinte.

Gary: Ele deveria dar o máximo de si mesmo como especialista em sua área e como líder do projeto.

Katie: Isso é verdade? Quer dizer, de onde o sujeito ia conseguir a capacidade para fazer isso? "Ei, você — o que não tem competência —, você deve dar o máximo de si mesmo!"

Gary: Não. Isso é loucura! Concordo com você. Ele apenas faz o que faz.

Katie: Como você trata o Frank quando acredita nessa fantasia?

Gary: Eu me transformo em um sujeito inflexível. Acho que ele tem que fazer as coisas com mais rapidez e fico em cima dele.

Katie: Pouco eficiente. Você pode ver um motivo para abandonar essa ideia?

Gary: Totalmente.

Katie: Então vamos invertê-la.

Gary: Eu deveria dar o máximo de mim mesmo como um especialista em minha área. Eu irei dar o máximo de mim mesmo. Isso precisa ser feito.

Katie: Ele é o especialista que traz você para o nível de competência mais alto em sua vida. Sem dúvida.

Gary: É. Ele é meu professor. Posso sentir isso.

Katie: Ótimo. Vamos passar para sua quarta frase.

Gary: Preciso que ele leve adiante sua parte do projeto. E vejo agora que na verdade não preciso disso.

Katie: Irrealizável?

Gary: Totalmente irrealizável. Eu preciso levar adiante a parte dele e a minha parte do projeto se quiser que as coisas sejam feitas.

Katie: Vamos examinar a frase seguinte.

Gary: Frank é incompetente.

Katie: Inverta isso.

Gary: Eu sou incompetente.

Katie: No momento em que você o vê como incompetente, você é incompetente. Ele é perfeitamente competente para aquilo que ele deveria trazer para você, que era clareza. E foi isso que ele trouxe. E é possível que ele traga mais — quem sabe?

Gary: Na verdade, eu não sinto essa inversão. Acho que sou muito competente.

Katie: Não com relação a *ele*. Você não foi competente o suficiente para perceber que ele não era competente.

Gary: Concordo. Essa foi minha incompetência. *Ele precisa ser observado, embora seja muito mais velho.* E eu preciso *me* observar também. Isso é ainda mais verdadeiro. Às vezes posso ser meio louco.

Katie: Você encontrou o mundo interno. Quando percebe que é apenas do seu pensamento que precisa cuidar, todos os problemas que enfrenta no mundo passam a ser uma alegria, por submetê-los à investigação. Para as pessoas que realmente querem saber a verdade, este Trabalho é um xeque-mate.

Gary: Eu não consegui progredir quando tentei fazer isso sozinho no início da semana. Pensei que estava certo. Mas quando trago tudo para dentro de mim, então todas as inversões começam a fazer sentido.

Katie: O sujeito entra, você põe sua história nele e diz que seu sofrimento é culpa dele. Você crê na sua história e vive na fantasia estressante de que ele é o problema. Sem o pensamento de que esse homem deveria ser mais competente do que ele é, você poderia ter tido a ideia de despedi-lo. Se o despedisse, isso o libertaria para conseguir um emprego onde ele fosse competente. Então ele poderia ser competente onde necessitam dele. E aí haveria lugar para o homem ou mulher a quem aquela posição a seu lado realmente pertence. Duas semanas depois, o sujeito pode ligar para você e dizer: "Obrigado por me despedir. Eu odiava trabalhar com você. E adoro meu novo emprego." Tudo é possível. Ou porque você fez esse Trabalho interno e viu sua forma de pensar com mais clareza, é possível que você olhe para o sujeito segunda-feira de manhã e veja uma competência que nunca tinha notado. Ok, leia a última frase de seu Formulário.

Gary: *Nunca mais quero tê-lo ou uma pessoa como ele na minha equipe.*

Katie: Inverta isso.

Gary: Estou disposto a tê-lo ou uma pessoa como ele na minha equipe. E não vejo a hora de tê-lo ou uma pessoa como ele na minha equipe, porque isso me leva a meu mundo interno para buscar a solução.

Katie: Você faz isso muito bem. Bem-vindo a O Trabalho.

Tio Ralph e suas dicas sobre o mercado de ações

O diálogo a seguir demonstra que mesmo que alguém seja entusiasticamente afeiçoado à sua própria história e, portanto, a seu próprio sofrimento, ele(a) ainda pode se libertar se estiver disposto(a) a passar, com paciência, por todo o processo de investigação. Mesmo que, como Marty observou, por muito tempo o exercício pareça "apenas mental", ele pode subitamente fazer sentido em um nível muito mais profundo.

Eu não gosto de apressar o processo. A mente não muda até o momento em que o faz. Quando muda, é no momento exato, nem um segundo antes, nem um segundo depois. As pessoas são como sementes esperando brotar. Não podemos ser forçados além de nossa própria compreensão.

Para beneficiar-se deste diálogo, não é necessário que você entenda as questões técnicas que Marty descreve; tudo o que você precisa saber é que as ações dele subiram e depois caíram e que suas emoções as acompanharam.

* * *

Marty: Estou zangado com meu tio Ralph por me ter dado umas dicas inúteis sobre o mercado de ações que me custaram todo o meu dinheiro. Fiquei devendo a ele quando financiou minha recuperação em algumas chamadas de margem — algumas ações para as quais pedi dinheiro emprestado para comprar — e as ações continuaram a despencar. E a outra dica sobre ações, sua dica especial, perdeu 85 por cento de seu valor em dois anos. E, inconscientemente, meu tio está em uma competição danada comigo.

Katie: Sim.

Marty: Ele está sempre tentando provar que é melhor que todo mundo, pelo tamanho de sua conta bancária, e acontece que ele é um homem rico, e por isso não teve de pedir nada emprestado. Eu tive de pedir emprestado quando algumas ações estavam caindo e outras estavam indo bem, para ter alguma chance de poder pagar a ele todo o dinheiro que havia me emprestado.

Katie: Estou ouvindo.

Marty: E, então, minha dívida com ele continuou aumentando até que, recentemente — isso vem acontecendo nos últimos dois anos e meio —, tudo explodiu. Eu finalmente lhe disse, quando suas outras ações caíram muito, muito mesmo: "Eu sei, Ralph, agora que ambas afundaram, eu perdi todo o meu dinheiro, e algum do seu." Neste momento ele disse: "Escuta seu filho da mãe, eu lhe *disse* que não pedisse dinheiro emprestado, e você pediu. Você me traiu; você foi contra mim, você fez isso, você fez aquilo..." E eu só consegui dizer: "Ralph, eu precisava comprar suas outras ações, e simplesmente não tinha o dinheiro." Mas eu não disse por que eu precisava comprá-las, que era para ter alguma esperança de pagar o que lhe devia. E também queria fazer algum dinheiro, quer dizer, meu medo e minha cobiça estavam metidos nisso também. Mas...

Katie: Meu querido, apenas leia o que você escreveu. É importante que você leia o que escreveu, e não que conte uma história.

Marty: Está bem, está bem. Desculpe. *Quero que tio Ralph me tire desta dificuldade, me dê de volta os 60 mil dólares com que comecei mais os outros 35 mil que me devem, para que eu possa pagar todas as minhas dívidas com os cartões de crédito, e que ele assuma a responsabilidade pela informação incorreta e por causar a mim e a minha família essas perdas financeiras.*

Katie: Ótimo. Continue lendo.

Marty: Tio Ralph deve pagar minhas dívidas e me dar 100 mil dólares. Não deveria exigir que eu pague o que lhe devo, porque não posso pagar. Preciso que tio Ralph retire meu traseiro da ruína financeira. Preciso que ele assuma a responsabilidade e pelo menos tente entender-se comigo como adultos responsáveis por aquilo que nós dois fizemos. Ralph é uma pessoa exigente, controladora, possivelmente vingativa, que não está interessado na verdade e sim em provar que tem sempre razão e é muito inteligente. Ok, a última frase?

Katie: Sim.

Marty: Nunca mais quero ouvir as dicas dele sobre ações, ou dever-lhe dinheiro outra vez, ou aceitar essa mesquinharia de merda, raivosa e infantil dele.

Katie: Sim. Ótimo. Muito bem. Ok, meu bem, você pode ler a primeira frase outra vez, exatamente como a escreveu?

Marty: Tudo bem. Estou zangado com meu tio Ralph por me ter dado umas dicas inúteis sobre o mercado de ações que me custaram todo o meu dinheiro, algum dinheiro dele, e porque está me ameaçando de... Ah, não consigo entender minha letra.

Katie: Ok, então vamos parar por aqui. Ele lhe deu a dica?

Marty: Sim.

Katie: Tudo bem. Se eu lhe oferecer esta xícara, você não tem de aceitá-la. A decisão é sua de aceitá-la ou não. E não há nada de certo ou errado nisso. "Tios não deveriam dar dicas sobre o mercado de ações para seus sobrinhos" — isso é verdade? Qual é a realidade aí? Eles fazem isso?

Marty: Bem, ele queria que eu fizesse dinheiro, e foi por isso que me deu as dicas.

Katie: Então, qual é a realidade nesse caso? Ele lhe deu as dicas.

Marty: Ele me deu as dicas, eu as aceitei, e segui tudo à risca. E isso me meteu na encrenca.

Katie: Nós todos sabemos, de saída, que dicas sobre ações são arriscadas, mas saber isso não nos impede de segui-las. E perceber o que fizemos às vezes é apavorante, às 2 ou às 14 horas. Alguns acabam se jogando de edifícios. Então, "Tios não deveriam dar dicas inúteis a seus sobrinhos" — isso é verdade?

Marty: Sim, isso mesmo. É verdade!

Katie: E qual é a realidade? Eles fazem isso?

Marty: Fazem. Meu tio me deu uma dica inútil e agora não admite que foi uma dica inútil.

Katie: Ok. "Os tios devem admitir seus erros" — isso é verdade?

Marty: Sem a menor dúvida. Os tios devem admitir seus erros.

Katie: Mas qual é a realidade disso? Qual é sua experiência disso?

Marty: Ele botou toda a culpa em mim, e que...

Katie: Então sua experiência é que não, eles não admitem seus erros.

Marty: É isso aí.

Katie: Então, é verdade que os tios devem admitir seus erros?

Marty: Acho que é verdade que *todas* as pessoas devem admitir seus erros.

Katie: Ah, bem! Mas qual é a realidade? Elas sempre fazem isso? É verdade que tios devem admitir seus erros?

Marty: É.

Katie: Mas qual é a realidade neste caso?

Marty: Ele não está fazendo isso.

Katie: Ele não está fazendo isso. Então eu lhe pergunto: em que planeta isso supostamente tem que acontecer? É verdade que as pessoas devem admitir seus erros? Não. Não é verdade, até que elas o façam. Não estou falando de uma questão moral aqui. Estou apenas pedindo a verdade pura e simples.

Marty: Mas deixe que eu lhe diga que eu realmente tento admitir meus próprios erros. E mais, nesse gesto que estou fazendo agora, mandando todo meu dinheiro e bens para ele, estou admitindo meus erros por meio de minhas ações.

Katie: Está sim. Eu vivo da mesma maneira que você.

Marty: Espero que não.

Katie: Eu gosto de mim mesma quando assumo a responsabilidade pelos meus atos. Mas "as pessoas devem admitir seus erros" — isso é verdade? Não. Como é que você sabe que as pessoas não devem admitir seus erros?

Marty: Porque elas não o fazem.

Katie: É. Não o fazem. Isso é tão simples, querido, que nós deixamos de percebê-lo durante milhares de anos. É a verdade que me liberta. Se você discute com ela, você perde. Sou uma amante da realidade, não porque sou algum tipo de ser espiritual, mas porque, quando discuto com ela, perco meu mundo interno. Perco o contato com aquele lugar lá dentro que é meu lar. Como você reage, o que acontece quando você acredita no pensamento de que ele deveria admitir seus erros, mas ele não o faz?

Marty: Sinto-me uma vítima.

Katie: O que mais? Como é que você se sente lá dentro?

Marty: Sinto dor, tristeza, raiva, medo...

Katie: Isolamento?

Marty: Sim, tudo de ruim.

Katie: A razão pela qual você ficou assim tão perturbado é que você está preso no centro de uma mentira. Não é verdade que ele devia admitir seus erros. Isso é uma mentira. O mundo vem ensinando essa mentira há séculos, e se você está cansado da dor, é hora de perceber o que é verdade. Não é verdade que as pessoas devem admitir seus erros, pelo menos ainda. Isso pode ser uma coisa difícil de aceitar para alguns de nós, mas eu convido você a ir fundo nesta questão. Este Trabalho exige uma integridade absoluta, simples e pura. É só isso, e a vontade de ouvir a verdade. "Seria muito melhor para você se ele admitisse seu erro e devolvesse seu dinheiro. Seu caminho espiritual superior, sua maior liberdade, seria se ele admitisse seu erro e devolvesse o dinheiro" — você tem certeza absoluta de que isso é verdade?

Marty: Que isso seria meu caminho espiritual superior?

Katie: Sim.

Marty: Hum...

Katie: Apenas sim ou não. Você pode saber com absoluta certeza que isso é verdade?

Marty: Não sei.

Katie: Essa foi minha experiência também. Não posso saber se é verdade.

Marty: Sabe, bem, vamos colocar isso dessa forma... Eu poderia dizer sim, e então teria uma sensação de justiça, mas não sei se justiça é necessariamente a mesma coisa que paz.

Katie: Concordo. Justiça não é o mesmo que paz. Não estou interessada na justiça. Estou interessada na sua liberdade, na verdade dentro de você que pode libertá-lo. Essa é a justiça máxima.

Marty: Não, eu sei. Estou falando de justiça divina. Estou dizendo que a coisa verdadeira seria realmente que nos sentássemos como dois adultos e examinássemos onde... porque eu também cometi meus erros.

Katie: "Ele deveria sentar-se com você" — isso é verdade?

Marty: Sim, definitivamente verdade.

Katie: Mas qual é a realidade?

Marty: Ele não vai fazer isso.

Katie: Não vai. Não está acontecendo.

Marty: Certo.

Katie: Então, qual é a sua reação quando você tem o pensamento de que ele deveria sentar com você como um adulto mas ele não o faz?

Marty: Bem, sinto que fui tratado injustamente, sinto que estou com a razão, e me sinto uma droga.

Katie: Pois é, esse é o resultado. Então, não é o fato de que ele não está sentando com você que magoa; é você acreditar no pensamento de que ele...

Marty: De que ele deveria.

Katie: De que ele deveria. Então fique com esse pensamento um minuto. Veja se você pode localizar isso. Quem seria você sem a história de que ele deveria sentar com você como um adulto e que deveria admitir o erro dele e pedir desculpas? Quem seria você sem essa história? Não estou pedindo que abandone sua história. Estou apenas perguntando quem você seria em sua vida cotidiana de agora sem essa história.

Marty: Sei que ficaria livre de qualquer expectativa que viesse dele.

Katie: É.

Marty: E suponho que isso me faria mais íntegro por dentro.

Katie: É.

Marty: Mas, você sabe, eu...

Katie: Observe como você já está a ponto de entrar na sua história quando diz "mas". Deixe-a parada.

Marty [após uma pausa]: Realmente não sei como me sentiria.

Katie: É isso mesmo, meu querido. Estamos tão acostumados a agarrar-nos à mentira sobre aquilo que realmente está acontecendo que não sabemos como viver livremente. E alguns de nós estamos aprendendo isso agora, porque a dor é grande demais para que continuemos a não aprender. Na minha experiência, quando não fico agarrada à história, eu me levanto, escovo meus dentes, tomo meu café da manhã e faço o que faço o dia todo, venho aqui e faço todas as mesmas coisas, mas sem o estresse — sem aquele inferno.

Marty: Parece uma maravilha. E, sabe, por mais efêmero que possa ter sido, eu já provei um pouco desse estado de liberdade, então eu o conheço, e certamente gostaria de viver dessa maneira. E é por isso que estou aqui.

Katie: Então leia aquela parte outra vez.

Marty: Ok, a primeira parte. Agora consigo entender minha letra. *Estou zangado com meu tio Ralph por me ter dado umas dicas inúteis sobre o mercado de ações que me custaram todo o meu dinheiro.*

Katie: Então agora vamos fazer aquilo que chamamos de inversão. O Trabalho é: julgue seu próximo, escreva tudo, faça quatro perguntas, inverta. É só isso. Muito simples. Agora estamos no ponto em que vamos fazer a inversão. "Estou zangado comigo mesmo..."

Marty: Estou zangado comigo mesmo...

Katie: "Por aceitar..." Ele deu, você aceitou.

Marty: Por aceitar as dicas dele sobre ações e acreditar nele.

Katie: É quase isso. Mantenha a coisa bem simples. Agora leia a frase outra vez, e da maneira que você a escreveu. "Estou zangado comigo mesmo..."

Marty: Estou zangado comigo mesmo por me dar...?

Katie: Isso mesmo, meu bem.

Marty: Ah! Estou zangado comigo mesmo por ter me dado umas dicas inúteis sobre o mercado de ações que me custaram todo o meu dinheiro?

Katie: Isso. Você as deu para si mesmo.

Marty: Entendi. Eu mesmo me dei as dicas quando as aceitei dele.

Katie: Exatamente. Ele não pode dá-las para você a não ser que você as aceite. Você vem acreditando em seus próprios mitos. Acho que você está começando a entender.

Marty: É uma pílula difícil de engolir.

Katie: Bem, há uma coisa ainda mais difícil de aceitar, e é o que você tem vivido, e como você se colocou à mercê de outras pessoas.

Marty: É isso aí. Não é uma sensação nada agradável.

Katie: Vamos olhar a seguinte.

Marty: Quero que tio Ralph me tire dessa dificuldade.

Katie: Ok. Então, "tio Ralph deveria me tirar dessa dificuldade" — isso é verdade?

Marty: É, se ele fosse um homem decente. É.

Katie: Por que razão? De quem era o dinheiro que você investiu?

Marty: Um pouco dele, um pouco meu.

Katie: Tudo bem, o seu e o dele, mas vamos examinar o seu dinheiro. Você o investiu nas dicas sobre ações que você mesmo se deu depois de tê-las ouvido de seu tio.

Marty: Certo.

Katie: E ele deveria tirá-lo dessa dificuldade?

Marty: Bem, colocando as coisas dessa maneira... não.

Katie: Bom. Então o que é que ele tem a ver com qualquer parte disso, a não ser ter partilhado com você aquilo que ele acreditou ser verdade naquele momento?

Marty: Nada.

Katie: Correto. Nada.

Marty: Mas a coisa é, bem neste momento, muito racional para mim. Está tudo na minha cabeça. Ainda sinto raiva.

Katie: Apenas siga o processo. Se isso parece racional neste momento, é assim que deve ser. Qual é sua reação quando tem o pensamento de que ele deveria tirar você dessa dificuldade? Ou que seria para seu maior bem espiritual se ele o tirasse dessa dificuldade?

Marty: Sinto toda essa ansiedade e terror, e as coisas ruins que eu preferia não ter.

Katie: E se você se concentrar nisso, não tem que tirar a si mesmo dessa dificuldade.

Marty: Certo.

Katie: Você só se concentra no pensamento de que ele deveria fazer isso, e diz a si mesmo que tem razão, mas você não ganha nunca, porque não *pode ganhar* disso. A verdade é que ele não deve tirar você dessa dificuldade. Ele não investiu seu dinheiro. Você é que o investiu.

Marty: Certo.

Katie: Ao colocar o foco nele, em vez de onde está a verdade, você não se permite conhecer e, portanto, viver sua integridade, que seria tirar a si próprio dessa dificuldade. Sabe, não há nada mais doce do que você tirar a si próprio dessa dificuldade. Quem foi que o colocou nela? Você. De quem é a tarefa de tirá-lo dela quando seu tio diz que ele não o fará? É sua. Se seu tio Ralph fizer isso, você nunca vai perceber que *você* pode fazê-lo.

Marty: É verdade.

Katie: E quando tio Ralph diz não, você fica ressentido com ele e continua se concentrando nele e não tira a si próprio da dificuldade, porque você não está em uma posição que lhe permita perceber que pode fazer isso. E morre gritando: "Não é justo! O que foi que eu fiz para merecer um tio assim tão insensível?"

Marty: Concordo com você. É verdade.

Katie: Então, dê-me um bom motivo para continuar agarrado a essa mitologia de que ele deve tirar você dessa dificuldade, quando a verdade é que ele não o fez.

Marty: Para ele, seria só um pouco mais que o preço de um almoço.

Katie: Essa é ótima! O que eu descobri imediatamente foi que, no universo, as coisas só eram da conta de três pessoas: eu, você e Deus. E se você não quiser usar este último, ponha a palavra "natureza" ou "realidade" em seu lugar. Então, isso é um teste de discernimento. O dinheiro do seu tio é da conta de quem?

Marty: Dele.

Katie: É isso mesmo.

Marty: E eu estou agindo como se fosse da minha conta. Isso é o que magoa.

Katie: Pois é. Agora, isso foi o que percebi. Quando entro mentalmente no que é da conta dos outros, começo a ter esse estresse interno. A esse tipo de coisas os médicos chamam de úlceras, pressão alta, câncer... todos eles. E depois a mente se afeiçoa àquilo e cria um sistema completo para manter a primeira mentira. Deixe que seus sentimentos lhe digam quando a primeira mentira começa. Depois investigue. Se não, você fica perdido nos sentimentos e nas histórias que levam a eles, e tudo que sabe é que está sofrendo e que sua mente não para de trabalhar. Mas se você investigar, pega a primeira mentira apenas observando seus sentimentos. E você pode parar a mente colocando no papel aquela história a que você se afeiçoou. No papel, parte de sua mente estressada fica parada, embora ainda possa estar gritando na sua cabeça. Depois, submeta as frases ao inquérito, faça as quatro perguntas e inverta as frases. É só isso. Você é quem vai se libertar, não seu tio. Ou você tira a si próprio da dificuldade ou não vai sair dela — você ainda não percebeu isso?

Marty: Concordo com tudo que você diz. Você está no caminho certo. É que, neste momento, eu não estou em contato com minha capacidade de tirar a mim mesmo de dificuldades.

Katie: Bem, neste país, temos falência. Se eu me coloquei nessa situação, tiro-me dela. E se eu me declaro falido, eventualmente pago todas as dívidas que tenho, porque viver dessa maneira me oferece a liberdade que estou buscando. Não me importa se é 1 centavo por mês. E, também, estou agindo como uma pessoa decente, não porque seja espiritual, mas porque sofro se não o fizer. É simples.

Marty: Sim, esse é o motivo, concordo.

Katie: As pessoas pensam: "Quando eu fizer muito dinheiro, ficarei feliz." Eu digo: Pule essa parte por enquanto e comece a ser feliz de onde está. Você se meteu nessa. Seu tio não teve nada a ver com isso até agora.

Marty: Concordo com você. Estou percebendo que não foi ele que fez as coisas. Fui eu, e, de certa maneira, não deixa de ser emocionante pensar assim, mas também é um pouco como "Que droga!".

Katie: Sim, bem-vindo à realidade. Quando começamos a viver na realidade e a vê-la como é, sem nossas histórias antigas, é incrível. Olhe para isso por um momento sem a história. É tudo realidade: Deus. Eu chamo isso de Deus porque é o que governa tudo e sempre é o que é. E o mito da responsabilidade de um tio não permitiria que eu tivesse a consciência disso. É tão simples. Ok, então o dinheiro de seu tio é da conta de quem?

Marty: Dele.

Katie: E é da conta de quem o que ele faz com o dinheiro dele?

Marty: Dele.

Katie: Adoro isso!

Marty: Essas duas coisas estão claras para mim agora. Antes não estavam. Eu realmente pensei que fosse da minha conta.

Katie: E você assinou para transferir sua herança para ele?

Marty: Assinei.

Katie: E de quem é o dinheiro agora?

Marty: Dele.

Katie: E é da conta de quem o que ele faz com o dinheiro dele?

Marty: Dele.

Katie: Você não está adorando isso? A vida é tão simples quando voltamos para aquilo que é de nossa conta.

Marty: Eu não estou me sentindo muito bem a respeito disso neste momento.

Katie: Meu querido, quando percebemos algo tão básico, às vezes somos como um potrinho recém-nascido. A princípio, nossas pernas nem funcionam. Ficamos tremendo e temos de nos sentar. O que eu sugiro é que no final desta sessão você vá a algum lugar e pense nisso tudo por uns momentos e apenas fique tranquilo com o que está percebendo. É muito grande. Vamos examinar sua frase seguinte.

Marty: Ok. *Tio Ralph deve pagar minhas dívidas e me dar 100 mil dólares.*

Katie: Maravilha! Adoro isso! Agora inverta.

Marty: Eu devo pagar minhas dívidas e me dar 100 mil dólares.

Katie: Isso é muito emocionante. E se sua mente não está se intrometendo nas coisas que são da conta dele, você ficará surpreso com o espaço que vai se abrir para você, a energia que se abre para resolver seus próprios problemas. É... bem, não se pode descrever. Simplesmente, não se pode descrever. Mas é a verdade que nos liberta para agir com lucidez e solidariedade, e há tanta excitação nisso. Tudo bem, vamos fazer outra inversão. "Eu..."

Marty: Eu devo pagar minhas dívidas e me dar 100 mil dólares.

Katie: "... e dar a meu tio 100 mil dólares." [Marty e o públiço riem.]

Marty: Puxa vida!

Katie: Seja lá o que for que você deve a ele.

Marty: Eu devo pagar minhas dívidas... Sabe, provavelmente eu devo a ele outros 100 mil.

Katie: Então, aí está.

Marty: Devo pagar minhas dívidas e dar a meu tio 100 mil dólares. Uau!

Katie: Sim. Para seu próprio bem. Mesmo que o homem tenha bilhões e bilhões de dólares — não importa. É para *seu* bem.

Marty: Eu concordo. Concordo totalmente com isso.

Katie: Sim. Então: "Ele deveria lhe dar 100 mil dólares" — por que razão?

Marty: Bem, isso faria com que esses dois anos e meio de atividade acabassem sendo uma solução sem perdedores.

Katie: E então você ficaria feliz?

Marty: Bem, não.

Katie: Como você reage, o que acontece quando você acredita no pensamento de que ele deveria lhe dar 100 mil?

Marty: Fico sentido.

Katie: Sim. Quem ou o que você seria sem aquele pensamento?

Marty: Livre.

Katie: Vamos examinar a frase seguinte.

Marty [rindo]: Preciso que tio Ralph retire meu traseiro da ruína financeira. Isso é muito gozado!

Katie: Está bem, agora inverta.

Marty: Preciso que eu mesmo retire meu traseiro da ruína financeira.

Katie: Você vê como começou a pôr fim a seu próprio sofrimento? As pessoas estão deitadas na cama, à beira da morte, com 90 anos, dizendo: "É culpa do meu tio." Não precisamos mais fazer isso. E isso é o que oferecemos aqui. Julgue seu tio, escreva tudo, faça as quatro perguntas, inverta. E depois mande um bilhete de agradecimento. Como é que você sabe que é para seu bem que seu tio não lhe tirou das dificuldades financeiras? Porque ele não o fez. Você está recebendo um enorme presente e quando der o passo na direção da verdade, esse presente torna-se visível e disponível. E você termina como um menininho — novo em folha.

Marty: Eu gostaria disso.

Katie: Realmente aprecio sua coragem. Seria maravilhoso telefonar para ele e contar as inversões, em sua própria linguagem. Por exemplo, você pode dizer: "Tio Ralph, cada vez que eu ligo para você é porque quero alguma coisa. E quero que você saiba que sei que faço isso. Está bem claro para mim. E de modo algum espero que vá me tirar das minhas dificuldades financeiras. Finalmente percebi que seu dinheiro é seu e que eu ainda lhe devo e que estou trabalhando para conseguir isso, e se você tem alguma sugestão, estou pronto para ouvi-la. Estou sinceramente arrependido pelo que fiz." E quando ele disser que tem algumas dicas fantásticas sobre ações, você pode dizer muito obrigado e tomar suas próprias decisões e não culpá-lo se você usar as dele e perder dinheiro. Você se deu aquelas dicas sobre ações.

Marty: Eu sei. Na verdade, eu até as pedi a ele, porque eu ganhara algum dinheiro e sabia que ele tinha muito, então queria saber o que ele achava que eu deveria fazer com o meu.

Katie: O melhor mercado de ações em que você pode investir é em você mesmo. Descobrir essa verdade é melhor que descobrir uma mina de ouro.

Marty: Aquela coisa sobre ligar para meu tio com aquilo que você acabou de dizer — tanto quanto eu posso me lembrar — me faz sentir incrivelmente ameaçado.

Katie: É claro. Você passa a estar errado, e ele, certo.

Marty: E nem mesmo sei se ele vai ficar parado ouvindo essas coisas.

Katie: Não, você não sabe. Tudo bem, vamos olhar a próxima frase.

Marty: Nunca mais quero ouvir as dicas dele sobre ações, ou dever-lhe dinheiro outra vez, ou aceitar essa droga de mesquinharia, enraivecida e infantil.

Katie: É possível que você faça tudo isso outra vez, mesmo que só mentalmente. Pode haver algum resíduo ainda em você. E posso dizer que quando você largar uma coisa, tudo vai cair como peças de dominó, porque nós estamos trabalhando com conceitos — teorias que nunca foram investigadas. Esses conceitos podem aparecer outra vez, e isso é uma boa notícia, quando você souber o que fazer com eles. Você pode esperar algo da parte dele uma vez mais, e vai doer se isso não estiver em linha com sua integridade.

Marty: É verdade. Sim, realmente é verdade. É difícil admitir, mas é verdade.

Katie: Sim, mas é mais fácil admiti-lo do que não admiti-lo.

Marty: Sim... Não sei... Não sei se já cheguei lá, mas...

Katie: Você poderia representar esse cenário outra vez mentalmente, e se há alguma coisa sobrando, à qual você ainda esteja ligado, se algo ainda dói, vai fazer que você mergulhe novamente em O Trabalho. Portanto, leia a frase exatamente como a escreveu, mas diga: "Estou disposto a..."

Marty: Tudo bem. Estou disposto a ouvir suas dicas sobre ações e dever-lhe dinheiro? [Pausa.] Estou disposto a ouvir suas dicas sobre ações e estou disposto a aceitar a mesquinharia de merda e enraivecida dele.

Katie: Sim. Porque, se você sente dor com relação a isso, isso o colocará de volta no Trabalho, se você quer alguma liberdade. Agora: "Estou ansioso para..."

Marty: Não vejo a hora de... Espera um momento... Agora estou confuso.

Katie: Só é preciso fazer isso. Confie no processo. "Não vejo a hora de..."

Marty: Não vejo a hora de ouvir suas dicas sobre ações e dever dinheiro a ele e aceitar a mesquinharia de merda e enraivecida dele?

Katie: Sim. Porque é possível que você venha a representar o cenário outra vez.

Marty: Não é muito provável, porque acho que ele nunca mais vai me dar uma dica e acho que eu nunca mais vou ter dinheiro para investir no mercado outra vez. Não que eu queira fazê-lo, de qualquer maneira.

Katie: Você pode representar esse cenário no meio da noite quando acordar suando frio.

Marty: Ah!

Katie: É quando essas coisas costumam ocorrer.

Marty: Certo.

Katie: E você pode simplesmente pegar seu bloco de papel e seu lápis, julgar seu tio outra vez, e limpar-se. Todos os conceitos que jamais existiram estão dentro de você. Não é pessoal. Depois de todos esses milhares de anos, os pensamentos ainda estão em cada um de nós, esperando para serem tratados com alguma amizade e um pouco de compreensão, finalmente, em vez de com pílulas e estar correndo e se escondendo e discutindo e fazendo sexo, porque não sabemos que outra coisa fazer com eles. Quando os pensamentos surgem, enfrente-os com alguma integridade. "Ele me deve" — isso é verdade? Você está absolutamente certo de que isso é verdade? Qual sua reação quando você tem esse pensamento? Pergunte a si mesmo. E quem seria você sem o pensamento? Você teria um tio de quem gosta e seria responsável por si mesmo. Até que você o ame incondicionalmente, O Trabalho não está feito. Feche os olhos agora e imagine seu tio tentando ajudá-lo. Olhe para a pessoa, sem sua história.

Marty: Você quer saber qual foi minha sensação?

Katie: Sim.

Marty: Ainda estou sentindo a dor pelos insultos que ele me fez.

Katie: Tudo bem, insultos — inverta isso. "Estou sentindo a dor..."

Marty: Ainda estou sentindo a dor pelos insultos que *lhe* fiz em minha mente?

Katie: Sim.

Marty: Talvez todo mundo aqui esteja sentindo isso. Eu não estou.

Katie: Dê um exemplo dos insultos dele.

Marty: "Marty, você não sabe nada. Eu lhe disse que fizesse dessa maneira e você fez tudo do seu jeito..."

Katie: Tudo bem, vamos parar bem aqui. Pode ser que ele estivesse certo e era isso que você não quer ouvir? Isso não é insulto. Chamamos algo de insulto quando alguém nos diz a verdade sobre nós mesmos e nós não queremos ouvi-la. Isso é, pensamos que não queremos ouvi-la. Mas lá dentro, bem fundo, temos sede da verdade.

Marty: Tudo bem. Isso eu entendo. É verdade.

Katie: Não existe isso que se chama de insulto. Há apenas alguém me dizendo uma verdade que não quero ouvir. Se eu fosse realmente capaz de ouvir aquele que me acusa, encontraria minha liberdade. O "você" com quem você se identifica não quer ser descoberto, porque isso seria a morte dele. Quando alguém me diz que eu menti, por exemplo, reflito para ver se ele está com a razão. Se eu não puder encontrar minha mentira na situação que ele mencionou, eu posso encontrá-la em alguma outra situação, talvez 20 anos atrás. Depois disso, posso dizer: "Meu querido, eu *sou* uma mentirosa. Vejo que você estava certo a meu respeito." Nisso encontramos alguma coisa em comum. Ele sabe que sou uma mentirosa e agora eu também o sei. Nos aliamos e nos conectamos. Ambos estamos de acordo. Posso encontrar aqueles pedaços de quem eu sou graças a ele. Isso é começar a amar a si próprio(a).

Marty: É isso mesmo. Meu Deus, nunca vi isso!

Katie: Se seu tio diz algo que magoa, ele apenas revelou aquilo que você não quis olhar até aquele momento. Esse homem é um Buda. [O público ri, e Marty ri também.] Essas pessoas de quem estamos próximos irão nos dar tudo aquilo de que precisamos, para que possamos percebê-las nós mesmos e livrar-nos da mentira. Seu tio sabe exatamente o que dizer, porque ele é você, dando-lhe de volta para você mesmo. Mas aí você diz: "Vá embora, não quero ouvir isso." E diz em sua mente. Porque você acha que se for sincero a respeito disso é possível que ele não lhe dê o dinheiro. Ou afeto ou aprovação.

Marty: Ele nunca me aprovou.

Katie: Ótimo. Estou *gostando muito* desse sujeito. [Marty e o público riem.] Ele deixa isso para você mesmo fazer, e ele apenas adere à sua própria verdade.

Marty: Se você o conhecesse, não sei se pensaria que ele é esse ser iluminado.

Katie: O que eu sei é que ele sabe coisas sobre você para as quais você ainda não quis olhar. E a verdade é que pode lhe orientar para as coisas que você realmente quer examinar. Se você chegar para um amigo e disser: "Ah, meu tio me tratou muito mal", seu amigo vai dizer: "Coitado de você, que coisa desagradável." O que eu digo é: busque um inimigo. Ele não terá essa comiseração. Você busca seus amigos como um refúgio, porque pode contar com eles para concordarem com suas histórias. Mas quando você se aproxima de seus inimigos, eles lhe dirão, honestamente, qualquer coisa que queira saber, embora seja possível que você pense que não quer ouvir. Seu tio pode lhe dar um material precioso, se você realmente quiser saber a verdade. Até que isso aconteça, você ficará ressentido com ele.

Marty: Você quer dizer que tudo isso de que estou me defendendo é a verdade que não quero ver? Nossa! Não é à toa que fico vendo meu tio como um inimigo. Isso é incrível!

Katie: Tios nunca foram o problema, e nunca serão. É seu pensamento não investigado a respeito de seu tio que é o problema. E, à medida que investiga, você se liberta. Na verdade, seu tio é Deus disfarçado em tio. Ele está lhe dando tudo que você necessita para sua liberdade.

Com raiva da América corporativa

Uma pergunta que sempre ouço é: "Se eu fizer O Trabalho e não me preocupar mais com o bem-estar do planeta, por que me envolveria em ações sociais? Se eu me sentir totalmente tranquilo(a), por que iria me incomodar de tomar qualquer atitude desse tipo?" Minha resposta é: "Porque é isso que o amor faz."

O medo de não ter mais medo é um dos maiores obstáculos para as pessoas que estão começando a investigação. Elas acreditam que sem o estresse, sem a raiva, não agiriam mais, apenas ficariam sentadas por aí com a baba escorrendo-lhes pelo queixo. Quem quer que seja que passou a impressão de que a paz não é ativa, nunca conheceu a paz da maneira que eu a conheço. Tenho toda a motivação do mundo sem raiva. A verdade nos liberta e a liberdade age.

Quando levo pessoas ao deserto, elas veem uma lata vazia debaixo de um cacto e dizem: "Como é que alguém pode fazer isso neste deserto tão bonito?" Mas aquela lata vazia *é* o deserto. É o que é. Como pode estar fora de lugar? O cacto, as cobras, os escorpiões, a areia, a lata e nós — tudo isso é a natureza, não uma imagem mental de um deserto sem a lata. Sem qualquer estresse ou julgamento, percebo que simplesmente pego a lata. Ou poderia contar a história que as pessoas estão poluindo a Terra, e que o egoísmo e a cobiça humana não têm fim, e depois apanhar a lata com toda a tristeza e raiva que estaria sentindo. Em qualquer das duas situações, chegou o momento para a lata ser retirada, eu percebo que estou lá, como a natureza, apanhando a lata. Quem seria eu sem minha história não investigada? Apenas uma pessoa apanhando a lata, sem problemas. E se alguém notar que estou fazendo isso, e minha ação lhe parecer correta, essa pessoa também pode apanhar outra lata. Já estamos agindo como uma comunidade, sem termos planejado nada. Sem uma história, sem um inimigo, a ação é espontânea, nítida e infinitamente generosa.

* * *

Margaret: Quero que as corporações comecem a ter responsabilidade, comecem a respeitar a vida, a pensar no futuro, cuidem do meio ambiente e apoiem os países do Terceiro Mundo, parem de maltratar animais e parem de pensar só em dinheiro.

Katie: Então, "elas só pensam em dinheiro" — você pode saber com absoluta certeza que isso é verdade? Não estou dizendo que não é. Não estou aqui com uma filosofia ou dizendo se é certo ou errado. Apenas investigo.

Margaret: Bem, pelo menos parece que é assim.

Katie: Como você reage, o que acontece quando você acredita no pensamento de que elas só se preocupam com dinheiro?

Margaret: Fico zangada, frustrada, e não quero apoiá-las como pessoas.

Katie: Sim, embora você, na verdade, as apoie. Usa os produtos que elas fabricam, sua eletricidade, petróleo e gás. Você se sente culpada quando o faz, mas continua a fazê-lo e, talvez, exatamente como elas, descobre uma maneira de justificar suas ações. Então, dê-me uma razão que não lhe cause estresse para acreditar nessa ideia de que essas pessoas só se preocupam com dinheiro.

Margaret: Bem, dessa maneira eu faço uma diferença. Ou pelo menos faço o que posso fazer.

Katie: Ouço que, quando crê nesse pensamento, você sente raiva e frustração. E como você vive quando acha que fez uma diferença, mas eles ainda estão cortando árvores? Você acha que só por meio de mais estresse o planeta pode ser salvo? Agora, dê-me um motivo que não lhe cause estresse para acreditar nesse pensamento.

Margaret: Não há nenhum motivo que não me cause estresse.

Katie: Nenhum motivo que não lhe cause estresse? Então, quem seria você sem esse pensamento, essa filosofia, de que elas só se preocupam com dinheiro?

Margaret: Tranquila. Feliz. Talvez mais lúcida.

Katie: Sim. E talvez mais eficiente, com mais energia, menos confusa, e em uma posição que a leve a fazer uma diferença verdadeira, de uma forma que você nunca imaginou. Em minha experiência, a clareza avança com muito mais eficiência que a violência e o estresse. Ela não faz inimigos pelo caminho e, portanto, pode sentar-se confortavelmente à mesa da paz, frente a frente com qualquer um que lá esteja.

Margaret: Isso é verdade.

Katie: Quando me dirijo a um funcionário de uma corporação, ou um madeireiro, com o dedo apontado para ele, acusando-o, ou à sua companhia, por destruir a atmosfera, por mais válida que sejam minhas informações, você acha que ele vai ouvir o que estou dizendo de boa vontade? Eu o estou assustando com minha atitude, e os fatos podem se perder, porque eu mesma estou apreensiva. Tudo que ele vai ouvir é que acho que está fazendo a coisa errada, que é culpa dele. Sua reação será de negação e resistência. Mas se eu falar com ele sem qualquer estresse, com confiança total de que tudo está exatamente como deveria estar agora, sou capaz de me expressar de uma forma bondosa e sem medo sobre o futuro. "Os fatos são esses. Como nós dois poderemos melhorá-los? Você vê outra maneira? Como você sugere que prossigamos?" E quando ele falar, sou capaz de escutá-lo.

Margaret: Entendo.

Katie: Querida, vamos inverter e ver o que você vai sentir com isso. Inverta a frase número 2. Diga-a outra vez com você como sujeito. "Eu..."

Margaret: Eu quero começar a ter responsabilidade. Quero começar a respeitar a vida e pensar no futuro. Quero cuidar do meio ambiente e apoiar os países do Terceiro Mundo, e quero parar de maltratar animais. Quero parar de pensar só em dinheiro.

Katie: Isso ecoa dentro de você?

Margaret: Bem, realmente sinto que estou... que é nisso que estou trabalhando o tempo todo.

Katie: E você não preferiria trabalhar nisso sem a frustração, o estresse e a raiva? Mas quando você vem até nós — as pessoas corporativas — achando-se um pouco virtuosa a seus próprios olhos, tudo que vê é o inimigo vindo em sua direção. Quando vem até nós de maneira lúcida, podemos ouvir de você o que já sabemos em nossos corações sobre o bem-estar do planeta e podemos ouvi-la e sua solução sem nos sentirmos ameaçados e sem termos de ser defensivos. Podemos vê-la como uma pessoa simpática e atraente, como alguém com quem é fácil trabalhar, alguém em quem se pode confiar. Essa é minha experiência.

Margaret: Bem, isso é verdade.

Katie: Guerra só ensina guerra. Se você limpar seu meio ambiente mental, nós limparemos nosso meio ambiente físico com muito mais rapidez. É assim que funciona. Vamos examinar a frase seguinte em seu Formulário.

Margaret: As corporações deveriam ser solidárias e recompensar o planeta, usar seu dinheiro para apoiar grupos ambientais, construir habitats, apoiar a liberdade da palavra, deveriam despertar e começar a pensar sobre o amanhã.

Katie: Então, "Elas não são solidárias" — você pode saber com absoluta certeza que isso é verdade?

Margaret: Bem, uma vez mais, parece ser assim, não parece?

Katie: A mim não, mas eu entendo sua posição. Qual é a sua reação quando você tem o pensamento "elas não são solidárias"?

Margaret: Às vezes fico muito deprimida. Mas isso é bom, porque também fico muito zangada. Fico muito motivada e trabalho muito para tentar fazer uma diferença.

Katie: Como é que você se sente com essa raiva dentro de você?

Margaret: Dói. Não aguento o que eles estão fazendo com nosso planeta.

Katie: Essa raiva toda lhe parece violenta dentro de você?

Margaret: Parece.

Katie: A raiva é violenta. Sinta-a.

Margaret: Mas ela me motiva a agir, por isso é bom ter *algum* estresse. Precisamos fazer que as coisas avancem.

Katie: Então, o que ouço você dizer é que a violência funciona, a violência é o caminho para uma solução pacífica. Para mim, isso não faz sentido. Nós humanos temos tentado provar esse ponto desde sempre. O que você está dizendo é que a violência é saudável para você, mas que as corporações não deveriam usá-la contra o planeta. "Desculpem-me corporações, vocês devem parar sua violência e tratar o planeta pacificamente, e, por sinal, a violência de fato funciona para mim em minha vida." Então, "Você precisa da violência para se motivar" — isso é verdade?

Margaret [após uma pausa]: Não. Esses ataques de raiva me deixam deprimida e exausta. Você está dizendo que sem a violência eu teria a mesma motivação?

Katie: Não, querida, foi você que disse isso. O que eu diria é que eu não preciso de raiva ou violência para realizar algo ou para me motivar de qualquer forma. Se eu sentisse raiva, faria O Trabalho no pensamento que está por traz dela. Isso deixa o amor como motivador. Há algo mais poderoso que o amor? Pense em sua própria experiência. E o que poderia ser mais motivador? Ouço de você que o medo e a raiva são deprimentes. Pense em si mesma quando você ama alguém — como isso lhe traz motivação. Quem seria você sem o pensamento que precisa de violência como motivador?

Margaret: Não sei. Isso me parece muito estranho.

Katie: Então, querida, vamos inverter isso. "Eu..."

Margaret: Eu não me importo. Sim, essa é a verdade. Eu não me importei com aquelas pessoas. Eu deveria ser solidária e compensar o planeta. Devia usar meu dinheiro para apoiar grupos ambientais, construir habitats, apoiar a liberdade da palavra. Devia despertar e começar a pensar sobre o amanhã.

Katie: Sim. E se você fizer isso de uma maneira genuína, sem violência no coração, sem raiva, sem apontar para as corporações como inimigas, então as pessoas começarão a notar. Começamos a escutar e perceber que a mudança por meio da paz é possível. Tem de começar com uma pessoa, sabe? Se você não for essa pessoa, quem será?

Margaret: É verdade. Isso é realmente verdade.

Katie: Vamos examinar a frase seguinte.

Margaret: Preciso que eles parem de ferir e de destruir, que comecem a fazer uma diferença e a respeitar a vida.

Katie: Então, "Você precisa que eles façam isso" — isso é verdade?

Margaret: Bem, seria um ótimo começo.

Katie: "Você precisa que eles façam isso" — isso é verdade?

Margaret: É.

Katie: Você está mergulhando dentro de você? Está perguntando realmente? "Você precisa que eles limpem" — isso é verdade?

Margaret: Bem, não preciso disso para minha sobrevivência cotidiana, ou nada parecido, mas sim, isso seria ótimo.

Katie: Ouço o que você diz. É disso que você precisa para ser feliz?

Margaret: É o que eu quero. Sei o que você quer dizer, mas é tão...

Katie: Você sabe, isso traz um terror incrível para dentro de você. Qual é sua reação quando tem o pensamento de que é isso de que precisa, e as corporações estão fazendo... oh, meu Deus... estão fazendo o que fazem? Não estão lhe ouvindo. Você nem sequer está no Conselho Consultivo. [O público ri.] Não estão aceitando suas chamadas. Você só consegue falar com secretárias eletrônicas. Qual é sua reação quando tem a ideia de que precisa que elas façam as coisas direito, e elas não o fazem?

Margaret: Me sinto frustrada. É doloroso. Fico agitada e muito zangada, até com medo.

Katie: Pois é. Muitas pessoas nem querem botar filhos no mundo porque esse pensamento as domina, sem que o investiguem. Vivem com tal temor quando estão apegadas a essa crença. Você pode ver um motivo para abandonar essa crença? E não estou pedindo que a abandone.

Margaret: Sim. Posso ver muitas razões, mas tenho medo de que...

Katie: Se você abandonar essa crença, o que vai acontecer?

Margaret: Eu não me importaria mais...

Katie: E eu lhe perguntaria: "Se você não acreditar nisso, você não se importaria, você perderia todo o seu cuidado com o meio ambiente" — você pode realmente saber que isso é verdade?

Margaret: Não.

Katie: Se não sofremos, não nos importamos. Que ideia! Qual é sua reação quando tem o pensamento de que estresse é cuidado, de que medo é cuidado? Qual é sua reação quando acredita nesse pensamento? Nós nos tornamos os defensores do sofrimento. Mas só por uma boa causa. Só em nome da humanidade. Sacrificamos nossas vidas ao sofrimento. A história diz que Jesus sofreu por horas na cruz. Por quantos anos você viveu com esses pregos atravessando seu corpo?

Margaret: Entendo.

Katie: Vamos inverter isso, minha querida.

Margaret: Tudo bem. *Eu* devo parar de ferir e de destruir.

Katie: Pare de ferir e destruir a si mesma, em nome de resolver o problema do planeta. "Quando tudo no planeta estiver limpo, então haverá paz." Isso faz sentido? Com a sua dor, é assim que você vai resolver os problemas do planeta? Você acha que se você se magoar bastante, se sofrer bastante, alguém vai ouvi-la e fazer alguma coisa a respeito?

Margaret: Ok. Entendo o que quer dizer. Eu preciso começar a fazer uma diferença. Preciso começar a respeitar minha vida.

Katie: Sim, a sua. É um começo.

Margaret: Então eu preciso começar a respeitar minha própria vida.

Katie: Sim. Cuide de você mesma, e quando encontrar paz, quando seu meio ambiente mental estiver equilibrado, então seja a especialista que pode sair para equilibrar o planeta, sem medo, com carinho e com eficiência. E, enquanto isso, faça o melhor que pode, assim como todos nós, mesmo os funcionários de corporações. Como é que uma mulher frustrada e internamente sem harmonia pode ensinar a outras pessoas como fazer as coisas direito? Temos de aprender isso sozinhos, em primeiro lugar, e isso começa de dentro. Violência só gera violência. Estresse gera estresse. E a paz gera paz. E para mim a paz é totalmente eficiente. Muito bem, querida. Bom Trabalho.

Você prefere estar com a razão ou ser livre?

7

O Trabalho realizado com suas autocríticas

No aniversário de 3 anos do meu neto Racey, comprei-lhe um Darth Vader de plástico, porque era o que ele tinha pedido. Ele não tinha a menor ideia sobre *Star Wars*, mas queria o Darth Vader de presente. Quando se colocava uma moeda no Darth Vader, ouvia-se a trilha sonora de *Star Wars* e a respiração pesada do personagem. A seguir, a voz dele dizia: "Impressionante, mas você ainda não é um Jedi", e o boneco levantava a espada como para dar ênfase a seu argumento. Depois de ter ouvido a voz, Racey me disse, sacudindo a cabecinha: "Vovó, não sou um Jedi." E eu lhe respondi: "Meu bem, você vai ser o pequeno Jedi da vovó." Mas ele disse: "Vou não", e uma vez mais balançou a cabeça.

Mais ou menos uma semana depois de eu ter dado o presente a Racey, liguei para ele e perguntei: "E aí, meu querido, você já é um Jedi? Você já é o pequeno Jedi da vovó?" E ele respondeu, com uma vozinha triste: "Sou não." Racey nem sabia o que era ser um Jedi, tampouco perguntava, mas, apesar disso, queria ser um deles. Na verdade, aquele homenzinho estava recebendo ordens de um brinquedo de plástico e, com a idade avançada de 3 anos, já andava pela casa desapontado.

Racey estava passando uns dias em minha casa quando um de meus amigos me convidou para sobrevoar o deserto em seu avião. Contei a meu amigo a história do Jedi e perguntei se podíamos levar Racey conosco. Ele concordou e Racey ficou encantado, adorando o painel de instrumentos e todos os aparelhos. Meu amigo combinara com o pessoal de terra, e no momento em que aterrissávamos, ouvimos uma voz pelo alto-falante da cabine, que anunciava: "Racey, você é um Jedi! Você agora é um Jedi!" Os olhinhos de Racey brilhavam e mal podia acreditar no que ouvia. Quando lhe perguntei se já era um Jedi, não me respondeu, mas quando chegamos em casa correu logo para o Darth Vader. Colocou a moeda, a música começou, com a respiração ofegante, a espada ergueu-se, e a voz profunda disse: "Impressionante, mas você ainda não é um Jedi!" Era assim que as coisas funcionavam. Perguntei a Racey uma vez mais e ele disse: "Vovó, não sou." A maioria das crianças de 3 anos ainda não sabe como fazer a investigação.

Muitos de nós nos julgamos tão implacavelmente como aquele brinquedo de plástico e sua gravação, repetindo para nós mesmos, incessantemente, o que somos e o que não somos. Quando as investigamos, essas autoacusações simplesmente desaparecem sem que nos demos conta. Estou ainda por descobrir uma investigação que não revele inocência — inocência nos outros e inocência em nós mesmos. Se você vem seguindo as instruções até aqui e já executou O Trabalho, apontando um dedo acusatório para o mundo, já deve ter percebido que seu julgamento dos demais sempre volta para você. Às vezes esses julgamentos invertidos podem nos deixar desconfortáveis. É essa a maneira de descobrir que você atingiu uma crença que tem acerca de si mesmo(a) que ainda não foi devidamente investigada. Por exemplo: "Ele deve me amar", inverte-se para "Eu devo me amar", e se você se sentir estressado com esse pensamento, é uma boa ideia examiná-lo melhor. Há muito a ser descoberto na investigação de "Devo amar a mim mesmo(a)", e sugiro que você gaste algum tempo quando chegar às perguntas "Qual é minha reação quando penso que devo amar a mim mesmo(a) e não sei como?" e "Quem seria eu sem o pensamento 'Devo amar a mim mesmo(a)'?". Há uma quantidade ilimitada de amor a si próprio a ser descoberta nessas perguntas.

À medida que for se familiarizando com as quatro perguntas e as inversões, você irá desenvolvendo uma certa estabilidade. Começará a descobrir por si mesmo(a) que O Trabalho é igualmente eficiente quando a pessoa que você está julgando é você mesmo(a). Verá que o "você" que está julgando não é mais pessoal do que, no fim das contas, os outros, que você julgou, acabaram sendo. O Trabalho lida com conceitos, não com pessoas.

As quatro perguntas são utilizadas exatamente da mesma maneira quando você as aplica para julgamento próprio. Por exemplo, consideremos a autocrítica: "Sou um fracasso." Em primeiro lugar, entre em seu mundo interior e faça as perguntas 1 e 2: Isso é verdade? Posso saber com absoluta certeza que é verdade que sou um fracasso? Meu marido, ou esposa, pode até dizer isso, meus pais podem dizer isso, e eu mesmo(a) posso dizer isso, mas posso ter certeza absoluta de que isso é verdade? Não pode ser que, durante todo esse tempo, eu vivi a vida que deveria ter vivido e que tudo que fiz foi exatamente o que deveria ter feito? A seguir, vá para a pergunta 3. Faça a lista de qual é sua reação, como é que você se sente fisicamente e como você se trata e aos outros quando acredita no pensamento "Sou um fracasso". O que você faz, especificamente? O que diz, especificamente? Continue com sua lista. Depois, entre em seu mundo interior com a pergunta 4. Sinta como sua vida seria se nunca tivesse esse pensamento outra vez. Feche os olhos e imagine como *você* seria sem o pensamento "Sou um fracasso". Fique parado enquanto observa. O que é que você vê?

As inversões para autocríticas podem ser bastante radicais. Quando você usa a inversão de 180 graus, "Sou um fracasso" torna-se "Não sou um fracasso" ou "Sou um sucesso". Entre em seu mundo interno com essa inversão e deixe que ela lhe revele como é tão verdadeira quanto seu julgamento original — ou até mais verdadeira. Faça uma lista das maneiras nas quais você é um sucesso. Traga essas verdades para fora da escuridão. A princípio, é possível que para alguns de nós isso seja extremamente difícil, e é possível que tenhamos problema de encontrar até um único exemplo. Não se apresse. Se você realmente quiser saber a verdade, permita que a verdade se revele a você. Descubra três sucessos a cada dia. Um pode até ser "Escovei meus dentes." Dois: "Lavei a louça." Três: "Respirei." É uma coisa maravilhosa ter sucesso em ser o que você é, quer você perceba ou não.

Às vezes substituir a palavra "eu" por "meu modo de pensar" pode lhe ajudar a compreender uma ou duas coisas. "Sou um fracasso" se transforma em "Meu modo de pensar é um fracasso, principalmente a meu respeito". Você pode entender isso claramente quando entra em seu mundo interior para responder à pergunta 4. Sem o pensamento "Sou um fracasso", você está perfeitamente bem. É o pensamento que é doloroso, não sua vida.

Não fique imobilizado(a) nas inversões, como se houvesse uma maneira certa ou errada de fazê-las. Quando ficar parado(a) com suas autocríticas, deixe que as inversões *o(a)* encontrem. Se uma inversão não funciona para você, é como deve ser. Não a force; apenas passe para a próxima frase. Lembre-se de que O Trabalho não é um método: é um meio de descobrir a si próprio(a).

Com medo da vida

Gosto muito deste diálogo porque mostra que O Trabalho pode decorrer de uma maneira fluida, como uma conversa carinhosa. Quando você age como facilitador para outras pessoas ou para si próprio(a), não é necessário usar as quatro perguntas em uma ordem estrita ou seguindo uma receita. Isso é particularmente útil quando alguém — você ou a pessoa para quem você está servindo de facilitador — está com medo e os pensamentos dolorosos estão ocultos.

* * *

Marilyn: Eu não segui as regras exatamente, porque escrevi sobre mim mesma.

Katie: É verdade, você, definitivamente, não seguiu as regras. Mas não faz mal. Fazemos isso. Não existem erros. Não há possibilidade de realizar O Trabalho incorretamente. O que sugiro é que as pessoas julguem uma outra pessoa, e não elas mesmas, por enquanto, e você pode até descobrir que é aquela outra pessoa. Não faz diferença. Então, vamos ouvir o que você escreveu.

Marilyn: Está bem. *Estou zangada com Marilyn...*

Katie: Marilyn é você?

Marilyn: É, sou eu... *porque ela é do jeito que é. Quero que Marilyn seja livre. Quero que ela se cure de seus muitos medos e de sua raiva.*

Katie: Então, de que é que você tem medo, querida?

Marilyn: Acho que tenho medo de participar da vida.

Katie: Dê um exemplo. Fale um pouco mais. Quero saber.

Marilyn: Bem, por exemplo, conseguir um emprego, fazer sexo.

Katie: Sim. Então, qual é a coisa de que você tem mais medo com relação ao sexo? Qual é a pior coisa que poderia ocorrer se você estivesse fazendo sexo?

Marilyn: Bem, que eu tivesse uma experiência emocional intensa, como se estivesse drogada. Poderia apenas... perder o controle.

Katie: Tudo bem. Vamos supor que você está fazendo sexo e perde totalmente o controle. Isso é o que a maioria das mulheres deseja quando faz sexo. [O público cai na gargalhada.]

Marilyn [escondendo o rosto com o Formulário]: Não *acredito* que eu esteja dizendo tudo isso! Eu acho que não é por aí que eu queria ir. Talvez fosse bom começar tudo outra vez! Pensei que fôssemos falar sobre coisas *espirituais*! [riso]

Katie: Ah, então Deus é tudo, mas não sexo? Isso é verdade? [risos]

Marilyn: Acho que devíamos começar outra vez! Você não acha?

Katie: Hum. Não, foi você que pensou nisso. Não fui eu. [risos]

Marilyn: E se eu ler algumas das outras frases?

Katie: Minha querida, essa conversa é parte da vida, e você está participando *muito* bem.

Marilyn [gemendo e dando as costas para o público]: Ah, não acredito que eu falei essa parte! Tenho todas essas outras coisas que poderia ter dito!

Katie: Não há nenhum erro, meu anjo. Por isso, eu gostaria que você olhasse para o público. Tudo bem? Quantos, entre vocês, estão realmente contentes porque esta mulher está participando? [Aplausos, assobios e gritos de encorajamento.] Olhe. Olhe lá para baixo, para aqueles rostos. Veja só, exatamente o que você acha que não vai funcionar, *de fato* funciona. Talvez seja de trás para a frente. Talvez você esteja participando plenamente e não esteja consciente disso. Você é tão bonita. É tão bonita em sua timidez, e o que precisa fazer é voltar para essas palavras que escreveu para que consiga se controlar.

Marilyn: Tudo bem.

Katie: Mas o que está acontecendo agora é exatamente como o sexo. Você não tem controle. E todos estão se apaixonando por você. É a inocência que os está atraindo. Não há controle nisso. É uma coisa maravilhosa. É como um orgasmo.

Marilyn [escondendo o rosto com o Formulário]: Não *acredito* que você disse essa palavra! Estou tão envergonhada! Não podemos falar de alguma outra coisa? [risos]

Katie: "Você não acredita que eu disse essa palavra" — isso é verdade? Não! Eu realmente a disse! Eu disse a palavra! [risos] Perder o controle pode ser maravilhoso, meu bem.

Marilyn: E o medo?

Katie: Que medo? Você quer dizer seu constrangimento?

Marilyn: Não, é pior que isso. É terror.

Katie: Querida, "Você está aterrorizada" — isso é verdade? "Os sentimentos que você está sentindo agora são de terror" — você pode saber com absoluta certeza que isso é verdade?

Marilyn: Não.

Katie: Quem seria você sem sua história de que está aterrorizada? [Longa pausa.] Então vamos voltar um pouco e fazer uma frase de cada vez. Você está falando sobre uma coisa da qual não quer falar, na frente de uma sala cheia de gente, e está sentindo...

Marilyn: Vale a pena! Se isso me levar para a liberdade, eu faço qualquer coisa.

Katie: Sim, querida. Ótimo. Vamos fazer a investigação. Isso é o que eu sei. Estou aqui para lhe dar quatro perguntas que são boas o bastante para deixar sua liberdade com você, não comigo.

Marilyn: Tudo bem.

Katie: Então, você está disposta a responder minhas perguntas?

Marilyn: Sim.

Katie: Quero saber mais sobre seu constrangimento. Como é que você se sente estando constrangida? O que é que você sente em seu peito, em seu estômago, em seus braços, em suas pernas? Como é que você se sentiu, fisicamente, estando sentada neste sofá e se sentindo constrangida?

Marilyn: Sinto calor na minha cabeça. E em meu estômago há muita energia. Faz um barulho mais ou menos assim: k-k-k-k.

Katie: Sim... Bom. Então isso é o pior que pode acontecer. Se você fala sobre o assunto que lhe dá mais medo, no palco, o pior que pode acontecer é o que acabou de descrever. Uns poucos fogos de artifício explodindo na sua barriga e um pouco de calor na sua cabeça. Você pode lidar com isso?

Marilyn: Mas e se minha mãe e meu pai estivessem aqui?

Katie: Hum... Você sentiria um pouco de calor na cabeça e um pouco de movimento aqui em seu...

Marilyn: Acho que eu poderia desmaiar ou que minha vista ia escurecer.

Katie: Tudo bem. Bom. Você poderia desmaiar ou não ver mais nada. E depois, o que aconteceria?

Marilyn: Eu voltaria a mim e então eu... E se eu *ainda estivesse* aqui?

Katie: Qual é a pior coisa que poderia acontecer? Você ainda estaria aqui. E observe que você ainda está aqui, neste momento. Você já está sobrevivendo ao pior que poderia acontecer.

Marilyn: E a vida continua, e eu ainda sou eu mesma, e ainda sou da maneira que sou.

Katie: E de que maneira é essa?

Marilyn: Não sou livre. Estou presa nas minhas coisas.

Katie: Querida, qual é a aparência da liberdade?

Marilyn [apontando para Katie]: Algo assim como...

Katie: Hum. [O público ri.] Eu levaria isso a uma investigação mais tarde. Escreva agora: "Katie é livre" — você pode saber com absoluta certeza que isso é verdade? Como você reage, o que acontece quando você acredita nesse pensamento? Coloque-o no papel e continue até o fim.

Marilyn: Eu sei! Estou realmente presa em minhas histórias sobre essa personalidade e esse corpo, e...

Katie: Vamos voltar para o inquérito agora, para que você não evite perceber aquilo que já sabe. O que você já sabe pode libertá-la do medo. Responda isso: "Se seus pais estivessem sentados aqui agora..."

Marilyn: Meu Deus! Eu sei, eu sei! Tenho 47 anos e não deveria sequer estar preocupada com isso!

Katie: Bem, *é claro* que você deve estar preocupada com isso, porque você está. Essa é a realidade. Você é tão bonita. Se seus pais estivessem sentados aqui, o que é que eles estariam pensando?

Marilyn: Bem, provavelmente eles estariam se sentindo humilhados por eu estar falando sobre essas coisas em público.

Katie: Então, eles estariam se sentindo humilhados.

Marilyn: Sim.

Katie: Você pode saber com absoluta certeza que isso é verdade?

Marilyn: Posso supor, sem muita dúvida.

Katie: Você pode supor que é verdade, sim. E estou pedindo que você responda à pergunta. Você pode ter certeza absoluta de que seus pais se sentiriam humilhados?

Marilyn: Internamente, no mais profundo... De uma perspectiva em que eles estivessem mortos e olhando para mim aqui embaixo, posso imaginar isso, mas em qualquer outra circunstância...

Katie: Você está interessada em investigar?

Marilyn: Estou. Sinto muito.

Katie [rindo]: É verdade que você sente muito?

Marilyn: Bem, eu estou mais ou menos saindo da trilha do meu drama.

Katie: Então, apenas responda à pergunta. É verdade que você sente muito? Sim ou não. Quando você disse "Sinto muito", era verdade que você estava sentindo muito?

Marilyn: Eu estava mais com vergonha de ter saído da trilha.

Katie: E se você tivesse que responder sim ou não? "Você sentiu muito" — isso é verdade?

Marilyn: Acho que as palavras apenas saíram. Eu... Não! Eu não sei!

Katie: Querida.

Marilyn: Ah, estou fazendo tanto esforço, mas simplesmente não estou *entendendo* isso!

Katie: Então, vamos voltar um pouquinho. Está bem? Basta apenas um sim ou um não, e por favor não se preocupe em dar a resposta correta. Dê a resposta que você acha que é verdadeira para você, mesmo se achar que é a resposta incorreta. E, meu bem, não há nada sério com que se preocupar, nunca. Isso não é uma coisa séria. Se o autoconhecimento não fizesse as coisas mais leves, quem ia querê-lo?

Marilyn: Está bem.

Katie: Trata-se aqui de perguntar a você mesma. "Se seus pais estivessem entre o público, eles estariam se sentindo humilhados" — você pode saber com absoluta certeza que isso é verdade?

Marilyn: Em um quadro maior, não posso. Quero dizer, não.

Katie: Ótimo. [O público aplaude.] Você quase me deu uma resposta direta. Portanto, você podia ouvir a si mesma. Não importa o que pensa. Você deu uma resposta para que *você* a ouvisse. Isso é autoinvestigação. Não uma investigação para mim ou para qualquer outra pessoa. Qual é sua reação quando acha que seus pais se sentiriam humilhados se eles estivessem entre o público?

Marilyn: Eu censuro as coisas. Eu censuro minha vida. E fico com raiva disso.

Katie: Como você vive sua vida quando crê que seus pais se sentiriam humilhados a respeito de alguma coisa que você fizesse?

Marilyn: Uau! Eu vivi minha vida inteira me escondendo.

Katie: Isso não me parece muito tranquilo. Parece muito estressante.

Marilyn: E é.

Katie: Parece que você esteve sempre vivendo com medo, com muito cuidado, a vida toda, para que eles não se sentissem humilhados.

Marilyn: É isso aí.

Katie: Dê-me uma razão tranquila, uma razão sem estresse, para acreditar que seus pais se sentiriam humilhados se estivessem aqui.

Marilyn: Não tem nada a ver com tranquilidade. Não há nenhuma razão tranquila.

Katie: Nenhuma razão tranquila. Então, quem você seria, com seus pais aqui, se não acreditasse naquele pensamento?

Marilyn [rindo, exultante]: Oh! Sim! Uau!! [O público ri.] Obrigada!

Katie: O que você seria? Livre? Teria a alegria e o riso de ser apenas você mesma?

Marilyn: Ah, sim. Liberdade para ser. Estaria tão alegre e feliz, bem aqui com você.

Katie: Assim como você está agora?

Marilyn [olhando para o público e rindo]: E com todas essas pessoas maravilhosas.

Katie: Você participa da vida muito bem. Então, o que estou aprendendo com você é que quando tem aquele pensamento, fica com medo. E quando não o pensa, está livre. O que estou aprendendo é que seus pais nunca foram o problema. É sua maneira de pensar sobre eles que é o problema, sua crença não investigada sobre o que eles pensam ou não pensam.

Marilyn: Puxa!

Katie: Não é incrível? Seus pais não são o problema. Isso não é uma possibilidade. E ninguém mais pode ser seu problema. Gosto de dizer que ninguém pode me magoar — que essa é minha função. Isso é uma boa notícia.

Marilyn: Sim, entendo! Sim, é uma notícia muito boa!

Katie: Isso deixa você em uma situação em que deve parar de culpar os outros e olhar para você mesma para buscar sua própria liberdade, não para eles ou para qualquer outra pessoa.

Marilyn: Sim.

Katie: Isso deixa *você* responsável pela sua liberdade, não seus pais.

Marilyn: É.

Katie: Obrigada. Espero que sejamos amigas.

Marilyn: Há uma grande libertação nisso.

Katie: Sim, minha querida. Sim, há mesmo.

Quando discuto com a realidade,

eu perco —

mas só 100 por cento das vezes.

8

O Trabalho realizado com crianças

Normalmente as pessoas me perguntam se crianças e adolescentes podem realizar O Trabalho. Minha resposta é: "Claro que sim." Nesse processo de investigação, não estamos lidando com pessoas; estamos lidando com pensamentos e conceitos, e pessoas de qualquer idade — de 8 a 80 — têm os mesmos conceitos. "Quero que minha mãe goste de mim." "Preciso que meu amigo me escute." "Mamãe e papai não deviam brigar." "As pessoas não deviam ser cruéis." Jovens ou velhos, nós acreditamos em conceitos que, por meio da investigação, acabamos vendo que não são nada mais do que superstições.

Descobri que até crianças bem pequenas têm boa receptividade para O Trabalho, e que ele muda suas vidas. Durante uma das oficinas que fiz com crianças, uma menina de 6 anos ficou tão entusiasmada que disse: "O Trabalho é fantástico! Por que ninguém nunca me falou dele?" Outra criança, um menino de 7 anos, disse à mãe: "O Trabalho é a melhor coisa do mundo!" Curiosa, ela perguntou: "O que é que você acha tão bom sobre O Trabalho, Daniel?" Ele disse: "Quando estou com medo, faço O Trabalho, e depois já não tenho mais medo."

Quando realizo O Trabalho com crianças mais novas, a única diferença que observo é que uso um vocabulário mais simples. Se uso uma palavra que acho que é um pouco avançada demais para elas, pergunto se a entenderam. Se perceber que realmente não entenderam, digo o que quero dizer de outra maneira. Mas nunca uso conversa de bebê.

As crianças sabem quando estamos falando com elas como se fossem pouco inteligentes.

O extrato que se segue é de um diálogo com uma menina de 5 anos:

Becky [com medo, sem olhar para mim]: Tem um monstro embaixo da minha cama de noite.

Katie: "Tem um monstro embaixo da sua cama" — meu bem, isso é verdade?

Becky: É.

Katie: Querida, olhe para mim. Você pode saber com absoluta certeza que isso é verdade?

Becky: Posso.

Katie: Me dê uma prova. Você já viu o monstro?

Becky: Já.

Katie: Isso é verdade?

Becky: É.

Deste momento em diante a menina começa a rir e a se animar com as perguntas, começa a ficar confiante de que não vou forçá-la a acreditar ou a não acreditar, e que podemos nos divertir com o monstro dela. Eventualmente, o monstro tem uma personalidade e, antes do fim da sessão, peço à criança para fechar os olhos, falar com o monstro cara a cara e deixar que o monstro diga o que está fazendo embaixo da cama e o que realmente quer dela. Peço a ela que apenas deixe o monstro falar, que escute e depois me diga o que o monstro disse. Fiz isso com uma dezena de crianças que tinham medo de monstros ou de fantasmas. Elas sempre relatam alguma coisa bondosa, como "Ele disse que está muito sozinho" ou "Ele só quer brincar" ou "Ele quer estar comigo". A esta altura, eu pergunto: "Querida, 'Tem um monstro embaixo de sua cama' — isso é verdade?" E elas normalmente me olham com certo ar de superioridade, como se achassem muito engraçado que eu pudesse acreditar em uma coisa tão ridícula. Damos muitas risadas. E esse é o fim do pesadelo da criança.

É tão simples passar para a pergunta seguinte a qualquer momento. Por exemplo: "Qual é sua reação à noite em seu quarto, sozinha, quando pensa que tem um monstro embaixo da cama? Como é que você se sente quando tem esse pensamento?" "Medo. Fico com medo." Neste momento elas normalmente começam a se mexer e a ficar irrequietas. "Querida, quem seria você, deitada na cama de noite, se pudesse não ter o pensamento de que 'há um monstro embaixo da minha cama?'" "Eu ficaria bem", é o que elas respondem normalmente.

Os pais contam que depois da sessão os pesadelos deixam de ocorrer. Isso sempre acontece. Também ouço que os pais não precisam convencer a criança a voltar a me ver. Compartilhamos um entendimento como resultado da investigação. Adoro dizer às crianças, a esta altura: "O que aprendi com você é que sem o pensamento você não tem medo, e com o pensamento, você tem. O que aprendi com você é que não é do monstro que você tem medo, é do *pensamento*. Isso é uma ótima notícia. Sempre que tenho medo, sei que estou com medo de um pensamento."

Trabalhei uma vez com um menino de 4 anos, David, a pedido de seus pais. Eles o estavam levando a um psiquiatra, porque ele parecia estar decidido a machucar sua irmãzinha de poucos meses. Tinham sempre que ficar atrás dele; sempre que ele tinha a oportunidade, atacava o bebê, mesmo na frente dos pais. Ele a cutucava, puxava, tentava empurrá-la de superfícies, e tinha idade suficiente para saber que ela cairia. Os pais achavam que estava seriamente perturbado. E o menino ficava cada vez mais zangado. Eles já não sabiam mais o que fazer.

Em nossa sessão, fiz-lhe algumas das perguntas do Formulário para julgar seu próximo e a terapeuta da mãe escreveu as respostas dele. Os pais tinham estado executando O Trabalho em uma outra sala. Quando voltaram, pedi que lessem, na frente da criança, o que tinham escrito um sobre o outro em seus Formulários, para que o menino pudesse entender que não haveria nenhum castigo por expressar seus sentimentos honestamente.

Mãe: Estou zangada com o bebê porque tenho de ficar trocando fraldas o dia todo e não posso passar mais tempo com o David. Estou zangada com meu marido porque ele trabalha o dia todo e não pode me ajudar a trocar fraldas.

Tanto a mãe quanto o pai continuaram criticando um ao outro e ao bebê na frente do menininho. Depois, foi a vez de David ouvir suas frases lidas em voz alta. *"Estou zangado com mamãe porque ela passa o tempo todo com a Kathy. Estou zangado com papai porque ele não está nunca em casa."* Finalmente, ouvimos suas frases sobre a irmãzinha.

David: Estou zangado com Kathy porque ela não brinca comigo. Eu quero que ela jogue futebol comigo. Ela deveria brincar comigo. Ela não deveria só ficar ali deitada o tempo todo. Ela deveria querer levantar e brincar comigo. Preciso que ela brinque comigo.

Katie: "Ela deveria brincar com você" — meu bem, isso é verdade?

David: É.

Katie: David, querido, como é que você se sente quando tem esse pensamento?

David: Zangado. Quero que ela brinque comigo.

Katie: Como é que você aprendeu que os bebês deviam jogar futebol com você?

David: Com minha mãe e meu pai.

Tínhamos ouvido a resposta e soubemos o que estava acontecendo. Durante toda a gravidez da mãe os pais tinham dito a David que logo ele ia ter um irmãozinho, ou uma irmãzinha, que brincaria com ele e que seria seu companheiro de brinquedos. O que não tinham lhe dito é que o bebê teria de crescer antes que pudesse correr ou segurar uma bola. Quando explicaram isso a David e pediram desculpas, ele, é claro, entendeu. Depois disso, deixou o bebê em paz. Mais tarde, os pais me informaram que o comportamento difícil havia cessado, que todos estavam tentando se comunicar honestamente e que David estava começando a confiar neles outra vez.

Adoro trabalhar com crianças. Elas chegam à investigação com tanta facilidade, exatamente como todos nós fazemos quando realmente queremos ser livres.

"Não sei"

é minha posição favorita.

9

O Trabalho realizado com crenças subjacentes

COM FREQUÊNCIA, SOB AS CRÍTICAS que escrevemos existem outros pensamentos, que podem ser aqueles que acreditamos durante anos e que usamos como nossas concepções básicas sobre a vida. Na maioria dos casos, nunca as questionamos. Chamo esses pensamentos de "crenças subjacentes". Essas crenças são versões mais amplas ou mais gerais de nossas histórias. Algumas delas podem não ser a concepção de um único indivíduo e incluir todo um grupo de pessoas. Outras são concepções sobre a vida que podem nem parecer um julgamento. Mas se você perceber que sente estresse quando fica consciente dessas crenças, vale a pena investigá-las.

Crenças subjacentes são a religião que realmente praticamos. Às vezes podem ser encontradas sob as opiniões mais comuns e cotidianas. Suponha que você tenha escrito um pensamento desconfortável, algo bastante trivial como "George deve se apressar para que possamos ir dar uma caminhada". A investigação pode trazer à sua consciência vários pensamentos não investigados que podem estar relacionados com "George deve se apressar":

> O presente não é tão bom como o futuro.
> Eu estaria feliz se conseguisse o que quero.
> É possível desperdiçar o tempo.
> Se eu fizer as coisas mais lentamente, notarei meu sofrimento e não serei capaz de suportá-lo.

Fidelidade a essas crenças subjacentes trará sofrimento para sua vida em situações em que você é forçada a esperar ou quando nota que outras pessoas estão progredindo muito lentamente. Se alguma dessas crenças lhe parece familiar, na próxima vez que estiver esperando por alguém, sugiro que escreva os pensamentos que causam sua impaciência e veja se realmente são verdadeiros para você. (Mais adiante você encontrará sugestões sobre como fazer isso.) Não seria maravilhoso nunca ter de esperar por nada, sentir que o que você quer é o que já tem?

Crenças subjacentes são os tijolos com que construímos nosso conceito de céu e de inferno. Mostram exatamente como você acha que melhoraria a realidade se pudesse fazer o que quisesse, e como a realidade poderia parecer terrível se seus temores se concretizassem. Tudo isso são informações libertadoras quando você as traz para o inquérito. Vê-las todas caírem por terra — descobrir que aquelas crenças dolorosas que carregamos conosco durante anos não são verdadeiras para nós, que nunca sequer tivemos necessidade delas — é uma experiência incrivelmente libertadora. Nesse momento, há um fluxo para o inquérito, uma corrente contínua de autorrevelação. Seguem-se alguns exemplos do tipo de frases com as quais você pode se descobrir trabalhando.

> É possível estar no lugar errado, no momento errado.
> A vida é injusta.
> É necessário saber o que fazer.
> Posso sentir sua dor.
> A morte é triste.
> É possível ser privado de alguma coisa.
> Se eu não sofrer, isso quer dizer que sou indiferente.
> Deus vai me castigar se eu não for bom (boa).
> Há vida depois da morte.
> Os filhos devem gostar de seus pais.
> A sobrevivência é necessária.
> Algo terrível poderia me acontecer.
> Os pais são responsáveis pelas escolhas dos filhos.
> Preciso lembrar.

> É possível cometer um erro.
> Há uma maneira correta de fazer O Trabalho.
> Há maldade no mundo.

É possível que você queira realizar O Trabalho com qualquer dessas frases que parecem obstáculos para sua liberdade.

Sempre que perceber que está se sentindo na defensiva em uma conversa com amigos ou com a família, ou sempre que tenha certeza de que está certo(a), é uma boa ideia anotar sua crença subjacente e realizar O Trabalho com ela mais tarde. Esse é um material excelente para uma investigação, se você realmente quiser saber a verdade e viver sem o sofrimento que essas crenças provocam.

Uma das melhores maneiras de descobrir suas crenças subjacentes é escrever sua própria "prova da verdade" para a pergunta 1. Em vez de passar imediatamente para a fase em que você tem consciência de que não pode realmente saber nada, permita-se ficar na história. Pare naquele momento em que você ainda realmente acredita que aquilo que escreveu é verdade. Depois escreva todas as razões que provam que é verdade. Dessa lista, uma variedade de crenças subjacentes ficará evidente. O que se segue é um exemplo do uso do exercício da "prova da verdade" para descobrir crenças subjacentes.

Usando a "prova da verdade" para descobrir crenças subjacentes

Frase original: *Estou zangada com Bobby, com Ross e com Roxann porque, na verdade, eles não me respeitam.*

Prova da verdade:
1. Eles me ignoram quando eu lhes peço que guardem suas coisas.
2. Eles brigam, fazendo muito barulho, quando estou no telefone com um cliente.
3. Eles riem das coisas de que gosto.

4. Eles entram sem avisar e esperam atenção imediata quando estou trabalhando ou até no banheiro.
5. Eles não comem ou apreciam a comida que preparo para eles.
6. Eles não tiram os sapatos molhados antes de entrar em casa.
7. Se eu zango com um deles, os outros implicam com ele e brigam.
8. Eles não querem que eu fique com os amigos deles.

Crenças subjacentes:
1. *Eles me ignoram quando eu lhes peço que guardem suas coisas.*
   Crianças devem respeitar os adultos.
   As pessoas devem me respeitar.
   Pessoas devem seguir minhas orientações.
   Minha orientação é o que há de melhor para as outras pessoas.
   Se alguém me ignora, significa que não me respeita.
2. *Eles brigam, fazendo muito barulho, quando estou no telefone com um cliente.*
   Há um momento e um lugar para tudo.
   As crianças têm o autocontrole para ficarem quietas quando o telefone toca.
   Clientes são mais importantes que os filhos.
   O que as pessoas pensam sobre meus filhos me importa.
   É possível obter respeito controlando as pessoas.
3. *Eles riem das coisas de que gosto.*
   As pessoas não devem se divertir ou ficar alegres à minha custa.
   As crianças devem gostar daquilo de que seus pais gostam.
4. *Eles entram sem avisar e esperam atenção imediata quando estou trabalhando ou até no banheiro.*
   Há momentos apropriados para pedir o que se quer.
   As crianças devem esperar para receber atenção.
   O banheiro é um lugar sagrado.
   Outras pessoas são responsáveis pela minha felicidade.
5. *Eles não comem ou apreciam a comida que preparo para eles.*
   As crianças não devem tomar sua própria decisão sobre o que comer.
   Eu preciso ser valorizada.
   O gosto das pessoas deve mudar quando eu digo.

6. *Eles não tiram os sapatos molhados antes de entrar em casa.*
   Eu trabalho demais e ninguém reconhece.
   As crianças devem se preocupar com a casa.
7. *Se eu zango com um deles, os outros implicam com ele e brigam.*
   Tenho o poder de provocar uma guerra.
   A guerra é minha culpa.
   Os pais são responsáveis pelo comportamento dos filhos.
8. *Eles não querem que eu fique com os amigos deles.*
   Filhos devem considerar seus pais como consideram seus amigos.
   Filhos são ingratos.

Quando você descobrir uma crença subjacente, aplique nela as quatro perguntas e depois faça as inversões. Como no caso das autocríticas, a inversão mais pertinente é geralmente aquela que está no polo oposto, ou seja, a inversão de 180 graus. Quando se desfaz uma crença subjacente, grupos inteiros de crenças relacionadas vêm à tona e, portanto, ficam disponíveis para serem submetidas ao inquérito.

Agora vamos penetrar em uma crença subjacente. Não se apresse e escute enquanto você se faz as perguntas.

Minha vida deveria ter um objetivo

"Minha vida deveria ter um objetivo" pode, a princípio, parecer um assunto estranho para uma investigação. É provável que você pense que essa crença subjacente não pode causar dor ou problemas às pessoas, que uma frase como "Minha vida *não tem* um objetivo" pode ser dolorosa o suficiente para merecer uma investigação, mas não a versão positiva. Acontece, no entanto, que essa crença aparentemente positiva é exatamente tão dolorosa quanto uma crença aparentemente negativa. E que a inversão, nesta forma aparentemente negativa, é uma frase de grande alívio e liberdade.

Crença Subjacente: Minha vida deveria ter um objetivo.

Isso é verdade? Sim.

Posso saber com absoluta certeza que isso é verdade? Não.

Como reajo, o que acontece quando acredito nesse pensamento? Sinto medo, porque não sei qual é meu objetivo e acho que deveria saber. Sinto pressão em meu peito e na minha cabeça. A esta altura, posso responder com rispidez a meu marido e filhos e isso eventualmente me leva para a geladeira ou para a televisão no meu quarto, normalmente por horas ou dias. Sinto como se estivesse desperdiçando minha vida. Acho que o que realmente faço é insignificante e que preciso fazer algo grande. Isso é estressante e gera confusão. Quando acredito nesse pensamento, sinto enorme pressão interna para completar meu objetivo antes de morrer. Como não sei quando isso vai ser, acho que tenho de realizar esse objetivo (que eu não tenho a menor ideia do que seja) o mais rápido possível. Tenho uma sensação de estupidez e de fracasso, e isso me deixa deprimida.

Vejo um motivo para abandonar essa história? Sim. É muito doloroso viver assim. Além disso, quando creio nessa história, invejo outras pessoas. Acho que elas acharam seu objetivo e que estão bem seguras disso. Imito essas pessoas. Até adoto o objetivo delas como meu objetivo. Aproximo-me delas de uma maneira falsa e me mantenho emocionalmente distante delas.

Posso encontrar uma razão que não me cause estresse para manter essa história? Não.

Quem eu seria sem a crença de que minha vida deveria ter um objetivo? Não tenho meios de saber. Sei que fico mais tranquila sem ela, menos insegura. Vou escolher esse caminho. Sem o medo e o estresse ao redor desse pensamento, talvez eu ficasse livre e tivesse energia suficiente para ser feliz fazendo apenas aquilo que está diante de mim.

A inversão: Minha vida *não* deveria ter um objetivo. Isso significa que tudo o que eu vivi sempre foi o bastante, e eu simplesmente não reconheci isso. Talvez minha vida não deva ter outro objetivo a não ser o que é. Parece estranho, mas, no entanto, parece mais verdadeiro. Poderia ser que minha vida, do jeito que já foi vivida, é o objetivo? Essa ideia parece muito menos estressante.

Aplicando a investigação a uma crença subjacente

Agora escreva uma crença subjacente estressante que você tenha e a coloque sob investigação:

Isso é verdade? Você pode saber com absoluta certeza que isso é verdade?

Como você reage, o que acontece quando você acredita nesse pensamento? (Quanto de sua vida baseia-se nele? O que você faz e diz quando acredita nele?)

Você pode descobrir uma razão para abandonar esse pensamento? (E, por favor, não tente abandoná-lo.)

Pode encontrar uma razão que não lhe cause estresse para manter esse pensamento?

Quem você seria sem esse pensamento?

Agora inverta a crença subjacente.

Os diálogos que se seguem poderiam ter sido incluídos no capítulo 4 ("O Trabalho realizado com casais e na vida familiar") e no capítulo 6 ("O Trabalho realizado com profissões e dinheiro"). Foram colocados aqui porque são bons exemplos da execução do Trabalho com crenças subjacentes que podem afetar você em muitas áreas de sua vida. Se você acreditar que sua felicidade depende de uma outra pessoa, como Charles acreditava antes da investigação, essa crença irá solapar todos os seus relacionamentos, inclusive o relacionamento com você mesmo(a). Se, como Ruth, no segundo diálogo, você acreditar que precisa tomar uma decisão quando ainda não está pronto(a) para isso, a vida lhe parecerá uma sucessão de responsabilidades desnorteantes. Charles acha que o problema é sua esposa; Ruth, o dinheiro. Mas como esses especialistas nos ensinarão, o problema é sempre nossa maneira de pensar não investigada.

Ela deveria me fazer feliz

Charles tem certeza de que sua felicidade depende da esposa. Observe como esse homem incrível descobre que até mesmo seu pior pesadelo — o caso de sua mulher — acaba sendo aquilo que ele realmente quer para ela e para si próprio. Em mais ou menos uma hora, ao investigar sua maneira de pensar, ele muda todo o seu mundo. A felicidade pode parecer totalmente diferente do que você a imaginava.

Observe também como, neste diálogo, eu às vezes uso a inversão sem as quatro perguntas. Não recomendo que as pessoas que estão iniciando O Trabalho façam isso, porque poderiam sentir vergonha e culpa se inverterem frases sem investigar primeiro. Mas no caso de Charles, percebi que ele não tinha sentido a inversão dessa forma e queria penetrar no maior número possível de frases com ele, no tempo limitado em que estávamos juntos, sabendo que depois da sessão ele poderia retornar e proporcionar a si mesmo uma operação tão complicada quanto desejasse nas áreas que pudessem ter sido esquecidas.

* * *

Charles: Estou zangado com Deborah porque ela me disse na noite antes de ir embora, há um mês, que tem nojo de mim. Que eu a repugno quando ronco e a repugno porque estou gordo demais.

Katie: Sim. Então, alguém já teve repugnância de você antes? E você, já vivenciou isso?

Charles: Eu já tive repugnância de mim mesmo.

Katie: Sim, e de quem mais? De alguém no seu passado, talvez: um amigo, seus pais, em um dado momento?

Charles: De pessoas que batem em crianças nos aeroportos e coisas desse tipo.

Katie: Sim. E você pôde deixar de sentir essa repugnância naquela ocasião?

Charles: Não.

Katie: Está bem. Sinta isso. Olhe para você mesmo naquela situação. É da conta de quem sua repugnância?

Charles: Obviamente, minha.

Katie: E é da conta de quem o que repugna a Deborah... ela é sua esposa?

Charles: Sim.

Katie: É da conta de quem o que a repugna?

Charles: Eu me envolvo em algumas "obrigações" sérias a respeito do que uma alma gêmea adorada deveria pensar e sentir sobre mim.

Katie: Ah, bem! Essa é muito boa! [O público ri.] Eu adoro como você não responde à pergunta.

Charles: Não é da minha conta.

Katie: É da conta de quem a repugnância dela?

Charles: Dela.

Katie: E o que acontece quando você interfere mentalmente nas coisas que são da conta dela? Isolamento. Você pôde deixar de sentir repugnância quando presenciou a criança sendo maltratada no aeroporto?

Charles: Não.

Katie: Mas *ela* tem que parar de sentir repulsa? Por causa da mitologia de alma gêmea que você tem na cabeça?

Charles: Eu venho carregando essa "obrigação" sobre como ela deveria estar comigo pela minha vida inteira, e neste momento estou chegando ao ponto em que estou perdendo essa ideia de "obrigação".

Katie: Tudo bem, meu querido. Como você a trata quando acredita no pensamento de que as esposas não devem considerar seus maridos repulsivos?

Charles: Eu a ponho em uma prisão. Eu a vejo em duas dimensões.

Katie: Como você a trata *fisicamente*? O que acontece fisicamente? Como soa? Feche os olhos e olhe para você mesmo. Olhe como você a trata quando crê no pensamento que ela deve parar de sentir repugnância e ela não para. O que é que você diz? O que você faz?

Charles: "Por que você está agindo dessa maneira comigo? Você não vê quem eu sou? Como é que você pode não ver?"

Katie: Então, quando você está fazendo isso, como se sente?

Charles: É uma prisão.

Katie: Você pode encontrar um motivo para abandonar a história de que sua esposa não deve sentir repulsa por você?

Charles: Absolutamente.

Katie: Você pode encontrar uma razão que não lhe cause estresse para manter a história?

Charles: Não, já não. Quando se trata de manter nossa família junta, e honrando aquilo que eu sei que é verdade, por nós como almas...

Katie: Ah! É aquela coisa de alma gêmea?

Charles: É. Estou realmente preso a isso.

Katie: Sim. Então leia a parte sobre ela ser sua alma gêmea.

Charles: Você não está me ridicularizando agora, está?

Katie: Estou fazendo seja o que for que você diz que estou fazendo. Sou sua história de mim — nem mais nem menos.

Charles: Está bem. Fascinante.

Katie: Sim. Quando você se senta neste sofá, seus conceitos são como carne passando pelo moedor, se você realmente quer saber a verdade. [O público ri.]

Charles [rindo]: Ok. Redondo e moído, aqui estou eu. [Mais risadas.]

Katie: Sou amante da verdade. E quando alguém senta neste sofá comigo, tenho certeza de que ele também o é. Eu amo você. Eu quero o que você quer. Se quiser manter sua história, é o que eu quero. Se quiser responder às perguntas e perceber o que realmente é verdade para você, é o que eu quero. Portanto, meu querido, vamos continuar. Leia a parte sobre almas gêmeas.

Charles: Não tenho isso escrito. Seria algo como "Ela não me aceita como sou".

Katie: "Ela não me aceita como sou" — inverta isso.

Charles: Eu não me aceito como sou. Essa é a verdade. Não me aceito.

Katie: Há uma outra inversão.

Charles: Eu não a aceito como ela é.

Katie: Sim. Ela é uma mulher que conta a si própria uma história sobre você que ela não investigou e que tem repulsa de si mesma. Nada mais é possível.

Charles: Ah. Eu a venho culpando por isso durante anos. Sim. E a mim também.

Katie: Você conta uma história sobre ela e você tem repulsa de si mesmo.

Charles: Tenho.

Katie: Ou você se faz feliz. Você conta uma história de sua esposa e você se liga. Você conta uma outra história sobre sua esposa e você se desliga. Ela conta uma história sobre você e ela se liga. Ela conta uma outra história sobre você e tem repulsa de si mesma. Histórias não investigadas deixam caos, ressentimento e ódio no interior de nossas próprias famílias. Até que investiguemos, não podemos fazer mais nada. Então leia a primeira frase outra vez.

Charles: Ok. *Estou zangado com Deborah porque ela me disse que eu a repugno por causa do meu ronco e porque estou muito gordo.*

Katie: Sim. Então inverta. "Estou zangado comigo mesmo..."

Charles: Estou zangado comigo mesmo porque...

Katie: "Eu disse a Deborah..."

Charles: Eu disse a Deborah...

Katie: "que ela..."

Charles: Que ela me repugna.

Katie: Sim? Por quê?

Charles: Por sua capacidade para se descartar do relacionamento com tanta facilidade.

Katie: Sim. Então você tem tudo em comum com ela. Você ronca, e isso a repugna. Ela vai embora, e isso o repugna. Qual é a diferença?

Charles: Realmente, isso me repugna. [Há lágrimas em seus olhos.] Oh, meu Deus!

Katie: Não há jeito, ela só pode ser um reflexo de sua maneira de pensar. Não há outra forma. Não há ninguém lá fora a não ser sua história. Vamos examinar a seguinte: "Estou zangado comigo mesmo por"... por quê?

Charles: Por achar que não tenho defeitos, por achar que ela deve ser da maneira que eu quero que seja.

Katie: É da conta de quem, com quem você mora?

Charles: Da minha.

Katie: Sim. Você quer morar com ela. É da sua conta com quem você quer morar.

Charles: Certo.

Katie: Então isso é uma inversão exata. Ela quer morar com outra pessoa. Você quer morar com outra pessoa.

Charles: Ah, entendo. Eu quero morar com uma outra pessoa — alguém que não existe, a mulher que eu quero que ela seja. [Charles desanda a chorar.]

Katie: Muito bem, meu querido. [Ela passa uma caixa de lenços de papel para Charles.]

Charles: Isso é verdade. Isso é verdade. Venho fazendo isso há muito tempo.

Katie: Vamos examinar a frase seguinte.

Charles: Quero que Deborah seja grata pela vida como ela é.

Katie: Ela é ou não é. É da conta de quem isso?

Charles: Da conta dela.

Katie: Inverta.

Charles: Eu quero estar grato pela vida como ela é.

Katie: Sim. Sabe aquela coisa que você quer ensinar a ela? Sabe aquela coisa que quer ensinar a seus filhos? Viva-a *você* mesmo.

Charles: É.

Katie: Mas enquanto você ficar tentando nos ensinar, não há esperança. Porque você está ensinando aquilo que você mesmo ainda não sabe como praticar. Como é que uma pessoa que não sabe como ser feliz pode ensinar alguém a ser feliz? Nesse caso, não existe um professor, apenas dor. Como posso pôr fim à dor de minha esposa ou de meu filho se não posso pôr fim à minha própria? Impossível. Quem seria você sem sua história de dor? Você poderia ser alguém sem dor, altruísta, uma pessoa que escuta, e então haveria um professor na casa. Um Buda na casa — aquele que vivencia as coisas.

Charles: Entendo o que você diz.

Katie: Isso é, aliás, a coisa mais doce que podemos aprender. Ela lhe dá uma responsabilidade interna. E é aí que a percepção surge no mundo e como encontramos nossa liberdade. Em vez de se realizar através de Deborah, você pode se realizar por você mesmo. Vamos examinar a seguinte.

Charles: Eu quero que ela possua seu próprio poder. Puxa, isso é uma besteira tão grande!

Katie: Você progrediu muito desde o momento em que escreveu essa frase, anjo. Você pode ouvir a arrogância? "Desculpe, querida, mas você deve possuir seu próprio poder." [O público ri.]

Charles: Mas é tão irônico, porque é *ela* que tem o poder na família. Eu lhe dei esse poder. Eu renunciei a meu próprio poder.

Katie: Pois é. Então inverta isso.

Charles: Eu quero possuir meu próprio poder.

Katie: E fique fora daquilo que é da conta dela e vivencie o poder disso. Sim?

Charles: Hum. *Quero que ela compreenda que o mau gênio dela terá consequências.*

Katie: Minha nossa!

Charles: Tanto convencimento aqui que nem eu mesmo posso acreditar.

Katie: Meu bem, você é muito bom. Isso é autoconhecimento. Vemos tudo tão claro a respeito de nossos parceiros, mas quando toca aqui, é um deus nos acuda! [O público ri.] Começamos agora. É o começo. É onde você pode encontrar a si mesmo com essa nova visão. Então, vamos examinar a frase seguinte no papel.

Charles: Deborah não deveria... Oh, meu Deus!

Katie: Há algumas pessoas na audiência dizendo: "Leia assim mesmo." Obviamente, são os que precisam disso. Então, "Leia assim mesmo" quer dizer "Quero um pouco de liberdade aqui".

Charles: Deborah não deveria se apaixonar por uma fantasia. Ela está se encontrando com um outro homem na Europa neste momento.

Katie: Ah. Ela está fazendo tudo que você queria fazer. [O público ri.]

Charles: É tudo que *eu* fiz. Eu estive apaixonado por uma fantasia. E lutei, e golpeei minha cabeça contra Deborah, e senti repulsa porque ela não se encaixou na minha fantasia.

Katie: Isso mesmo. Bem-vindo à casa.

Charles: E cada uma das coisas que eu escrevi aqui é... Como sou convencido! *Deborah deveria ver como eu sou incrivelmente atencioso, solícito e carinhoso.* Venho me agarrando a essa história a vida toda. E, além disso, me recriminei por não ter sido melhor. O convencimento e a autorrejeição vêm dançando juntos por toda a minha vida.

Katie: É, meu querido.

Charles: Então eu quero que eu mesmo veja como sou atencioso, solícito e carinhoso.

Katie: Sim.

Charles: E como ela é atenciosa, solícita e carinhosa.

Katie: Sim.

Charles: Porque ela *é*.

Katie: É. E você a ama com todo o seu coração. Esse é o ponto capital. Não há nada que você possa fazer sobre isso. Nenhuma crítica vai mudar isso em você. Você a ama.

Charles: É verdade.

Katie: Sim. Então, vamos continuar.

Charles: Deborah deveria... é tudo presunção... estar agradecida por todos os anos em que eu fui o único provedor.

Katie: Então você dava seu dinheiro a ela porque queria alguma coisa dela.

Charles: Exatamente.

Katie: E o que era?

Charles: O amor dela. Sua aprovação. Sua apreciação. Sua aceitação de mim, como sou. Porque eu não podia dar isso a mim mesmo...

Katie: Então você não lhe deu nada. Você lhe deu apenas uma etiqueta de preço.

Charles: Certo.

Katie: É. E isso é o que você sente.

Charles: E estou enojado por isso.

Katie: Sim, meu anjo. Sim.

Charles: Eu realmente achei que podia comprar tudo aquilo.

Katie: Eu sei. Não é *ótimo* que você esteja vendo isso agora? Assim, na próxima vez que você tentar comprar seus filhos, ou ela, ou qualquer outra pessoa, você já tem essa experiência de vida maravilhosa. Você pode consultar um especialista: você mesmo. Na próxima vez que der dinheiro a seus filhos, ou a ela, você pode saber que o que se recebe está no momento em que se dá. É isso.

Charles: Você pode expressar isso de outra maneira?

Katie: O que obtemos, o que recebemos, é vivenciado no momento em que você dá alguma coisa. A transação se completa. É isso. É tudo a respeito de você. Quando meu neto Travis tinha 2 anos, ele apontou para um biscoito enorme na vitrine de uma loja. Eu disse: "Querido, você tem certeza de que é aquele que você quer?" Ele tinha certeza. Eu lhe perguntei se podíamos dividir o biscoito e ele disse que sim. Comprei, e pegando aquela mãozinha tão delicada, fomos até a mesa. Tirei o biscoito do saco de papel e dividi em dois pedaços, um pequeno e um grande, e lhe ofereci os dois. Ele pegou o menor dos dois e pareceu muito espantado quando tirei o menor da mão dele e pus o maior em seu lugar. O rosto dele se iluminou enquanto ia levando o biscoito à boca. Então, seus olhos encontraram os meus. Eu senti tanto amor que pensei que meu coração ia explodir. Ele sorriu, e tirando o pedaço maior do biscoito dos lábios, deu-o para mim e pegou o pequeno. É uma coisa natural na gente. É dando que se recebe.

Charles: Entendi.

Katie: Dar é espontâneo, e somente a história de um futuro, uma história sobre o que eles lhe devem pelo que lhes foi dado, o faria incapaz de conhecer sua própria generosidade. O que vem como retorno não é mais de sua conta. Já acabou. Portanto, querido, vamos examinar a frase seguinte.

Charles: *Preciso que Deborah me ame como sou, verrugas e tudo mais. Que ame meus pontos fortes e minhas fraquezas, que entenda minha necessidade de me atualizar como artista e como ser espiritual, que me dê espaço para atravessar essa passagem importante da metade de minha vida e tente encontrar mais significado naquilo que estou fazendo.* Então, com tudo isso, eu deveria me concentrar apenas em um deles, não é?

Katie: É. Mantenha tudo bem simples e apenas inverta.

Charles: Preciso que Deborah...

Katie: "Preciso que eu..."

Charles: Preciso que eu me ame como sou, verrugas e tudo mais. Não tenho me amado assim. Mas estou começando a fazê-lo.

Katie: E é a história que você conta da verruga que evita que você a ame. A verruga apenas espera por uma mente sã que a veja claramente. Ela não causa qualquer dano. Apenas está ali, como uma folha em uma árvore. Você não discute com a folha e diz: "Você aí, vamos conversar.

Olha sua forma. Você precisa fazer alguma coisa sobre isso." [Charles e o público riem.] Você não faz isso. Mas você se concentra aqui [apontando para sua própria mão], em uma verruga, conta uma história sobre ela e sente repulsa de você mesmo. Uma verruga é... Deus. É realidade. É o que é. Discuta contra isso.

Charles: Tenho me sentido tão carente. Precisando que ela fique em casa por causa das crianças também.

Katie: "Seus filhos estariam muito melhor com ela em casa" — você pode saber com absoluta certeza que isso é verdade?

Charles: Não, não sei se isso é verdade.

Katie: Isso não é incrível?

Charles: E isso é a coisa que me causou mais dor — o pensamento de não vivermos juntos.

Katie: Foi.

Charles: Mas eu não sei se é verdade que minha filha não se desenvolveria bem se eu e Deborah não estivéssemos juntos.

Katie: Sim. "O caminho de sua filha seria muito mais significativo com a mãe dela em casa" — você pode saber com absoluta certeza que isso é verdade? [Charles começa a chorar.] Meu querido, tome o tempo que for preciso. O que lhe está parecendo?

Charles [explodindo]: Não quero ficar separado de meus filhos! Quero ser um pai durante 24 horas, sete dias por semana!

Katie: Sim, essa é a verdade, não é?

Charles: Mas minha devoção ao meu trabalho e estando em um estúdio faz com que eu fique bastante tempo longe. Portanto, há uma contradição nisso. Quero acordar com minha filha, sabe?

Katie: Sei, sei sim.

Charles: E tenho uma imagem da família toda junta. E a imagem realmente está engastada dentro de mim.

Katie: É, você tem.

Charles [chorando e rindo]: *Donna Reed* era meu show favorito na televisão. [Katie e o público riem.] Era mesmo!

Jatue: Então, ela ir embora não é o problema. O problema é a morte de sua mitologia.

Charles: Ah, meu Deus! É isso mesmo. Totalmente. Tenho mentido sobre isso.

Katie: Sim. Ela está atrapalhando seu sonho.

Charles: O melhor show do ano! E estou tão agradecido a ela por isso.

Katie: Sim, meu querido. Então o que estou ouvindo é que ela realmente lhe deu um presente.

Charles: Pois é, me deu sim.

Katie: Ótimo. Vamos examinar a próxima.

Charles: Está bem. *Preciso que Deborah considere nosso relacionamento e nossa família sagrados para que não se apaixone por outro homem ou durma com ele.*

Katie: É verdade que é disso que você precisa?

Charles: É meu mito. Não preciso que ela faça nada que não seja a verdade dela. Eu a amo muito. Quero que ela faça a verdade dela.

Katie: E como você a trata, como fala com ela e como fica com sua filha quando acredita nessa história — a que acabou de ler?

Charles: Egoísta, carente, querendo que ela me dê mais e mais e mais.

Katie: Que ela lhe dê uma "ela" falsa, que não existe a não ser em seu mito. Você quer que ela seja uma mentira para você. Portanto, meu anjo, feche os olhos. Olhe para ela. Observe como você a trata quando acredita nessa história.

Charles: Ah...

Katie: Tudo bem, agora olhe para ela e me diga quem você seria, na presença dela, se não acreditasse nessa história?

Charles: Um homem forte, talentoso, sexy e poderoso.

Katie: Uau! [Risos, assobios e aplausos.] Meu Deus!

Charles: Este é o meu segredo. Isso é o que venho...

Katie: Sim, meu bem, bem-vindo ao poder da propriedade. Ninguém pode tocar nisso. Nem mesmo você. Esse é seu papel. Você apenas vem fingindo não ver essas qualidades em você. E não funcionou.

Charles: Quarenta e cinco anos.

Katie: Pois é, meu querido. Você sentiu a mudança de repulsivo para sexy e poderoso? [Para o público.] Quantos de vocês sentiram a mudança? [Aplausos.] E nada ocorreu a não ser a percepção.

Charles: Fechei os olhos e vi.

Katie: Ensine *isso* aos outros pela maneira como você vive.

Charles: Quero fazer isso.

Katie: Claro. Deixe que isso flua através de sua música, e vivencie isso com sua filha. E quando ela disser alguma coisa sobre a mãe que você ensinou a ela, pode lhe dizer que costumava se sentir daquela maneira também.

Charles: Você quer dizer de uma maneira negativa.

Katie: É.

Charles: Não faço isso com minha filha.

Katie: Não com palavras.

Charles: Ah...

Katie: O oposto desse homem cheio de poder, e sexy, desse compositor poderoso. Você ensinou sobre o oposto através da maneira que você vivia. Você ensinou como reagir, como pensar, como ser.

Charles: Fui um imbecil total.

Katie: Isso é o que você lhe vem ensinando a respeito de como reagir quando alguém a abandona. Você pode lhe contar qual foi sua experiência e pode começar a viver o que sabe agora. E observe como ela aprende a viver como você vive. É assim que as coisas mudam em nossas famílias, e não temos de fazer O Trabalho com todos eles a não ser que peçam. Vivemos dessa maneira. É *aí* que está o poder. Você vive suas inversões. "Ela está errada de ir embora" — a inversão é: "Eu estou errado de ir embora", especialmente neste momento. Eu deixei que minha própria vida mental viajasse para a Europa. Deixe-me regressar para minha vida aqui e agora.

Charles: É isso aí.

Katie: Há uma história que gosto de contar. Roxann, minha filha, me ligou um dia desses e disse que queria que eu fosse à festa de aniversário do meu neto. Eu disse que tinha um compromisso naquele dia — a apresentação de um evento público em outra cidade. Ela ficou tão magoada e zangada que desligou o telefone na minha cara. Depois, uns dez minutos mais tarde, ela ligou outra vez e disse: "Estou tão emocionada, mamãe. Acabei de fazer O Trabalho sobre você e vi que não há nada que você possa fazer que me faça deixar de amá-la."

Charles: Uau!

Katie: Tudo bem, vamos examinar a frase seguinte.

Charles: Nunca mais quero que ela me ataque com seus insultos.

Katie: Ok. Então, "Estou disposto..." Porque você pode ter essa imagem em sua mente novamente. Ou outra pessoa.

Charles: Como inverter?

Katie: "Estou disposto...", e leia o resto exatamente como você escreveu.

Charles: Estou disposto a ser insultado. Ah. Porque é o que acontece. Tudo bem.

Katie: Exatamente, não há nada inesperado.

Charles: Estou disposto a ser atacado por ela com seus insultos. Puxa! Tudo bem.

Katie: "Não vejo a hora de...".

Charles: Não vejo a hora de ela me atacar... Ah... Não vejo a hora de ouvir seus insultos. Uau! *Isso* é uma inversão e tanto! Especialmente para aquela minha presunção. Essa é importante.

Katie: É sim.

Charles: Tudo bem. *Nunca mais quero ouvi-la dizer que está apaixonada por uma pessoa que só viu uma vez durante 14 anos.* Tudo bem. Então...

Katie: "Estou disposto"...

Charles: Estou disposto a ouvi-la dizer que está apaixonada por uma pessoa que em 14 anos só viu uma vez.

Katie: "Não vejo a hora de..."

Charles: Não vejo a hora de isso acontecer. Uau. Está bem.

Katie: E se ainda dói...

Charles: Então tenho que trabalhar mais.

Katie: Isso. Não é ótimo?

Charles: Porque estou discutindo com a verdade — com a realidade.

Katie: É isso mesmo.

Charles: Então, Katie, tenho uma pergunta sobre isso. Tenho tido vontade de ficar na minha casa, em vez de deixá-la, provavelmente por causa do meu investimento no mito da Donna Reed.

Katie: Eu deixaria de lado a palavra *provavelmente*.

Charles: Ok, definitivamente. Então, tenho uma sensação de que ela vai voltar, querendo, na verdade, tentar outra vez. E tenho um pensamento de que se eu ficar e continuar disposto a encarar uma pessoa em quem não posso confiar, então não serei o homem forte, poderoso, sexy e íntegro.

Katie: Então, meu querido, realize O Trabalho. Não há nada mais a fazer. Se ela voltar — faça O Trabalho. Se ela ficar longe — faça O Trabalho. Isso é tudo sobre você.

Charles: Mas não quero mais ser um capacho.

Katie: Ah, é mesmo? Pois faça O Trabalho. Tome O Trabalho no café da manhã. Coma O Trabalho, ou o pensamento vai te comer.

Charles: Mas se eu sair de um lugar porque gosto de mim mesmo, porque escolho sair, porque não quero mais fazer aquilo, não quero...

Katie: Meu querido, não há nada que você possa fazer para evitar que vá ou fique. Apenas conte a história sobre como você tem algo a ver com isso.

Charles: Você quer dizer que isso é meu hábito? É isso que está dizendo?

Katie: Se surge uma história e você acredita nela, você pode pensar que tem que decidir. Investigue e seja livre.

Charles: Então, se eu descobrir e perceber que ainda estou lá, embora esteja me dizendo que o caminho da integridade seria finalmente ir embora dali e começar uma vida nova com outra pessoa, isso está bem.

Katie: Meu bem, as decisões se decidem sozinhas para você à medida que você investiga.

Charles: Então, ou eu faço isso ou não faço.

Katie: Justamente.

Charles: E devo confiar apenas nisso.

Katie: Isso acontece se confiar ou não — ainda não percebeu? Uma vez mais, a vida é um lugar bom para estar, quando você entende isso. Nada nunca dá errado na vida. A vida é um paraíso, a não ser por sua ligação com uma história que nós não investigamos.

Charles: Isso *realmente* está ocorrendo neste momento.

Katie: O que é, é. Não estou dirigindo este show. Não pertenço a mim mesma, e você não pertence a você mesmo. Não somos nossos. Nós somos os "é". E nós contamos a história de "Ah, tenho de deixar minha esposa". Simplesmente não é verdade. Você não tem de deixá-la até que você a deixe. Você é o "é". Você flui de acordo com isso, como isso. Não há nada que possa fazer para não deixá-la entrar. E não há nada que possa fazer para não deixá-la. Isso não é nosso show, na minha experiência.

Charles: Uau!

Katie: Ela vem, e você conta uma história, e o resultado é que você começa a se sentir um mártir. Ou ela vem, e você conta a história de como está agradecido, e você passa a ser um cara feliz. Você é o efeito de sua história, isso é tudo. E isso é difícil de ouvir, a não ser que você investigue. É por isso que eu digo: "Tome O Trabalho no café da manhã." Procure saber por si mesmo o que é verdade para você, não para mim. Minhas palavras não têm qualquer valor para você. Você é a pessoa pela qual você tem esperado. Case-se com você mesmo. Você é aquele por quem está esperando durante toda sua vida.

Preciso tomar uma decisão

Quando você se torna um amante da realidade, não precisa mais tomar decisões. Na minha vida, simplesmente espero e observo. Sei que a decisão será tomada no momento adequado, portanto, não me preocupo com o quando, onde e como. Gosto de dizer que sou uma mulher sem futuro. Quando não há nenhuma decisão a tomar, não há um futuro planejado. Todas as minhas decisões são tomadas para mim, da mesma forma que todas são tomadas para você. Quando, mentalmente, você se conta a história de que tem alguma coisa a ver com determinado assunto, você está se apegando a uma crença subjacente.

Durante 43 anos eu me submeti às minhas histórias sobre o futuro, submetia-me à minha insanidade. Depois de voltar da clínica com uma nova compreensão da realidade, muitas vezes eu voltava de uma longa viagem e encontrava a casa cheia de roupa suja, pilhas de correspondência em minha mesa, uma crosta de sujeira no prato do cachorro, os banheiros uma bagunça, e a pia com um monte de pratos para lavar. Na primeira vez que isso aconteceu, ouvi uma voz que dizia: "Lave a louça." Parecia estar vindo do arbusto em fogo, e a voz do arbusto dizia: "Lave a louça." Não parecia uma voz muito espiritual a meus ouvidos, mas apenas segui suas ordens. Fiquei de pé na pia e ia lavando o prato seguinte, ou sentava com o monte de contas e pagava a que estava em cima. Uma de cada vez. Nada mais era necessário. No fim do dia, tudo tinha sido feito e eu não precisei entender quem ou o quê havia feito tudo.

Quando surge um pensamento como "Lave a louça", e você não a lava, note como uma guerra interna é deflagrada. O diálogo é mais ou menos assim: "Lavo mais tarde. Já devia ter lavado a esta altura. Minha companheira de quarto devia ter lavado. Não era minha vez. Não é justo. As pessoas vão pensar mal de mim se eu não fizer isso logo." O estresse e o cansaço que você sente são na verdade fadiga mental por esse combate.

O que eu chamo de "lavar a louça" é a prática de amar a tarefa à sua frente. Sua voz interna a guia o dia inteiro, para que faça coisas simples como escovar os dentes, dirigir até o trabalho, ligar para uma amiga ou lavar a louça. Embora possa ser apenas uma outra história, é uma história breve, e quando você segue a orientação da voz, a história termina. Estamos realmente vivos quando vivemos assim, tão simplesmente — abertos, esperando, confiando e amando fazer aquilo que aparece diante de nós no presente.

O que precisamos fazer se desdobra diante de nós, sempre — lavar a louça, pagar contas, apanhar as meias das crianças do chão, escovar os dentes. Nunca recebemos mais do que podemos manipular, e há sempre apenas uma coisa a fazer. A vida nunca fica mais complicada do que isso.

*   *   *

Ruth: Estou apavorada e em pânico, a ponto de ficar paralisada quando se trata de tomar decisões sobre dinheiro, se continuo no mercado ou saio dele por causa da atual volatilidade, e meu futuro depende disso.

Katie: "Seu futuro depende de seu dinheiro" — você pode saber com absoluta certeza que isso é verdade?

Ruth: Não, mas uma grande parte de mim fica desesperada com isso.

Katie: Sim, uma grande parte de você tem de ficar desesperada com isso, porque você crê que é verdade e ainda não se perguntou. "Seu futuro depende do dinheiro que você investiu" — qual é sua reação, como é que você vive, quando acredita nesse pensamento, seja ele verdade ou não?

Ruth: Em pânico. Em um estado de enorme ansiedade. Quando havia mais dinheiro, eu ficava muito mais calma, porém, quando os investimentos flutuam, fico num estado terrível.

Katie: Quem você seria sem o pensamento "meu futuro depende do dinheiro que investi no mercado"?

Ruth: Uma pessoa muito mais tranquila. Meu corpo não ficaria tão tenso.

Katie: Dê-me uma razão que não lhe cause estresse, nem a faça entrar em pânico, para manter esse pensamento.

Ruth: Não há nenhuma que não me cause estresse, mas não pensar sobre dinheiro me dá um tipo de estresse diferente... como se eu estivesse sendo irresponsável. Assim, de qualquer jeito, eu perco.

Katie: Como é que você pode *não* pensar sobre alguma coisa? *A coisa* é que pensa *você*. O pensamento aparece. Como é que não pensar sobre isso pode ser irresponsável? Ou você pensa sobre isso ou não pensa. O pensamento, aparece ou não. É surpreendente que depois de tantos anos você ainda ache que pode controlar seu pensamento. Você pode controlar o vento também?

Ruth: Não, não posso controlá-lo.

Katie: E o oceano?

Ruth: Também não.

Katie: "Vamos parar as ondas." Pouco provável. A não ser que elas parem quando você está dormindo.

Ruth: Os pensamentos?

Katie: As ondas. Nenhum pensamento, nenhum oceano. Nenhum mercado de ações. Que irresponsabilidade sua dormir de noite! [O público ri.]

Ruth: Não durmo muito bem. Estou de pé desde as cinco.

Katie: É, é irresponsabilidade. "Pensar e me preocupar vai resolver todos os meus problemas" — sua experiência tem sido essa?

Ruth: Não.

Katie: Então, vamos ficar despertas e explorar um pouco mais essa experiência. [Ruth e o público riem.]

Ruth: Não consigo controlar meu pensamento. Há anos que eu tento.

Katie: Isso é uma descoberta muito interessante. Enfrentar o pensamento com compreensão é o máximo que vai conseguir. E vai funcionar. E há bastante humor nisso, além de uma boa noite de sono.

Ruth: Preciso de um pouco de humor a respeito disso. Definitivamente, preciso de algum humor.

Katie: Então, "Sem esse pensamento estressante, você não tomaria a decisão correta" — você pode ter certeza absoluta de que isso é verdade?

Ruth: Parece que o oposto é que seria verdade.

Katie: Vamos vivenciar como você se sente invertendo isso 180 graus. "Meu futuro depende do dinheiro que investi no mercado de ações" — como você inverteria isso?

Ruth: Meu futuro não depende do dinheiro que investi no mercado de ações.

Katie: Sinta a inversão. Isso poderia ser tão verdadeiro quanto a outra frase. Quando você consegue todo esse dinheiro, e tem um sucesso total no mercado e muito mais dinheiro do que poderia gastar em sua vida, o que você vai ter? Felicidade? Não é para isso que você quer o dinheiro? Vamos pegar um atalho que pode durar uma vida inteira. Responda a esta pergunta: Quem seria você sem a história "meu futuro depende do dinheiro no mercado de ações"?

Ruth: Seria muito mais feliz. Ficaria mais relaxada. Seria uma companhia mais divertida.

Katie: Sim. Com ou sem o dinheiro do sucesso no mercado de ações. Você teria tudo aquilo para o qual quer o dinheiro, desde o começo.

Ruth: Isso é... É mesmo!

Katie: Dê-me uma razão que não lhe cause estresse para manter o pensamento "meu futuro depende do dinheiro que investi no mercado de ações".

Ruth: Não há nenhuma.

Katie: O único futuro que você quer é paz e felicidade. Rica ou pobre — quem se importa, quando estamos seguras em nossa felicidade? Essa é a verdadeira liberdade: uma mente que já não é enganada por si mesma.

Ruth: Isso era o que eu pedia em minhas orações quando criança — paz e felicidade.

Katie: Portanto, essa mesma coisa que você busca impede que fique consciente daquilo que já tem.

Ruth: É, eu sempre tento viver no futuro, organizá-lo, fazê-lo sem riscos e seguro.

Katie: Sim, como uma criança inocente. Ou estamos atacando o pesadelo ou o estamos investigando. Não há outra escolha. Os pensamentos aparecem. Como é que vamos enfrentá-los? É só sobre isso que estamos falando aqui.

Ruth: Ou estamos nos apegando ao problema ou estamos investigando?

Katie: Isso mesmo, e fico muito contente de que o mercado de ações não vá cooperar com você. [Ruth ri.] Se isso é o que é necessário para trazer paz e felicidade verdadeira em sua vida. É para isso que tudo existe. Isso a deixa com sua própria solução. Por isso, quando conseguir todo esse dinheiro e estiver feliz, totalmente feliz, o que é que vai fazer? Vai se sentar, ficar de pé ou deitar-se. É mais ou menos isso. E vai continuar testemunhando essa história interna que está contando agora, se não tomar conta dela da maneira que ela merece, que é enfrentá-la com compreensão, do jeito que uma mãe carinhosa enfrenta seu filho.

Ruth: Tenho a sensação de que isso é tudo que há para ser feito.

Katie: E é. Sentar, ficar em pé ou deitar-se — é mais ou menos isso. Mas examine a história que está contando à medida que estiver fazendo essas coisas simples. Porque você consegue todo esse dinheiro, e tem tudo que sempre quis, e o que aparece é o que aparece nesta cadeira agora. Essa é a história que está contando. Não há felicidade nela. Ok. Vamos examinar a frase seguinte, meu bem.

Ruth: Não quero ter de decidir onde investir, e não confio que outras pessoas o façam.

Katie: "Você tem de decidir onde investir" — você pode saber com absoluta certeza que isso é verdade?

Ruth: Não. Eu poderia apenas deixar o dinheiro em paz. E ver o que ele faz. Apenas deixá-lo em paz totalmente. Uma grande parte de mim diz que essa é a melhor maneira.

Katie: "Você precisa tomar decisões na vida" — pode saber com absoluta certeza que isso é verdade?

Ruth: Parece que preciso, mas, quando você diz isso, fico em dúvida.

Katie: Teria de lhe parecer assim, porque você acredita nesse pensamento e, portanto, está apegada a ele.

Ruth: É.

Katie: É daí que vem todo o terrorismo. Você não se perguntou em que realmente acredita. Foi tudo um mal-entendido.

Ruth: A ideia de não ter de tomar decisões parece uma maravilha.

Katie: Essa é minha experiência. Não tomo decisões. Não me preocupo com elas, porque sei que elas serão feitas para mim no momento adequado. Minha tarefa é ser feliz e esperar. Decisões são fáceis. É a história que você conta sobre elas que não é fácil. Quando você salta de um avião e puxa a corda do paraquedas e ele não abre, você sente medo, porque tem a corda seguinte para puxar. Então, você a puxa, e ela não abre. E aquela é a última corda. Nesse momento, não há decisão a tomar. Quando não há decisão, não há medo, o jeito é se divertir na viagem! E essa é minha posição — sou uma amante da realidade. A realidade: não existe corda para puxar. Já está acontecendo. Queda livre. Não há nada que eu possa fazer.

Ruth: Para mim foi muito claro vir aqui. Não tive de pensar: "Devo, não devo, devo?" Foi "Hum, sim. Você está disponível agora. Vá."

Katie: Então, como é que essa decisão foi tomada? Talvez tenha sido uma autodecisão. Há um momento atrás, você mexeu a cabeça assim. Você tomou essa decisão?

Ruth: Não.

Katie: Você acabou de mexer a mão. Você tomou essa decisão?

Ruth: Não.

Katie: Não. "Você precisa tomar decisões" — isso é verdade? Talvez as coisas estejam avançando o tempo todo, sem nossa ajuda.

Ruth: Essa é minha loucura, a necessidade de controlar.

Katie: Pois é. Quem precisa de Deus quando *você* está dirigindo o show? [Ruth ri.]

Ruth: Eu não quero fazer isso, só não sei como não fazê-lo.

Katie: Pensar dessa maneira e, portanto, viver dessa maneira está exatamente contra a realidade, e isso é fatal. Parece estresse, porque todos são amantes da realidade, seja qual for a história de terror em que acreditem. Eu digo: vamos ter paz agora, no meio desse caos aparente. Portanto, querida, qual é sua reação quando acredita no pensamento "Eu preciso tomar uma decisão", e a decisão não surge?

Ruth: Péssima. Péssima mesmo.

Katie: Essa é uma posição muito interessante para tentar tomar uma decisão. Desse lugar, não podemos nem decidir se paramos ou continuamos. Isso lhe dirá alguma coisa. E quando estiver convencida de que o fez, onde está sua prova? Dê-me uma razão que não lhe cause estresse para manter o pensamento "Preciso tomar uma decisão". Não estou pedindo que pare de pensar que você toma decisões. Este Trabalho tem a suavidade de uma flor que se abre. Seja carinhosa com seu lindo *eu*. Este Trabalho é sobre o fim de seu sofrimento. Estamos apenas examinando as possibilidades aqui.

Ruth: Daria certo como um experimento tentar não decidir nada por um período? Isso é loucura, ou...

Katie: Bem, você acaba de tomar uma decisão e ela pode mudar sozinha. E depois você pode dizer "eu" mudei de ideia.

Ruth: E ainda vou estar presa no mesmo círculo horrível.

Katie: Não sei. Mas é interessante observar. Se eu digo que não vou tomar uma decisão, então acabo de tomar uma. Observe. É para isso que o inquérito serve, para romper com essa mitologia estressante. Essas quatro perguntas nos levam a um mundo de tal beleza que nem pode ser descrito. Alguns entre nós ainda não começamos a explorá-lo, embora esse seja o único mundo que existe. E somos os últimos a saber.

Ruth: Tenho uma vaga ideia do que significa não tomar uma decisão, e parece um pouco com isso agora, contra uma situação de controle, tentando fazer disso um experimento.

Katie: Dê-me uma razão que não lhe cause estresse para manter o pensamento "preciso tomar uma decisão sobre o mercado de ações".

Ruth: Não consigo pensar em nenhuma. Simplesmente, não consigo pensar em nenhuma.

Katie: Quem seria você sem o pensamento "preciso tomar uma decisão"?

Ruth: Não seria como minha mãe, que é muito ansiosa. Não estaria me tornando cada vez mais maluca. Não me sentiria como se tivesse de me isolar das pessoas porque sou horrível demais para servir de companhia.

Katie: Oh, querida. Fico tão feliz que você tenha descoberto a investigação.

Ruth: Tenho tentado tanto uma coisa que não funciona.

Katie: "Preciso tomar decisões" — inverta.

Ruth: Não preciso tomar decisões.

Katie: Isso. Pode acreditar, elas serão tomadas. Na paz que isso traz, tudo fica claro. A vida lhe dará tudo de que necessita para ir mais fundo. Uma decisão será tomada. Se você agir, o pior que pode acontecer é uma história. Se não agir, o pior que pode acontecer é uma história. Ela toma suas próprias decisões — quando comer, quando dormir, quando agir. Ela vai caminhando para a frente sozinha. E é muito calma e totalmente bem-sucedida.

Ruth: Hum.

Katie: Sinta onde estão suas mãos. E seus pés. Isso é bom. Sem uma história, é sempre bom, onde quer que você se sente. Vamos examinar a frase seguinte.

Ruth: *Não quero que o dinheiro no mercado de ações seja tão irracional.* Que absurdo!

Katie: "O dinheiro no mercado de ações é irracional" — inverta a frase, querida. "Minha maneira de pensar..."

Ruth: Minha maneira de pensar é irracional.

Katie: É. Quando você vê o dinheiro dessa forma, sua maneira de pensar é irracional e dá medo. "O dinheiro é irracional, o mercado de ações é irracional" — você pode saber com absoluta certeza que isso é verdade?

Ruth: Não.

Katie: Como você reage, o que acontece quando você acredita nesse pensamento?

Ruth: Tenho medo. Fico tão apavorada que deixo meu corpo.

Katie: Você pode ver uma razão para abandonar o pensamento? E não estou pedindo que o abandone. Para aqueles entre vocês que estão iniciando O Trabalho, não se *pode* abandonar o pensamento. Vocês podem até pensar que é possível, mas depois o pensamento reaparece e traz o mesmo medo de antes, possivelmente até mais, porque você está um pouco mais apegada a ele. Então, o que estou perguntando é simplesmente: "Você pode ver uma razão para abandonar a ideia de que o mercado de ações é irracional?"

Ruth: Posso ver uma razão para abandoná-la, mas isso não significa que tenho de abandoná-la.

Katie: Exatamente. Isso é sobre percepção, não sobre mudar alguma coisa. O mundo é como você o percebe. Para mim, clareza é um sinônimo de beleza. É o que sou. E quando as coisas estão claras para mim, só vejo beleza. Nada mais é possível. Sou uma mente percebendo meus pensamentos e tudo se desdobra disso, como se fosse um novo sistema solar se derramando em sua alegria. Se as coisas não estão claras, então vou projetar toda minha loucura sobre o mundo, *como* mundo, e irei perceber um mundo louco e achar que esse é o problema. Temos estado trabalhando sobre a imagem projetada há milhares de anos e não sobre o projetor. É por isso que a vida parece tão caótica. É o caos dizendo ao caos como viver de maneira diferente, sem perceber que sempre viveu daquela maneira e que estamos lidando com isso de um modo retrógrado, absolutamente retrógrado. Portanto, você não abandona seus pensamentos caóticos e sofredores lá fora no mundo aparente. Você não *pode* abandoná-los, porque, para começar, não foi você quem os criou. Mas quando você os enfrenta com compreensão, o mundo muda. Tem de mudar, porque o projetor do mundo todo é você. Você! Vamos examinar a frase seguinte.

Ruth: As decisões não deveriam ser tão difíceis ou amedrontadoras.

Kathie: Quando você está tentando tomá-las antes de seu tempo, é absurdo, como você disse. Você não pode se forçar a tomar uma decisão antes de seu tempo. Uma decisão é tomada quando ela é tomada, nem uma respiração antes. Você não adora essa ideia?

Ruth: Parece maravilhosa.

Katie: Pois é. Você pode se sentar lá e sentir: "Ah, eu preciso fazer alguma coisa sobre minhas ações", e depois pode investigar. "Isso é verdade? Realmente não posso saber se é verdade." Então você tem apenas de desistir. Você fica apenas ali sentada, com seja lá o que for sua paixão, e lê, e viaja na internet, e deixa que isso lhe eduque. E a decisão virá disso, quando chegar o momento. É uma coisa maravilhosa. Você pode perder dinheiro por causa dessa decisão, ou pode ganhar. Como deve ser. Mas quando você acha que deve fazer alguma coisa com o dinheiro e imagina que você é o fazedor, isso é pura ilusão. Apenas siga sua paixão. Faça o que você ama. Investigue e viva uma vida feliz enquanto está fazendo isso.

Ruth: Às vezes não consigo ler. Estou perdendo a memória e a habilidade de rastrear as coisas e...

Katie: Ah, querida, você foi poupada! [Ruth e o público riem.] Você já me ouviu dizer que sempre que perco alguém ou alguma coisa, fui poupada? Bem, é como são as coisas. Vamos examinar sua última frase.

Ruth: Nunca mais quero entrar em pânico sobre dinheiro no mercado de ações outra vez.

Katie: "Estou disposta..."

Ruth: Estou disposta a entrar em pânico sobre dinheiro no mercado de ações.

Katie: "Não vejo a hora de..." Pode acontecer.

Ruth [rindo]: Não vejo a hora de entrar em pânico sobre dinheiro no mercado de ações.

Katie: Sim, porque isso vai fazer você retornar para O Trabalho.

Ruth: É onde quero estar.

Katie: Esse é o objetivo do estresse. É um amigo. É um despertador, construído para avisar a você que é hora de executar O Trabalho. Você simplesmente perdeu a consciência de que está livre. Então investigue, e volte para aquilo que você é. Isso é aquilo que está aguardando para ser reconhecido, o que é sempre real.

Não abandono meus conceitos — enfrento-os com compreensão. São *eles* que me abandonam.

10

O Trabalho realizado com qualquer pensamento ou situação

Não existe nenhum pensamento ou situação a que não se possa aplicar a investigação. Todos os pensamentos, todas as pessoas, todos os problemas aparentes estão aqui em benefício de sua liberdade. Quando você vivencia alguma coisa que lhe parece distante ou inaceitável, a investigação pode trazer você de volta para aquela paz que sentia antes de acreditar naquele pensamento.

Se você não estiver completamente confortável no mundo, realize O Trabalho. É para isso que são todos os sentimentos desconfortáveis, é para isso que existe dor, é para isso que dinheiro, paredes e nuvens e cães e árvores existem, é para isso que tudo no mundo existe: para sua autoconsciência. Tudo é uma imagem especular de seu próprio pensamento. Julgue-o, investigue-o, inverta-o, e liberte-se, se é liberdade o que quer. É bom que sinta raiva, medo ou tristeza. Sente-se, identifique a história e faça O Trabalho. Até que você considere tudo no mundo como amigo, seu Trabalho não estará terminado.

A inversão de "meu pensamento"

Quando você se sentir competente para executar O Trabalho em outras pessoas, pode investigar questões como a fome mundial, fundamentalismo, burocracia, governo, sexo, terrorismo ou qualquer pensamento desconfortável que apareça em sua mente. À medida que você investiga questões desse tipo e inverte seu julgamento, acabará sabendo que todo problema que lhe pareceu estar "lá fora" é na verdade nada mais do que uma percepção errônea de seu próprio pensamento.

Quando o que você escreveu em seu Formulário apontar para uma determinada questão, primeiro use as quatro perguntas, como sempre. Depois, quando chegar às inversões, substitua a palavra que representa a questão pelas palavras "meu pensamento", sempre que isso parecer apropriado. Por exemplo: "Não gosto de guerras porque elas me dão medo" inverte-se para "Não gosto de meu pensamento porque me dá medo" ou "Não gosto do meu pensamento — especialmente sobre a guerra — porque ele me dá medo". Isso é tão verdadeiro ou mais verdadeiro para você?

Aqui estão alguns outros exemplos da inversão para "meu pensamento":

Frase Original: *Tenho raiva dos burocratas porque complicam minha vida.*
Inversão: *Tenho raiva do meu pensamento porque complica minha vida.*

Frase Original: *Não gosto de minha deficiência porque faz com que as pessoas me evitem.*
Inversão: *Não gosto de meu pensamento porque faz com que eu evite as pessoas. Não gosto do meu pensamento porque faz com que eu me evite.*

Frase Original: *Quero que o sexo seja meigo e carinhoso.*
Inversão: *Quero que meu pensamento seja meigo e carinhoso.*

Quando é difícil encontrar a história

Às vezes, quando você se sente desconfortável, é possível que lhe pareça difícil identificar o pensamento por trás de seu sentimento de desconforto. Se estiver tendo problemas para esclarecer exatamente quais pensamentos o estão perturbando, é uma boa ideia tentar o seguinte exercício:

Comece com seis folhas de papel em branco e um lugar onde possa espalhá-las.

Numere a primeira página com o número "1" e escreva na parte superior: *triste, desapontado(a), envergonhado(a), constrangido(a), temeroso(a), irritado(a), zangado(a)*.

Na linha abaixo, escreva: *porque*_____

Mais ou menos no meio da página, escreva: *e isso significa que* _____ _____.

Numere a segunda página com o número "2" e escreva em cima a palavra *quero*.

Numere a terceira página com o número "3" e escreva em cima a palavra *devo*.

Numere a quarta página com o número "4" e escreva em cima a palavra *necessito*.

Numere a quinta página com o número "5" e escreva em cima a palavra *julgo*.

Numere a sexta página com o número "6" e escreva em cima a palavra *nunca mais*.

Use seus pensamentos para aumentar a chama daquilo que o(a) incomoda, e anote aqueles que fazem isso com mais vigor. Se nenhum pensamento funciona especialmente bem, tente pensamentos novos e exagerados. Escreva os pensamentos da forma mais simples possível. É até melhor ser grosseiro(a). Não há necessidade de seguir uma sequência específica. A seguir, um guia para o uso das seis páginas:

Na página 1, escreva o que aparece como um "fato": por exemplo: "Ela não foi ao nosso encontro para almoçarmos juntos hoje, me deixou esperando no restaurante, nem sequer telefonou." Escreva "fatos" no espaço depois de *porque*. Depois faça um círculo ao redor das emoções relevantes — triste, zangado etc. Então, no espaço depois de *e isso significa que* escreva sua interpretação do "fato". Tente incluir os pensamentos sobre as piores possibilidades: por exemplo: "Ela não me ama mais" ou "Ela está namorando outra pessoa".

Se você se pegar pensando "Eu quero_____ , escreva o que quer na página 2. Se não, use essa página para se inspirar concentrando-se exatamente sobre como você poderia melhorar a situação ou a pessoa. O que faria a situação/pessoa perfeita para você? Escreva na forma de "Eu quero_____". Finja que é Deus e crie sua perfeição — por exemplo: "*Quero* que ela apareça sempre na hora exata, aconteça o que acontecer, *quero* saber exatamente o que ela está fazendo o tempo todo" etc. (Quando você tiver preenchido quase toda a página, pergunte-se se escreveu aquilo que *realmente quer*; se não, escreva isso na parte inferior da página.)

Pensamentos na forma de "Fulano deve ou não deve" vão para a página 3. Se você não está consciente de quaisquer "deveres", pense sobre o que faria para que a situação satisfizesse seu sentido de justiça e ordem. Escreva todos os "deveres" que a "corrigiriam".

A página 4 é a página do "necessito", em que você pode trazer a situação de volta de acordo com seu sentido de conforto e segurança. Escreva seus requisitos para uma vida feliz. Escreva os ajustes que fariam as coisas ser da maneira que deveriam ser, por exemplo: "Necessito que ela me ame" ou "Necessito ter sucesso no meu emprego". Quando você tiver escrito umas poucas frases nessa página, pode ser útil perguntar-se o que teria depois que todas as suas necessidades fossem satisfeitas. Escreva isso na parte inferior da página.

Na página 5, escreva sua avaliação implacável da pessoa ou da situação. Faça uma lista de suas qualidades, como elas se tornaram aparentes para você por causa desse problema.

Na página 6, escreva o aspecto da situação que você jura — ou pelo menos espera — que nunca mais vai viver outra vez.

Agora, sublinhe todas as frases que têm a maior carga emocional e faça O Trabalho com elas, uma por uma. Quando tiver terminado, volte e faça O Trabalho nas demais frases.

Se, depois de completar o de acima, você achar que não pode esperar com ansiedade o que escreveu na página 6, ou que a história que lhe está causando problemas ainda parece lhe escapar, existe outro exercício que pode ser muito eficaz. Pegue várias folhas de papel em branco e um relógio ou *timer*. Concentre-se no que lhe perturba e escreva sobre isso, espontaneamente, por cinco minutos, *sem parar*. Quando quiser parar, escreva a última frase que escreveu, repetidamente, até que esteja pronto para continuar. Depois, releia o que escreveu e sublinhe as frases que são mais dolorosas ou constrangedoras. Transfira as frases sublinhadas para qualquer das seis páginas em que elas se encaixarem melhor. Deixe de lado suas páginas por algum tempo, talvez durante a noite, e depois as releia, sublinhando todas as frases que lhe parecem ter maior carga emocional. Agora você sabe onde começar a fazer O Trabalho.

Nada fora de você jamais pode lhe dar

o que está procurando.

11

O Trabalho realizado com o corpo e com vícios

CORPOS NÃO PENSAM, SE PREOCUPAM ou têm qualquer problema consigo mesmos. Nunca se golpeiam ou se envergonham de si mesmos. Simplesmente tentam manter-se em equilíbrio e se curar. São totalmente eficientes, inteligentes, generosos e cheios de recursos. Onde não há pensamento, não há problemas. É a história em que acreditamos, antes da investigação, que nos deixa confusos. Minha dor não pode ser culpa do meu corpo. Eu conto a história do meu corpo e, porque ainda não investiguei, acredito que meu corpo é o problema, e que se apenas isso ou aquilo mudasse, eu estaria feliz.

O corpo nunca é nosso problema. Nosso problema é sempre um pensamento em que, inocentemente, acreditamos. O Trabalho trata de nossos pensamentos, não do objeto em que acreditamos estar viciados. Estar viciado em um objeto é uma coisa que não existe; o que temos é apenas um apego a um conceito que não foi investigado, surgindo naquele momento.

Por exemplo, não me importa se eu fumo ou se não fumo; não se trata de saber se é certo ou errado para mim. Fumei muitíssimo, um cigarro atrás do outro, durante muitos anos. Então, em 1986, depois da experiência na clínica, subitamente o vício acabou. Quando fui à Turquia, em 1997, fazia 11 anos que não fumava um único cigarro. Peguei um táxi, e o motorista estava ouvindo uma música turca bastante animada e barulhenta no rádio, com o som bem alto, e buzinava constantemente (buzinar é o que eles fazem lá, é o som de Deus, e as duas faixas são na verdade seis, que se fundem, e todos dirigem buzinando um para o outro, e tudo flui perfeitamente, apesar disso), e, virando-se para trás, com um enorme sorriso, ofereceu-me um cigarro. Não pensei duas vezes. Peguei o cigarro e ele acendeu o fósforo para mim. A música continuava a todo vapor, as buzinas continuavam a todo vapor e eu sentada ali no banco de trás do carro, fumando e adorando cada minuto daquilo tudo. Está tudo bem se eu fumar, percebi, e também se eu não fumar, e desde aquela maravilhosa corrida de táxi percebi que não voltei a fumar.

Mas o vício é outra coisa: surge um conceito que diz que eu devo ou não devo fumar, eu acredito nele, e afasto-me da realidade do presente. Sem investigação, acreditamos em pensamentos que não são verdade para nós, e esses pensamentos são os motivos pelos quais fumamos ou bebemos. Quem seria você sem os seus "devo" ou "não devo"?

Se acha que o álcool faz você ficar enjoado(a), confuso(a) ou zangado(a), então, quando você bebe, é como se estivesse bebendo sua própria doença. Você está enfrentando o álcool onde ele está, e ele faz com você exatamente aquilo que você sabe que fará. Mas, então, investiguemos o pensamento, não a fim de parar de beber, mas simplesmente para fazer cessar qualquer confusão sobre o que o álcool fará. E se você acreditar que realmente quer continuar a beber, observe o que a bebida lhe faz. Não há nenhuma compaixão nisso. Não há nenhuma vítima. E, eventualmente, também não há diversão em beber — apenas uma ressaca.

Se meu corpo fica doente, vou a um médico. Meu corpo é da conta dele. Minha maneira de pensar é da minha conta, e na tranquilidade que isso me dá, tenho a mente bastante clara sobre o que fazer e aonde ir. E então o corpo passa a ser algo muito divertido, porque você não está envolvido em se ele vive ou morre. É uma imagem projetada, uma metáfora de seu pensamento, que se reflete de volta em você.

Uma vez, em 1986, enquanto estava recebendo uma massagem, comecei a sentir uma paralisia súbita. Era como se todos os ligamentos, tendões e músculos tivessem se retesado ao máximo. Era como o *rigor mortis*; eu não conseguia fazer o menor movimento. Durante toda a experiência, estive perfeitamente tranquila e despreocupada, porque não tinha uma história de que o corpo deve ter uma determinada aparência ou mexer-se com fluidez. Pensamentos passaram pela minha mente, como "Oh, meu Deus, não posso me mexer. Algo horrível está acontecendo". Mas a investigação que estava viva dentro de mim não me permitia ter qualquer apego a esses pensamentos. Se esse processo fosse feito em câmera lenta e com palavras, seria algo mais ou menos assim: "'Você nunca mais vai poder andar outra vez' — querida, você pode saber com absoluta certeza que isso é verdade?" Essas quatro perguntas são tão rápidas! Eventualmente, elas enfrentam um pensamento no momento em que ele está surgindo. Em um determinado momento, depois de mais ou menos uma hora, o corpo começa a relaxar e volta para aquilo que as pessoas chamam de seu estado normal.

Um coração doente?

Como é que você vive quando acredita no pensamento de que seu corpo deveria ser diferente? Como é que você se sente? "Estarei feliz mais tarde, quando meu corpo estiver curado." "Eu deveria ser mais magra, mais saudável, mais bonita, mais jovem." Essa é uma religião muito antiga. Se acho que meu corpo deve ser diferente daquilo que é agora, estou fora daquilo que é da minha conta. Estou perdendo o juízo!

Não estou pedindo que abandone seu corpo, como se tal coisa fosse possível. Estou pedindo que seja dona de seu corpo, cuide dele, examine suas crenças sobre ele, escreva-as em um papel, investigue e inverta.

* * *

Harriet: Estou zangada com meu coração porque está doente e fraco. Ele restringe todas as minhas atividades físicas, e eu poderia morrer facilmente a qualquer momento.

Katie: É verdade que seu coração está doente e fraco?

Harriet: Bem, é sim, é hereditário. Os meus pais e três dos meus avós morreram de doença cardíaca.

Katie: Seus pais tinham doença cardíaca, e é como se você tivesse herdado um sistema de crenças que a aterroriza. Os médicos lhe disseram que você tem uma doença do coração. E eu estou lhe convidando para que pergunte a si mesma, hoje: "Você pode saber com absoluta certeza que isso é verdade?"

Harriet: Bem... não. Não posso ter certeza absoluta. Tudo poderia ter mudado nos últimos quatro minutos.

Katie: Pois é. Nunca podemos saber exatamente. Como é que eu sei que meu coração deveria ser assim ou assado? Essa é a maneira como são as coisas. A realidade sempre me mostra. Qual é sua reação quando acredita no pensamento de que seu coração está doente e fraco?

Harriet: Fico com muito medo. Reduzo minhas atividades. Fico dentro de casa e me torno muito sedentária. Fico deprimida porque não posso fazer o que quero. Imagino a dor e o terror de um colapso cardíaco. Sinto-me impotente.

Katie: O resultado é que você fica concentrada na impotência e não examina seu pensamento. É daí que vem o medo — de seus pensamentos não investigados. Enquanto você ficar considerando seu coração um problema e buscando as soluções fora de sua própria mente, não vai conhecer outra coisa a não ser medo. Quem ou quê seria você se nunca tivesse o pensamento de que seu coração é doente e fraco?

Harriet: Acho que seria mais tranquila e também mais livre para fazer o que quero fazer.

Katie: Vamos inverter o que você escreveu, substituindo a palavra "coração" pelas palavras "minha maneira de pensar".

Harriet: Estou zangada com minha maneira de pensar porque é doente e fraca.

Katie: Sua mente é doente e fraca quando afirma que seu coração é o problema. Você fica bastante louca nesse momento. Sua mente está doente quando acredita que seu coração não está exatamente como deveria estar agora. Como é que você sabe que não está? Se você tem uma crença que se opõe à realidade, você se sente em desarmonia consigo mesma e seu coração começa a bater mais rápido. Seu corpo é um reflexo bondoso de sua mente. Até que você compreenda isso, seu coração vai continuar a ser seu professor, sempre lhe mostrando o caminho mais generoso. Leia a frase seguinte.

Harriet: Quero que meu coração fique completamente curado.

Katie: Isso é verdade? Isso é realmente verdade?

Harriet: Que pergunta! [Pausa.] Hum.

Katie: Interessante, não é? Você pode estar absolutamente segura de que seu coração precisa se curar totalmente?

Harriet: Certamente parece que sim. [Pausa.] Não, não posso estar absolutamente segura disso.

Katie: Qual é sua reação quando acredita no pensamento de que seu coração não é normal para você e precisa ser curado?

Harriet: Penso nisso o tempo todo. Penso sobre morrer, e isso me dá medo. Tento considerar todas as opções médicas e das curas alternativas, e fico realmente confusa. Estou desesperada para encontrar uma solução e não consigo.

Katie: Quem ou quê você seria sem a história "Quero que meu coração se cure completamente"?

Harriet: Estaria apenas vivendo minha vida. Não teria tanto medo. Estaria mais presente quando o médico fala comigo. Vejo-me apenas gostando daquilo que faço, estando ou não ativa. E não estaria tão concentrada no futuro, em morrer.

Katie: Isso faz sentido para mim. Vamos inverter.

Harriet: Quero que minha maneira de pensar fique completamente curada.

Katie: Isso não é tão verdadeiro ou até mais verdadeiro? Tentamos curar corpos por milhares de anos, e eles ainda ficam doentes, velhos e morrem. Os corpos vêm de passagem, não para ficar. Nenhum corpo jamais foi curado no fim das contas. Há apenas a mente para ser curada, se é a paz que você deseja, se você estiver doente ou não. Leia a frase seguinte.

Harriet: Meu coração é fraco, doente, não confiável, restritivo e propenso à dor.

Katie: Isso é verdade?

Harriet: Não, na verdade, não. É exatamente o mesmo que dizer que minha *mente* é fraca, doente, não confiável, restritiva e propensa à dor quando ela acha que meu coração é isso tudo.

Katie: Como você se sente quando acha que seu coração é insuficiente? O coração de todo mundo é perfeito como está neste momento exato. A saúde do coração das pessoas é exatamente como está neste momento — mesmo a de alguém cujo coração está parando.

Harriet: Se eu penso que meu coração é perfeito e tenho dor, será que ainda assim tomarei alguma atitude?

Katie: Certamente. Eu chamo isso de lavar os pratos e gostar de fazê-lo. Quando você tiver alguma compreensão de seus pensamentos através do inquérito, então pode ligar para a emergência conscientemente, sem medo ou pânico. Você será capaz de descrever sua situação e de responder às perguntas deles com mais clareza. Você sempre soube o que fazer; isso não muda. Vamos examinar sua frase seguinte.

Harriet: Não estou disposta a desistir do meu coração ou deixar que ele pare de funcionar ou me impeça de viver uma vida normal e ativa.

Katie: Sim, você está, querida. Se seu coração parar, você morre. Morrer, como tudo mais, não é uma escolha, embora possa parecer assim. Você pode encontrar uma maneira de inverter essa última frase?

Harriet: Estou disposta a desistir do meu coração.

Katie: Muito bem! Desista de seu coração. Passe isso para seu médico. Trabalhe com seu pensamento. É lá que vai funcionar. Seu coração vai lhe amar por isso. Continue com sua inversão.

Harriet: Estou disposta a deixar que ele funcione. Estou disposta a deixar que meu coração impeça que eu viva uma vida normal.

Katie: Agora leia estas últimas frases outra vez. Leia cada uma delas começando com "Não vejo a hora de..."

Harriet: "Não vejo a hora de desistir do meu coração. Estou ansiosa por deixar que meu coração pare de funcionar. Estou ansiosa para deixá-lo me impedir de viver uma vida normal."

Katie: Isso parece liberdade para mim. Siga o conselho de seu médico e observe o que ocorre de uma posição mentalmente sã e carinhosa. Eventualmente, você pode chegar a entender que seu corpo não é de sua conta, é da conta de seu médico. A única coisa que você tem de curar é uma crença errônea que está aparecendo agora. Obrigada, querida.

O vício de minha filha

Já trabalhei com centenas de alcoólatras, e sempre descobri que eles estavam bêbados com seus pensamentos antes de estar bêbados com o que bebiam. Muitos me disseram que O Trabalho inclui todos os 12 passos dos Alcoólicos Anônimos. Por exemplo, dá uma forma muito clara aos passos 4 e 5 — "fazer um inventário sem medo de nós mesmos e admitir a natureza exata de nossos erros" —, que milhares quiseram fazer e não sabiam como.

"Não faça O Trabalho na bebida", eu lhes digo. "Retorne para o pensamento anterior àquele em que você achou que precisava de uma bebida e faça O Trabalho nesse pensamento, sobre aquele homem ou mulher outra vez, sobre aquela situação. O pensamento anterior é aquele que você está tentando calar com o álcool. Aplique O Trabalho a ele. O seu pensamento não investigado é o problema, não o álcool. O álcool é honesto e verdadeiro: ele promete fazer com que você fique bêbado(a), e o faz; ele promete piorar as coisas, e também o faz. Ele sempre cumpre sua palavra. É um grande mestre da integridade. Ele não diz: 'Beba-me.' Ele apenas fica ali, honesto consigo mesmo, sendo o que é e esperando para cumprir sua tarefa.

"Execute O Trabalho nesses pensamentos e também vá às reuniões dos 12 passos; exponha sua experiência e força nessas reuniões para que você mesmo(a) as possa ouvir. Você é sempre aquele(a) com quem está trabalhando. É a sua verdade, não a nossa, que o(a) irá libertar."

Quando minha própria filha, Roxann, tinha 16 anos, bebia muito e também ingeria drogas. Isso começou a acontecer antes de eu ter acordado com as perguntas, em 1986, mas eu estava tão deprimida naquela época que não tinha a menor ideia do que estava acontecendo. No entanto, depois que a investigação começou a ganhar vida dentro de mim, comecei a notar as ações dela e também meus pensamentos sobre elas.

Ela costumava sair em seu novo carro, um Camaro vermelho, todas as noites. Se eu lhe perguntava aonde ia, ela me lançava um olhar furioso e batia a porta ao sair. Era um olhar que eu conhecia bem. Eu a ensinara a me ver daquela maneira. Eu mesma tive aquela expressão em meu rosto durante muitos anos.

Por meio da investigação, aprendi a ficar em silêncio perto dela, perto de todos. Aprendi a escutar. Muitas vezes, me sentava e esperava por ela até muito depois da meia-noite pelo puro privilégio de vê-la — apenas por esse privilégio. Eu sabia que ela andava bebendo, e sabia que eu não podia fazer nada sobre aquilo. Os pensamentos que surgiam na minha mente eram algo assim: "Ela provavelmente está dirigindo bêbada e vai morrer em um acidente e nunca vou vê-la outra vez. Sou a mãe dela, eu comprei o carro para ela, sou responsável. Devia tirar o carro dela (mas já não era meu para tirá-lo; eu o dera; era dela), ela vai dirigir bêbada, vai matar alguém, vai bater em outro carro ou se arrebentar contra um poste e matar a si própria e a seus passageiros." À medida que os pensamentos surgiam, cada um deles era enfrentado com investigações quase inconscientes e silenciosas. E o inquérito instantaneamente me trazia de volta para a realidade. Aqui está a verdade: uma mulher sentada em uma cadeira esperando sua filha querida.

Uma noite, depois de ter passado um fim de semana de três dias fora, Roxann entrou pela porta da frente com uma expressão de enorme tristeza em seu rosto e, a meu ver, sem qualquer defesa. Viu-me sentada ali e simplesmente se jogou em meus braços e disse: "Mamãe, não posso mais fazer isso. Por favor, me ajude. Seja lá o que for essa coisa que você está oferecendo para todas essas pessoas que vêm aqui em casa, eu também quero isso." Depois disso, ela fez O Trabalho. Aquela foi a última vez que ela tomou bebidas alcoólicas ou se drogou. Sempre que tinha um problema, já não precisava beber ou drogar-se, e não precisava de mim. Ela apenas escrevia o problema, fazia as quatro perguntas e invertia.

Quando há paz aqui, há paz lá. Ter um meio de enxergar além da ilusão do sofrimento é um grande dom. Fico muito feliz que todos meus filhos se aproveitaram disso.

* * *

Charlotte: Tenho medo do vício da minha filha com as drogas porque isso a está matando.

Katie: Você pode saber com absoluta certeza que isso é verdade? Não estou dizendo que não é. Isso é apenas uma pergunta. "Seu vício com as drogas a está matando" — você pode saber com absoluta certeza que isso é verdade?

Charlotte: Não.

Katie: Como você reage, o que acontece quando você acredita no pensamento "Seu vício com as drogas a está matando"?

Charlotte: Fico muito zangada.

Katie: E o que é que você diz a ela? O que é que você faz?

Charlotte: Eu a critico e me afasto dela. Tenho medo dela. Não quero vê-la por perto.

Katie: Quem seria você, na presença de sua filha, sem o pensamento "Seu vício com as drogas a está matando"?

Charlotte: Eu ficaria mais relaxada, seria mais eu mesma e menos cruel com ela, reagiria menos.

Katie: Quando O Trabalho me encontrou, minha filha era, em suas próprias palavras, alcoólatra e drogada. E as perguntas estavam vivas dentro de mim. "Seu vício a está matando" — você pode saber com absoluta certeza que isso é verdade? Não. E quem eu seria sem essa história? Estaria totalmente lá, para ela, amando-a com todo meu coração, enquanto ela viver. Talvez ela morra amanhã de uma overdose, mas agora ela está em meus braços. Como é que você a trata quando tem esse pensamento "Seu vício a está matando"?

Charlotte: Não quero vê-la. Não a quero por perto.

Katie: Isso é medo, e medo é o que sentimos quando estamos apegadas ao pesadelo. "O vício das drogas a está matando" — inverta a frase. Quando você está invertendo, no caso de uma questão como drogas, ponha as palavras "meus pensamentos" no lugar da questão. "Meus pensamentos..."

Charlotte: Meus pensamentos a estão matando.

Katie: Há uma outra inversão. "Meus pensamentos estão..."

Charlotte: Me matando.

Katie: Sim.

Charlotte: Estão matando nosso relacionamento.

Katie: Ela está morrendo de uma overdose de drogas e você está morrendo de uma overdose de pensamentos. Ela pode durar muito mais que você.

Charlotte: É, isso é verdade. O estresse realmente está me desgastando.

Katie: Ela está drogada, você está drogada. Já passei por isso.

Charlotte: É, fico realmente intoxicada quando sou obrigada a encarar o fato de que ela está usando drogas.

Katie: "Ela está usando" — inverta a frase.

Charlotte: Eu estou usando?

Katie: Sim, você a está usando para ficar intoxicada. Ela usa drogas, você a usa — qual é a diferença?

Charlotte: Hum.

Katie: Vamos examinar sua frase seguinte.

Charlotte: Estou zangada e triste por causa do vício de Linda porque sinto que isso está pondo em perigo a vida da minha neta Debbie.

Katie: Então você acha que alguma coisa vai acontecer e sua neta vai morrer.

Charlotte: Ou ser molestada, ou...

Katie: Então, por causa do vício de sua filha, algo terrível pode acontecer com sua neta.

Charlotte: É.

Katie: Isso é verdade? E não estou dizendo que não seja. Essas são apenas perguntas, não há motivos aqui. Trata-se de pôr um fim ao seu sofrimento. Você pode saber com absoluta certeza que isso é verdade?

Charlotte: Não. Não posso saber.

Katie: Como você reage, o que acontece quando você acredita nesse pensamento?

Charlotte: Bem, estive chorando praticamente o dia todo, nos últimos dois dias. Não durmo há 48 horas. Estou aterrorizada.

Katie: Dê-me uma razão que não lhe cause estresse para acreditar nisso.

Charlotte: Não há nenhuma.

Katie: "O vício de minha filha está pondo em perigo a vida de minha neta" — inverta. "Meu vício de pensamentos..."

Charlotte: Meu vício de pensamentos está pondo em perigo minha vida. Sim. Posso ver isso. Isso é verdade.

Katie: Agora leia a frase dizendo: "Meu vício de consumir drogas..."

Charlotte: Meu vício de consumir drogas está pondo minha vida em perigo?

Katie: Sim, seu vício é ela.

Charlotte: Ah, sim, posso perceber isso. Meu vício é ela. Estou me intrometendo tanto na vida dela.

Katie: É isso mesmo. Ela é viciada em drogas, e você é viciada em controlar a vida dela mentalmente. Ela é sua droga.

Charlotte: Está bem.

Katie: É loucura estar envolvida mentalmente nas coisas que são da conta de seus filhos.

Charlotte: Mesmo com o bebê?

Katie: "Ela deve tomar conta do bebê" — inverta isso.

Charlotte: Eu devo tomar conta do bebê?

Katie: Sim. Você *faz* isso.

Charlotte: Oh, meu Deus! Eu deveria fazer isso?

Katie: O que você acha? Segundo o que diz, ela não está disponível.

Charlotte: Bem, eu já estou criando três dos filhos de minha outra filha desde que nasceram, por isso...

Katie: Bem, crie quatro, crie cinco, crie mil. Existem crianças com fome no mundo todo! O que é que você está fazendo sentada aí?

Charlotte: Suponho que minha pergunta sobre isso é que se eu crio a criança para ela, então eu estou permitindo que ela use drogas. Eu podia ser responsável pela morte dela.

Katie: Então, cuidar do bebê é um problema para você. É a mesma coisa para ela. Isso nos coloca em uma situação de humildade. Você está fazendo o melhor que pode?

Charlotte: Estou.

Katie: Acredito em você. Quando você pensa: "Minha filha devia fazer algo sobre isso", inverta a frase. "*Eu* devia fazer algo sobre isso." E se você não pode, você é exatamente como sua filha. Quando ela diz: "Não posso", você pode entender. Mas quando você fica furiosa com ela, porque você não investigou seu próprio pensamento, vocês duas estão drogadas, e você está ensinando loucuras à sua filha.

Charlotte: Ah.

Katie: "O vício da droga está pondo em risco a vida de Debbie" — inverta a frase.

Charlotte: Meus pensamentos sobre o vício da Linda estão pondo em risco minha vida.

Katie: Pois é.

Charlotte: Isso é puramente verdade.

Katie: É da conta de quem, o vício dela?

Charlotte: Dela.

Katie: É da conta de quem, o seu vício?

Charlotte: Da minha.

Katie: Tome cuidado com isso. Vamos examinar a seguinte.

Charlotte: O vício da minha filha está arruinando a vida dela.

Katie: Você pode saber com absoluta certeza que isso é verdade? De que o vício de sua filha está arruinando a vida dela no longo prazo?

Charlotte: Não.

Katie: Tudo começa a fazer sentido. Gostei muito de você ter respondido a essa pergunta. O que descobri, quando fiz O Trabalho com minha filha, em 1986, foi que eu teria que ir bem fundo para descobrir a mesma coisa. E acabou acontecendo que, por causa do vício dela, a vida atual dela é muito produtiva. O fato, no final das contas, é que não posso saber nada. Apenas observo como as coisas são na realidade. Isso me deixa em uma posição na qual posso atuar de uma forma sensata e carinhosa, e a vida é sempre perfeitamente maravilhosa. E se ela morresse, eu ainda seria capaz de perceber isso. Mas não posso me enganar. Realmente tenho de saber a verdade. Se esse caminho fosse seu único caminho até Deus, você o escolheria?

Charlotte: Sim.

Katie: Bem, parece que isso é o que está ocorrendo. Estivemos sempre prestando conta de nossas filhas; agora vamos prestar conta de nós mesmas. Leia a frase outra vez.

Charlotte: O vício da minha filha está arruinando a vida dela.

Katie: Qual é sua reação quando tem esse pensamento?

Charlotte: Sinto-me impotente.

Katie: E como é sua vida quando se sente impotente?

Charlotte: Não tenho nenhuma vida própria.

Katie: Você pode ver uma razão para abandonar esse pensamento?

Charlotte: Posso.

Katie: Quem você seria, vivendo sua vida, sem esse pensamento?

Charlotte: Bem, eu certamente seria uma mãe melhor.

Katie: Ótimo. Você é a especialista, e isto é o que estou aprendendo com você. Com o pensamento, sofrimento; sem o pensamento, nenhum sofrimento, e você seria uma mãe melhor. Então, o que é que sua filha tem a ver com seu problema? Zero. Se você achar que sua filha é seu problema, seja bem-vinda ao Trabalho. Sua filha é a filha perfeita para você, porque ela vai trazer à tona todos os conceitos não investigados que você tem, até que você tenha alguma ideia da realidade. Essa é a função dela. Tudo tem sua função. A função desta vela é queimar, a função da rosa é florescer, a função de sua filha é usar drogas, minha função é tomar meu chá agora. [Toma um gole de chá.] E quando você entender, ela irá lhe acompanhar, ela irá entender também. É uma lei, porque ela é sua projeção. Quando você entrar na polaridade da verdade, ela também o fará. O inferno aqui, o inferno lá. Paz aqui, paz lá. Vamos examinar a frase seguinte.

Charlotte: Agora parece até tolice. Devo ler o que escrevi mesmo assim?

Katie: Por que não? O pensamento emerge.

Charlotte: *Estou zangada, confusa, triste e com medo* — tudo isso — *do vício de minha filha Linda porque ele me traz uma dor angustiante.*

Katie: Inverta.

Charlotte: Obviamente, meu pensamento sobre ela é que traz essa dor angustiante.

Katie: Eu sei. Mas sua filha não tem nada a ver com sua dor.

Charlotte: Hum. É a pura verdade. Percebo isso. Posso sentir isso.

Katie: Adoro quando as pessoas compreendem isso, porque, quando veem a inocência de seus filhos, de seus pais e de seus parceiros, acabam vendo sua própria inocência. Esse Trabalho é acerca de um perdão total, 100 por cento, porque isso é o que você deseja. Isso é o que você é. Vamos examinar a frase seguinte.

Charlotte: *Tenho medo do vício de Linda porque ele muda a personalidade dela.*

Katie: Inverta isso. "Tenho medo do meu pensamento..."

Charlotte: Tenho medo do meu pensamento porque muda a personalidade de Linda?

Katie: Interessante. Agora tente: "muda minha..."

Charlotte: Ele muda minha personalidade. É, tudo bem.

Katie: E, portanto, a da Linda.

Charlotte: E, portanto, a da Linda.

Katie: Não é estranho como o último lugar em que olhamos é dentro de nós mesmas? Sempre tentando mudar o projetado em vez de entender o projetor. Não tínhamos um meio de fazer isso até agora.

Charlotte: É mesmo.

Katie: Então leia a frase exatamente assim.

Charlotte: Tenho medo do meu pensamento porque muda minha personalidade.

Katie: Sinta isso.

Charlotte: Uau! E não a posso ver neste caso. É isso! Tenho medo do meu pensamento porque ele muda minha personalidade e então não posso me ver nela. É isso!

Katie: Você já esteve zangada com ela alguma vez e pensou: "O que posso dizer a ela? Por que a estou magoando? Ela é toda a minha vida, eu a amo, e a fico tratando como..."

Charlotte: Como lixo. É como se eu me transformasse em outra pessoa. Sou tão cruel com ela quando ela se droga!

Katie: Porque você também é usuária de drogas, ela é sua droga. Se não fosse assim, como você poderia justificar seu sofrimento? Pais me ligam e dizem: "Meu filho/minha filha é viciado(a) em drogas, ele/ela está com um problema sério", e não veem que *eles* são os que estão com um problema sério. Os filhos, muitas vezes, estão bem, ou pelo menos tão bem quanto os pais. E quando você esclarecer tudo isso, sua filha lhe acompanhará. Você é o instrumento. Vamos examinar a frase seguinte.

Charlotte: Estou zangada com o vício de Linda porque, quando ela se droga, tenho medo dela.

Katie: Inverta isso.

Charlotte: Estou zangada com meu vício porque então tenho medo de mim mesma. Isso é exatamente o que acontece quando ela aparece e andou se drogando. Fico com medo do meu próprio comportamento perto dela.

Katie: "Você tem medo dela" — isso é verdade?

Charlotte: Não.

Katie: Qual é sua reação, como você a trata, quando tem esse pensamento?

Charlotte: Fico zangada, instável, agressiva e, sobretudo, me afasto dela.

Katie: Como se algum tipo de veneno tivesse entrado na casa.

Charlotte: É, é exatamente isso que eu faço.

Katie: E ela é sua filhinha.

Charlotte: Pois é.

Katie: E você a trata como se ela fosse um inseto que tivesse entrado rastejando.

Charlotte: Isso mesmo. É exatamente assim.

Katie: Ela é sua filha mais querida e você a trata como uma inimiga. Esse é o poder do pensamento não investigado. Esse é o poder do pesadelo. É preciso que ele chegue ao fim. Você pensa: "Tenho medo dela", e você tem de sobreviver com isso. Mas se você investigar esse pensamento ("Tenho medo dela — isso é verdade?"), o pesadelo desaparece. Quando ela entrar em casa e você tiver o pensamento "Estou com medo dela", o riso irá substituir o medo. Apenas a segure em seus braços e você poderá ouvir como ela tem medo dela própria. Ela vai sentar lá e lhe dizer. No momento, não há ninguém que escute em sua casa; há apenas um professor que ensina o medo. Isso é compreensível, porque até agora você não se perguntou se seus pensamentos são verdadeiros. Vamos examinar a frase seguinte.

Charlotte: Preciso que Linda fique longe de mim quando está drogada.

Katie: Isso é verdade? E não estou dizendo que não é.

Charlotte: Sinto como se fosse.

Katie: E ela lhe procura quando está drogada?

Charlotte: Não, não mais.

Katie: Então é disso que você precisa, porque é isso que você tem. Não há dúvida. Se minha filha não me procura, é assim que sei que não preciso dela. Se ela me procura, sei que preciso dela.

Charlotte: E quando ela finalmente vem, eu a trato dessa maneira horrível.

Katie: Então inverta a frase.

Charlotte: Preciso ficar longe de mim mesma quando estou drogada. Isso é a pura verdade.

Katie: Uma forma de ficar longe de si mesma, quando você está drogada, drogada com a Linda, é julgar sua filha, escrever tudo, fazer as quatro perguntas, e inverter tudo. E fique longe dessa pessoa que você pensa que é — essa mulher temível e zangada — e volte para o seu maravilhoso eu. Isso é o que você queria que ela fizesse, então sei que você pode. Isso é o trabalho de uma vida. Você vai ter muito mais energia quando estiver apenas trabalhando consigo mesma.

Charlotte: É, então eu vou querer que ela esteja perto, drogada ou não.

Katie: Não sei.

Charlotte: Pelo menos estarei disponível para ela, quando ela estiver drogada, em vez de excluí-la.

Katie: Isso seria muito menos doloroso para ambas.

Charlotte: É verdade.

Katie: É maravilhoso ver que você percebeu isso. Ótimo Trabalho, minha querida.

Tudo acontece

para mim,

não *comigo*.

12

Fazendo amizade com o pior que pode acontecer

Já ajudei pessoas a realizarem O Trabalho em casos de estupro, de tortura, de encarceramento em campos de concentração nazistas, de morte de um filho, de dor prolongada em doenças como o câncer, pessoas que participaram das guerras do Vietnã e da Bósnia. Muitos de nós achamos que não é humanamente possível aceitar experiências extremas como essas e, muito menos, enfrentá-las com amor incondicional. Mas não só é possível, como faz parte de nossa verdadeira natureza.

Nada terrível jamais ocorreu a não ser em nosso pensamento. A realidade é sempre boa, mesmo em situações que parecem pesadelos. A história que contamos é o único pesadelo que vivemos. Quando eu digo que o pior que pode acontecer é uma crença, estou falando literalmente. O pior que pode lhe acontecer é um sistema de crenças não investigado.

Com medo da morte

Na Escola para O Trabalho, adoro usar a investigação para ajudar as pessoas a enfrentarem a coisa que elas mais temem, o pior que possivelmente pode acontecer. Para muitas delas, a pior coisa é a morte. Elas, muitas vezes, acreditam que sofrerão horrivelmente, não só durante o processo de morrer, mas também depois de terem morrido. Eu as guio bem fundo nesses pesadelos, para afastar a ilusão de medo, dor e sofrimento.

Sentei ao lado de muitas pessoas em seus leitos de morte e, depois de realizarmos O Trabalho, elas sempre me diziam que estavam bem. Lembro-me de uma mulher que estava morrendo de câncer e aterrorizada. Ela tinha pedido que eu sentasse a seu lado, e eu concordei. Sentei-me a seu lado e disse: "Não vejo nenhum problema." Ela disse: "Não? Bem, eu vou lhe mostrar um problema!" E removendo o lençol ela me mostrou que uma de suas pernas estava tão inchada que tinha duas vezes o tamanho da perna normal. Eu olhei bastante, mas ainda não conseguia descobrir um problema. Ela disse: "Você deve ser cega. Olha esta perna. Agora olhe para a outra." E eu disse: "Ah, agora eu vejo o problema. Você está sofrendo por acreditar que esta perna devia estar igualzinha à outra. Quem você seria sem esse pensamento?" E ela entendeu o processo. Começou a rir, e o medo simplesmente foi desaparecendo com seu riso. E ela disse que nunca tinha estado tão feliz em toda vida.

Uma vez fui visitar uma mulher que estava morrendo em um asilo. Quando entrei, ela estava tirando um cochilo. Sentei-me ao lado de sua cama, até que ela abriu os olhos. Segurei sua mão, conversamos por uns minutos e ela disse: "Estou com tanto medo! Não sei morrer." E eu respondi: "Minha querida, isso é verdade?" E ela: "É, eu simplesmente não sei o que fazer." E eu disse: "Quando entrei, você estava tirando um cochilo. Você sabe como tirar um cochilo?" Ela respondeu: "É claro." Então eu disse: "Você fecha seus olhos todas as noites e dorme. As pessoas gostam de dormir. A morte é só isso. Isso é o pior que pode acontecer, a não ser por seu sistema de crenças, que lhe diz que há algo mais." Ela me contou que acreditava em uma vida após a morte e disse: "Não vou saber o que fazer quando chegar lá." Eu perguntei: "Você tem certeza absoluta de que tem de fazer alguma coisa?" Ela respondeu: "Acho que não." E eu: "Não há nada que você tenha de saber, e é sempre tudo certo. Tudo de que você precisa já está lá para você; não precisa se preocupar. Tudo o que você tem de fazer é tirar um cochilo quando precisar, e quando acordar, saberá o que fazer." Eu estava lhe descrevendo a vida, é claro, não a morte. Depois examinamos a segunda pergunta: "Você pode saber com absoluta certeza que é verdade que não sabe morrer?" Ela começou a rir e disse que preferia estar comigo a ficar com a história dela. Como é divertido não ter qualquer outro lugar para ir a não ser onde realmente estamos neste momento.

Quando a mente pensa na morte, ela olha para o nada e a chama de alguma coisa, para evitar sentir o que a mente realmente é. Até que saiba que a morte é igual à vida, você sempre vai tentar controlar o que ocorre e isso sempre vai ser doloroso. Não há tristeza sem uma história que se opõe à realidade.

O medo da morte é a última cortina de fumaça para o medo do amor. Pensamos que temos medo da morte de nosso corpo, embora tenhamos realmente medo é da morte de nossa identidade. Mas por meio da investigação, à medida que entendemos que a morte é apenas um conceito, assim como nossa identidade, chegamos a perceber quem somos. E esse é o fim do medo.

A perda é outro conceito. Eu estava na sala de parto quando meu neto Racey nasceu. Amei-o desde o primeiro momento que o vi. Então percebi que ele não estava respirando. O médico tinha um olhar preocupado e imediatamente começou a fazer algo com o bebê. As enfermeiras perceberam que os procedimentos não estavam funcionando, e era visível que o estresse e o pânico estavam tomando conta da sala. Nada que faziam funcionava — o bebê simplesmente não respirava. Em um determinado momento, Roxann olhou nos meus olhos e eu sorri. Mais tarde, ela me disse: "Sabe aquele sorriso que você muitas vezes tem no rosto, mãe? Quando eu vi você me olhando daquele jeito, senti uma onda de paz me envolvendo. E embora o bebê não estivesse respirando, eu fiquei bem." Logo depois, o ar entrou em meu neto e eu ouvi seu choro.

Gosto de pensar que meu neto não teve de respirar para que eu o amasse. Da conta de quem era sua respiração? Não da minha. Eu não ia perder um único momento da presença dele, se ele estivesse ou não respirando. Eu sabia que, mesmo sem uma única respiração, ele teria vivido uma vida plena. Amo a realidade, não da maneira que uma fantasia a impõe, mas apenas como ela é, bem agora.

* * *

Henry: Estou zangado com a morte porque ela me destrói. Tenho medo de morrer. Não consigo aceitar a morte. A morte devia permitir que eu reencarnasse. A morte é dolorosa. A morte é o fim. Nunca mais quero sentir medo da morte.

Katie: Vamos começar do começo. Leia a primeira frase outra vez.

Henry: Estou zangado com a morte porque ela me destrói.

Katie: Se você quer viver aterrorizado, arranje um futuro. Esse é um futuro e tanto que você planejou, meu querido. Vamos ouvir a frase seguinte.

Henry: Tenho medo de morrer.

Katie: Qual é a pior coisa que pode acontecer quando você morre? Vamos trabalhar com essa ideia.

Henry: A morte de meu corpo.

Katie: E depois, o que vai acontecer?

Henry: Não sei.

Katie: Bem, o que você acha que é a pior coisa que pode acontecer? Você acha que algo horrível pode acontecer. O que é?

Henry: Que a morte é o fim, e não vou nascer outra vez. E que não há alma.

Katie: E então? Você não vai nascer outra vez. Não há alma. Até aqui, não há nada. Até aqui, o pior que pode acontecer a você é o nada. E depois?

Henry: É, mas é doloroso.

Katie: Então o nada é doloroso.

Henry: É.

Katie: Você pode saber com absoluta certeza que isso é verdade? Como é que o nada pode ser doloroso? Como é que pode ser qualquer coisa? O nada é nada.

Henry: Eu imagino esse nada como um buraco negro, muito desconfortável.

Katie: Então, o nada é um buraco negro. Você pode saber com absoluta certeza que isso é verdade? Não estou dizendo que não é. Sei como você gosta de suas histórias. É uma história antiga, a do buraco negro.

Henry: Acho que isso é a pior coisa que pode acontecer.

Katie: Tudo bem. Então, quando você morrer, você entrará em um enorme buraco negro para sempre.

Henry: Ou irei para o inferno. Chamo esse buraco negro de inferno.

Katie: Um buraco negro infernal e enorme para sempre.

Henry: E é um fogo infernal.

Katie: Um fogo de um buraco negro infernal enorme para sempre.

Henry: É, e que deu as costas para Deus.

Katie: Totalmente distante de Deus. Fogo e escuridão nesse enorme buraco negro infernal para sempre. Quero lhe perguntar: Você pode saber com absoluta certeza que isso é verdade?

Henry: Não, não posso.

Katie: Como você se sente quando acredita nesse pensamento?

Henry [chorando]: É doloroso. É horrível.

Katie: Meu querido, olhe para mim. Você está em contato com o que está sentindo neste momento? Olhe para si mesmo. *Isso* é o buraco negro do inferno. Você está nele. Ele não vem mais tarde; você está vivendo sua história de sua morte futura neste momento. Esse terror já é a pior coisa possível. Você pode ver um motivo para abandonar essa história? E não estou pedindo que a abandone.

Henry: Posso.

Katie: Dê-me uma razão — que não faça você se sentir como se estivesse no fogo escuro do inferno — para manter essa história.

Henry: Não posso.

Katie: Quem seria você sem essa história? Você já tem estado vivendo o pior que poderia ocorrer. Imaginação sem investigação. Perdido no inferno. Sem saída.

Henry: Forçado a distanciar-me de Deus.

Katie: Sim, meu anjo, forçado a se distanciar da consciência de Deus em sua vida. Você não pode se forçar a se distanciar de Deus; isso não é uma possibilidade. Você só pode se forçar a se distanciar da consciência de Deus dentro de você, por um certo tempo. Enquanto você adorar esse ídolo antigo, essa sua história antiga de buraco negro, não haverá espaço para qualquer consciência de Deus em você. Essa história é o que você vem adorando como uma criança, em pura inocência. Vamos examinar a frase seguinte.

Henry: Tenho medo de morrer.

Katie: Eu entendo isso. Mas ninguém tem medo de morrer: eles apenas têm medo da história deles sobre morrer. Veja o que você acha que a morte é. Você estava descrevendo sua vida, não a morte. Essa é a história de sua vida.

Henry: Hum... É.

Katie: Vamos examinar a frase seguinte.

Henry: Não posso aceitar a morte.

Katie: Isso é verdade?

Henry: Bem, é sim. Tenho muita dificuldade em aceitá-la.

Katie: Você pode saber com absoluta certeza que é verdade que não pode aceitar a morte?

Henry: É difícil acreditar que isso é possível.

Katie: Quando você não está pensando sobre a morte, você a aceita plenamente. Você não está se preocupando com ela nem um pouco. Por exemplo, pense em seu pé.

Henry: Tudo bem.

Katie: Você tinha um pé, antes de ter pensado nele? Onde é que ele estava? Quando não há pensamento, não há pé. Quando não há pensamento sobre a morte, não há morte.

Henry: Sério? Não posso crer que é assim tão simples.

Katie: Como você reage, o que acontece quando você acredita no pensamento "não posso aceitar a morte"?

Henry: Impotência. Pavor.

Katie: Quem seria você em sua vida sem a história "não posso aceitar a morte"?

Henry: O que seria minha vida sem esse pensamento? Seria maravilhosa.

Katie: "Não posso aceitar a morte" — inverta a frase.

Henry: Posso aceitar a morte.

Katie: Todos podem. Todos o *fazem*. Não há decisão na morte. As pessoas que sabem que não há esperança estão livres. A decisão não está em suas mãos. Sempre foi assim, mas algumas pessoas têm de morrer corporalmente para descobrir isso. Com razão elas sorriem em seu leito de morte. Morrer é tudo que elas estavam buscando na vida. Sua ilusão de que tinham o controle acabou. Quando não há escolha, não há medo. E nisso, há paz. Elas compreendem que chegaram em casa e que nunca saíram dela.

Henry: Esse medo de perder o controle é muito forte. E também esse medo de amor. Está tudo ligado.

Katie: É aterrorizante pensar que você pode perder o controle, embora a verdade seja que você nunca o teve, desde o início. Isso é a morte da fantasia e o nascimento da realidade. Vamos examinar a frase seguinte.

Henry: *A morte deveria deixar que eu reencarnasse.*

Katie: "Você deveria reencarnar" — você pode saber com absoluta certeza que isso é verdade? Bem-vindo à história de um futuro.

Henry: Não, não posso saber se é verdade.

Katie: Você nem gosta muito *desta* vez por aqui. Por que você a quer outra vez? [Henry ri.] "Puxa, que buraco negro é *isso* aqui. Hum, acho que vou voltar outra vez." [O público ri.] "Você quer voltar outra vez" — isso é verdade?

Henry [rindo]: Não, não é. Não quero reencarnar. Foi um erro.

Katie: "Nós reencarnamos" — você pode saber com absoluta certeza que isso é verdade?

Henry: Não, só ouvi falar e li que reencarnamos.

Katie: Como você reage, o que acontece quando você acredita nesse pensamento?

Henry: Sinto-me ansioso sobre o que estou fazendo agora, porque acho que vou ter que pagar por isso mais tarde e posso até ser castigado por isso ou pelo menos ter de sofrer durante muitas vidas, porque magoei muitas pessoas em minha vida. Tenho medo de ter acumulado muitos carmas ruins e talvez tenha feito tudo errado nesta vida e vou ter que começar tudo outra vez e outra vez mais em formas de vida inferiores.

Katie: Quem você seria sem o pensamento de que nós reencarnamos?

Henry: Menos temeroso. Mais livre.

Katie: A reencarnação pode ser um conceito útil para algumas pessoas, mas, em minha experiência, nada reencarna a não ser um pensamento. "Eu. Eu sou. Eu sou mulher. Sou uma mulher com filhos." E assim por diante, *ad infinitum*. Você quer acabar com o carma? É simples. Eu. "Eu sou" — isso é verdade? Quem eu seria sem essa história? Nenhum carma de qualquer tipo. E aguardo a próxima vida com ansiedade e aí vem ela. Chamo-a de "agora". Vamos examinar a frase seguinte.

Henry: A morte é dolorosa.

Katie: Você pode saber com absoluta certeza que isso é verdade?

Henry: Não, não posso.

Katie: Como você se sente quando acredita no pensamento de que a morte é dolorosa?

Henry: Agora, parece bobagem.

Katie: "A morte é dolorosa" — inverta a frase. "Meu pensamento..."

Henry: Meu pensamento é doloroso.

Katie: Isso não é mais verdadeiro?

Henry: Sim, sim.

Katie: A morte nunca foi assim tão malvada. Ela é simplesmente o fim do pensamento. A fantasia sem uma investigação é dolorosa, às vezes. Vamos examinar a próxima frase.

Henry: A morte é o fim.

Katie [rindo]: Essa é ótima. Você pode saber com absoluta certeza que isso é verdade?

Henry: Não, não posso.

Katie: Este não é um dos seus favoritos? [O público ri.] Como você reage, o que acontece quando você acredita nesse pensamento?

Henry: Até agora, sempre tive medo.

Katie: "A morte é o fim" — inverta.

Henry: Meu pensamento é o fim.

Katie: É o começo, o meio e o fim. [Henry e o público riem.] Tudo. Você sabe morrer muito bem. Você já não foi simplesmente dormir à noite?

Henry: Fui.

Katie: É a mesma coisa. O sono sem sonhos. Você se dá muito bem. Dorme à noite, depois abre os olhos e ainda não há nada, não há ninguém desperto. Nunca há ninguém vivo até que a história comece com "Eu". E é aí onde a vida começa, com a primeira palavra que você pensa. Antes disso, não há você, não há o mundo. Você faz isso cada dia de sua vida. A identificação como um "Eu" desperta. "Eu" sou Henry. "Eu" preciso escovar os dentes. "Eu" estou atrasado para o trabalho. "Eu" tenho tanto que fazer hoje. Antes disso, não há ninguém, não há nada, nenhum buraco negro infernal, só a paz que nem mesmo se reconhece como paz. Você morre muito bem, meu querido. E você nasce muito bem. E se as coisas ficarem difíceis, você tem a investigação. Vamos ver sua última frase.

Henry: Nunca mais quero sentir medo da morte outra vez.

Katie: "Estou disposto..."

Henry: Estou disposto a sentir medo da morte outra vez.

Katie: Agora você sabe o que fazer com ele. Portanto, faça uma tentativa. "Não vejo a hora de..."

Henry [rindo]: Não vejo a hora de sentir medo da morte outra vez. Vou fazer o que posso.

Katie: Ótimo. Não há nenhum lugar, nenhum buraco escuro onde você possa ir onde a investigação não o acompanhe. A investigação vive dentro de você se você alimentá-lo durante um tempo. Depois ele assume vida própria e automaticamente o alimenta. E você nunca recebe mais dor do que aquela com a qual pode lidar. Você nunca, nunca recebe mais do que o que pode aguentar. Isso é uma promessa. As experiências de morte são apenas experiências mentais. E quando as pessoas morrem, é tão maravilhoso que elas nunca voltam para contar. É tão maravilhoso que elas não se dão esse trabalho. [Risos.] É para isso que a investigação serve. Portanto, meu querido, não veja a hora de ter medo da morte. Se você é um amante da verdade, liberte a si próprio.

As bombas estão caindo

O próximo diálogo, com um holandês de 67 anos de idade, mostra o poder de uma história não investigada que pode controlar nossos pensamentos e nossas ações por quase uma vida inteira.

Bombas caíram também sobre um alemão que participou em uma das minhas Escolas Europeias para o Trabalho. Ele tinha 6 anos quando as tropas soviéticas ocuparam Berlim, em 1945. Os soldados o levaram, junto com muitas outras crianças, mulheres e pessoas idosas que tinham sobrevivido ao bombardeio, e o colocaram em um abrigo. Ele se lembra de brincar com uma das granadas de mão ainda não detonadas que os soldados tinham dado às crianças como brinquedo. Ele estava olhando quando um dos outros meninos puxou o pino; a granada explodiu e o braço do menino foi arrancado. Muitas das crianças ficaram aleijadas e ele se lembra de seus gritos, dos rostos feridos, pele e membros voando pelos ares. Lembra-se também de ver uma menina de 6 anos que dormia perto dele sendo estuprada por um soldado, e contou-me que podia ouvir os gritos das mulheres sendo violentadas noite após noite nas casernas. Sua vida inteira era dominada pela experiência de um menino de 6 anos, disse ele, e viera à Escola para mergulhar fundo dentro de si mesmo e de seus pesadelos e encontrar o caminho de volta para casa.

Na mesma Escola, havia uma mulher judia cujos pais tinham sobrevivido a Dachau. Quando ela era criança, suas noites também eram repletas de gritos. Seu pai, muitas vezes, acordava no meio da noite gritando e passava horas andando de um lado para outro, chorando e gemendo. A maior parte das noites, a mãe dela também acordava e se juntava ao pai em seus lamentos. O pesadelo dos pais tornou-se o pesadelo da filha. Ela aprendeu que se as pessoas não tivessem um número tatuado em seu braço, não eram confiáveis. Estava tão traumatizada quanto o alemão.

Poucos dias depois de estarem na Escola, após ter ouvido suas histórias, coloquei essas duas pessoas juntas para um exercício. Os Formulários que tinham escrito eram críticas sobre os soldados inimigos na Segunda Guerra Mundial, de lados opostos. Cada um deles investigou o outro. Adorei observar esses dois sobreviventes do pensamento à medida que iam se tornando amigos.

No diálogo que se segue, Willem investiga terrores da infância que estiveram com ele por mais de 50 anos. Embora ainda não esteja pronto para esperar com ansiedade o pior que pode acontecer, ele realmente tem alguns *insights* importantes. Nunca podemos saber quantos benefícios recebemos quando terminamos um processo de investigação sincero, ou que efeito isso vai ter sobre nós. É até possível que nunca tenhamos consciência do efeito. Não é de nossa conta.

* * *

Willem: Não gosto da guerra porque ela me trouxe muito medo e terror. Mostrou-me que minha existência era muito insegura. Eu tinha fome o tempo todo. Meu pai não estava lá quando eu precisava dele. Tinha que passar muitas noites no abrigo antiaéreo.

Katie: Bom. E que idade você tinha?

Willem: No começo da guerra, 6 anos, e no fim, 12.

Katie: Vamos examinar "ela me trouxe muito medo e terror." Então, vá para o pior momento, para verdadeiramente o pior momento que você passou, com toda fome, medo e sem pai. Qual era sua idade nessa época?

Willem: Doze.

Katie: E onde você está? Vou falar com o menino de 12 anos.

Willem: Estou voltando da escola, indo para casa, e ouço as bombas, então entro em casa e a seguir a casa cai sobre mim. O telhado cai sobre minha cabeça.

Katie: E depois, o que aconteceu?

Willem: Primeiro, pensei que estava morto, depois percebi que estava vivo e saí rastejando dos escombros e fugi correndo.

Katie: Então você fugiu correndo, e depois?

Willem: Saí correndo pela rua e entrei em uma padaria. Depois saí da padaria e entrei em uma igreja, na sacristia, pensando: "Talvez eu esteja mais seguro aqui." E, mais tarde, fui colocado em um caminhão com outras pessoas feridas.

Katie: Seu corpo estava bem?

Willem: Sim, mas tive uma concussão.

Katie: Ok. Eu gostaria de perguntar ao garotinho de 12 anos qual é o pior momento? Quando você ouve as bombas? Quando a casa cai sobre você?

Willem: Quando a casa começou a cair.

Katie: Sim. E enquanto a casa estava caindo, a não ser pelo que você estava pensando, menininho, estava tudo bem? A não ser por seus pensamentos, está bem? Na realidade?

Willem: Agora, como adulto, posso dizer que sim, porque sei que sobrevivi. Mas, como uma criança, não estava nada bem.

Katie: Entendo. E estou perguntando ao menino de 12 anos. Estou pedindo que você olhe para a casa caindo. Ela está caindo. Você está bem?

Willem: Sim. Ainda estou vivo.

Katie: E depois, quando a casa cai sobre você, você está bem? Na realidade?

Willem: Eu ainda estou vivo.

Katie: Agora você está rastejando para fora da casa. Diga-me a verdade, menininho. Você está bem?

Willem [após uma longa pausa]: Estou vivo.

Katie: E, uma vez mais, estou perguntando ao menininho, há alguma coisa que não está bem?

Willem: Não sei se minha madrasta ou meus irmãos ainda estão vivos.

Katie: Bom. Agora, a não ser por aquele pensamento, você está bem?

Willem [após uma pausa]: Estou vivo, e isso é uma coisa boa, dadas as circunstâncias.

Katie: Sem a história de sua mãe e de sua família, você está bem? Não quero dizer apenas vivo. Olhe para o menino de 12 anos.

Willem: Embora eu esteja em pânico, posso dizer que estava bem. Estava vivo e feliz de sair de dentro da casa.

Katie: Então, feche os olhos. Agora, afaste-se do menino. Apenas observe o garoto de 12 anos. Observe-o com a casa caindo sobre ele. Agora, observe-o rastejando para sair. Olhe para ele sem sua história, sem a história de bombas e de pais. Apenas olhe para ele sem sua história. Você pode ter sua história de volta mais tarde. Por enquanto, apenas olhe para ele, sem sua história. Apenas fique com ele. Você pode encontrar aquele lugar em você onde sabia que estava bem?

Willem: Hum.

Katie: Sim, meu querido, você conta a história de como a bomba vai destruir sua família e você, e você se assusta com a história. Meninos pequenos não compreendem como a mente funciona. Não podem saber que é apenas uma história que os está assustando.

Willem: Eu não sabia.

Katie: Então a casa caiu, o telhado caiu sobre sua cabeça, você teve uma concussão, você rastejou até sair, foi até a uma padaria, depois para uma igreja. A realidade é muito mais bondosa que nossas histórias. "Preciso de meu pai. Será que uma bomba atingiu minha família? Meus pais estarão vivos? Será que os verei outra vez? Como vou sobreviver sem eles?"

Willem: Hum.

Katie: Eu gostaria de retornar e estar ali com aquele menininho outra vez, porque ele ainda está sentado aqui hoje. A história "vai cair e matar minha família" causa muito mais terror e dor que a casa que realmente cai sobre você. Você chegou a sentir, ela caindo sobre você?

Willem: Provavelmente não, porque eu estava com muito medo.

Katie: Então, meu querido, quantos vezes você vivenciou essa história? Por quantos anos?

Willem: Muitas e muitas vezes.

Katie: Quantos outros bombardeios você ouviu?

Willem: Apenas mais duas semanas de bombardeios.

Katie: Então você vivenciou aquilo por duas semanas e vem vivendo isso em sua mente por quantos anos?

Willem: Cinquenta e cinco.

Katie: Então as bombas vêm caindo dentro de você por 55 anos. E, na realidade, somente por uma parte de seis anos.

Willem: É.

Katie: Então, quem é mais bondoso, a guerra ou você?

Willem: Hum.

Katie: Quem está fazendo guerra sem cessar? Qual é sua reação quando acredita nessa história?

Willem: Medo.

Katie: E olha como você vive quando acredita nessa história. Durante 55 anos você sente medo sem qualquer bomba e sem qualquer casa caindo. Você pode encontrar uma razão para abandonar essa história do menino?

Willem: Ah, posso.

Katie: Quem você seria sem ela?

Willem: Eu seria livre, livre do medo provavelmente, especialmente livre do medo.

Katie: Pois é, essa é minha experiência. Quero falar com o menininho de 12 anos outra vez. É verdade que você precisa de seu pai? É realmente verdade?

Willem: Sei que senti falta dele.

Katie: Compreendo isso totalmente. E é verdade que você precisa de seu pai? Estou lhe pedindo a verdade.

Willem: Cresci sem um pai.

Katie: Então, é realmente verdade que você precisava dele? É verdade que você precisava de sua mãe até que a encontrou outra vez? Na realidade?

Willem: Não.

Katie: É verdade que precisava de comida quando tinha fome?

Willem: Não. Não morri de fome.

Katie: Você pode encontrar uma razão que não lhe cause estresse para manter a história de que você precisava de sua mãe, precisava de seu pai, precisava de uma casa, precisava de comida?

Willem: Para que eu possa me sentir como uma vítima.

Katie: Isso é muito estressante. E o estresse é o único efeito dessa história muito, muito antiga, que nem mesmo é verdadeira. "Eu precisava de minha mãe." Não é verdade. "Eu precisava de meu pai." Não é verdade. Você pode ouvir agora? Como é que você viveria se não fosse uma vítima?

Willem: Eu seria muito mais livre.

Katie: Menininho de 12 anos no abrigo, você pode ver uma razão para abandonar a história "eu preciso de minha mãe, eu preciso de meu pai, eu preciso de uma casa, eu preciso de comida"?

Willem: Posso.

Katie: É só nossa história que não nos permite saber que sempre temos tudo de que precisamos. Você pode inverter essa frase? Leia a frase outra vez.

Willem: Não gosto da guerra porque me trouxe muito medo e terror.

Katie: "Não gosto de meu pensamento..."

Willem: Não gosto de meu pensamento sobre a guerra porque me trouxe muito medo e terror.

Katie: É. O pior que aconteceu com você na realidade foi uma concussão. Então vamos passar suavemente para a frase seguinte.

Willem: Deveria haver somente discussões, em vez de guerra.

Katie: Você pode saber com absoluta certeza que isso é verdade? Você vem mantendo uma discussão mental por 55 anos! [Willem ri.] E isso não resolveu nenhuma guerra — dentro de você.

Willem: Hum.

Katie: Como você reage, o que acontece quando você acredita no pensamento "Não deveria haver guerra"? Como é que você viveu sua vida, durante 55 anos, quando tem esse pensamento e ao mesmo tempo lê sobre guerras nos jornais?

Willem: Faz com que eu fique frustrado, desapontado, zangado e, às vezes, desesperado. Luto para solucionar conflitos de uma maneira pacífica, mas não tenho muito sucesso nisso.

Katie: Então, na realidade, a guerra continua sendo deflagrada em você e no mundo, e na sua mente há uma guerra contra a realidade com a história "Não deveria haver guerra". Quem você seria sem essa história?

Willem: Poderia lidar mais livremente com conflitos se não tivesse essa ideia.

Katie: Pois é. Você vivenciaria o fim da guerra com a realidade. Seria alguém a quem poderíamos ouvir, um homem de paz, falando a verdade sobre como terminar a guerra — alguém confiável. Vamos examinar a frase seguinte.

Willem: *Conflitos internacionais devem ser solucionados de uma forma pacífica.* Devo invertê-la?

Katie: Sim.

Willem: Meus conflitos internos devem ser solucionados de uma forma pacífica.

Katie: Sim, por meio da investigação. Você aprende a solucionar problemas pacificamente em seu mundo interior, e agora temos um professor. O medo ensina medo. Só a paz pode ensinar paz. Vamos examinar a frase seguinte.

Willem: *A guerra destrói muitas vidas humanas e desperdiça quantidades imensas de recursos materiais. Ela traz muita tristeza e sofrimento para as famílias. Ela é cruel, brutal e terrível.*

Katie: Você pôde ouvir a inversão enquanto estava dizendo a frase? Está sentindo como é? Vamos ver como soa. Inverta a frase e ponha a si mesmo em toda ela.

Willem: Pôr a mim mesmo?

Katie: "Meu pensamento destrói..."

Willem: Meu pensamento destrói muitas vidas humanas e desperdiça quantidades imensas de meus próprios recursos materiais.

Katie: É. Cada vez que você conta a história da guerra dentro de você, ela reduz seus próprios recursos favoritos: paz e felicidade. E a próxima? Inverta-a também.

Willem: Eu trago muita tristeza e sofrimento para minha própria família.

Katie: Sim. Quanta tristeza você traz quando vem para casa, para sua família, com essa história dentro de você?

Willem: Isso é difícil de aceitar.

Katie: Não vejo nenhuma bomba caindo. Nenhuma bomba caiu à sua volta por 55 anos, a não ser em sua mente. Só há uma coisa mais difícil do que aceitar isso, é *não* aceitá-lo. A realidade governa, estejamos ou não conscientes disso. A história é sobre como você evita que você mesmo sinta paz aqui e agora. "Você precisava de sua mãe" — isso é verdade?

Willem: Eu sobrevivi sem ela.

Katie: Vamos trabalhar com um sim ou um não e ver como você se sente. "Você precisava de sua mãe" — isso é verdade na realidade?

Willem: Não.

Katie: "Você precisava de seu pai" — isso é verdade?

Willem: Não.

Katie: Sinta isso. Feche os olhos. Olhe aquele menino cuidando de si mesmo. Olhe para ele sem sua história. [Longa pausa. Finalmente, Willem sorri.] Eu, também. Perdi minha história, perdi minha vida antiga cheia de dor. E encontrei uma vida maravilhosa do outro lado do terror e da guerra interna. A guerra que eu fiz contra minha família e contra eu mesma foi tão brutal quanto qualquer bomba que poderia ter sido lançada. E em um determinado momento parei de me jogar bombas. Comecei a fazer esse Trabalho. Respondi às perguntas com um simples sim ou não. Fiquei com as respostas, deixei que entrassem em mim, e descobri a liberdade. Vamos examinar a frase seguinte.

Willem: Nunca mais quero sentir outra vez as bombas caindo sobre minha cabeça, ou ser um refém, ou sentir fome.

Katie: Você pode sentir a história outra vez. E se não sentir paz ou rir quando se ouvir contando a história do pobre menininho que precisava de seus pais, então é hora de fazer O Trabalho outra vez. Essa história é seu dom. Quando puder vivenciá-la sem medo, então seu Trabalho estará terminado. Só há uma pessoa que pode pôr fim à sua guerra interna, e essa pessoa é você. Você é aquele sobre quem as bombas internas estão caindo. Então vamos inverter. "Estou disposto..."

Willem: Estou disposto a aceitar que bombas caiam sobre minha cabeça outra vez.

Katie: Mesmo que seja só em pensamento. As bombas não estão vindo lá de fora, elas só podem vir de dentro de você. Portanto, "espero com ansiedade..."

Willem: É difícil dizer isso.

Katie: Não vejo a hora de ver o pior que pode acontecer, só porque isso me mostra aquilo que eu ainda não enfrentei com a compreensão. Conheço o poder da verdade.

Willem: Não vejo a hora de ver as bombas caindo outra vez, e que eu sinta fome. A fome não é tão ruim. [Pausa.] Não sinto isso ainda. Talvez mais tarde.

Katie: Não é necessário que sinta isso agora. Tudo bem. É uma boa coisa que você não possa exatamente não ver a hora de as bombas caírem; há alguma liberdade em admitir isso. Da próxima vez que a história surgir, você poderá sentir algo que lhe dará prazer. O processo que você fez hoje pode ajudá-lo a atravessar a situação, dias ou semanas depois. Pode atingi-lo como um martelo, ou é possível que você nem sinta nada. E, por via das dúvidas, espere-o com ansiedade. Sente-se e escreva o que ainda resta. Não é fácil fazer uma cirurgia mental em um fantasma de 55 anos. Obrigada por sua coragem, meu querido.

Mamãe não impediu o incesto

Trabalhei com centenas de pessoas (sobretudo mulheres) que estão desesperadamente presas em seu próprio pensamento atormentado sobre o estupro ou incesto a que foram submetidas. Muitas delas ainda sofrem, todos os dias de suas vidas, com os pensamentos do passado.

Repetidamente, vi a investigação ajudá-las a vencer qualquer obstáculo que elas usavam, inocentemente, para evitar sua própria cura. Por meio das quatro perguntas e das inversões, acabaram percebendo aquilo que ninguém, exceto elas próprias, poderia compreender: que sua dor atual lhes é infligida por elas mesmas. E à medida que observam essa percepção tomar forma, começam a se libertar.

Observe como cada frase no diálogo que se segue parece ser sobre um evento passado. Na verdade, a dor que sentimos sobre um evento passado é criada no presente, seja qual for que tenha sido aquela dor passada. A investigação examina essa dor atual. Embora eu tenha conduzido Diane de volta ao cenário onde o evento ocorreu, e ela responda às perguntas como se estivesse naquele momento de terror, ela nunca sai da segurança perfeita do presente.

Convido aqueles entre vocês que tiveram uma experiência semelhante a ser carinhosos com vocês mesmos à medida que vão lendo este diálogo e enquanto pensam nas possíveis respostas que os podem livrar de sua dor. Se, em determinado momento, vocês acharem que é difícil prosseguir, deixem o diálogo de lado por uns momentos. Vocês saberão quando voltar para ele.

Por favor, esteja consciente de que quando faço essas perguntas de modo algum estou sendo tolerante com a crueldade ou mesmo com a menor maldade. O problema aqui não é o perpetrador. Meu único foco é a pessoa sentada a meu lado, e estou unicamente preocupada com a liberdade dela.

Se você acha que é vítima de um evento passado semelhante, sugiro que use algum tempo extra com duas partes de seu inquérito. Primeiro: depois de se fazer a pergunta 3 e compreender a dor que resulta de seu pensamento, faça as questões adicionais que fiz a Diane: quantas vezes isso aconteceu? Quantas vezes você o reviveu em sua mente? Segundo: quando descobrir sua própria parte no evento, por menor que seja — sua aquiescência inocente com o ato, por razões de amor ou a fim de escapar de danos piores —, permita-se sentir o poder de apropriar-se daquela parte, e sinta como é doloroso negá-la. Depois, use algum tempo para se perdoar por qualquer dor que tenha infligido a si mesma. A identidade que resta depois disso pode já não lhe fazer sentir aquela identidade de vítima.

* * *

Diane: Estou zangada com minha mãe porque ela permitiu que eu fosse molestada por meu padrasto e nunca fez nada para pôr um fim àquilo, mesmo sabendo o que estava acontecendo.

Katie: Então, "ela sabia o que estava acontecendo" — isso é verdade?

Diane: É.

Katie: Isso é realmente verdade? Você perguntou a ela? Vamos responder com sim ou não.

Diane: Não.

Katie: Ela viu você sendo molestada?

Diane: Não.

Katie: Ele disse a ela?

Diane: Não, mas outras três meninas, que também foram molestadas contaram para ela.

Katie: Elas lhe disseram que ele estava molestando você?

Diane: Não. Que ele estava molestando as três.

Katie: Então, "Ela sabia que ele estava molestando você" — isso é verdade? Você pode saber com absoluta certeza que isso é verdade? Não estou querendo brincar com o assunto. Onde eu quero chegar: sim, ela provavelmente presumiu o que estava ocorrendo, sim, as outras meninas lhe passaram a informação, e sim, ela provavelmente sabia que ele era capaz de algo assim. Não estou deixando essa parte de lado, quero que saiba disso. Mas "Ela sabia que ele estava lhe molestando" — você pode saber com absoluta certeza que isso é verdade?

Diane: Não.

Katie: Não estou perguntando se ela poderia ter suposto isso facilmente. Mas às vezes nós achamos que algo está acontecendo e não temos certeza total, então não deixamos que a mente explore o assunto, porque não queremos realmente descobrir, achamos que seria horrível demais. Você já sentiu isso?

Diane: Já.

Katie: Eu também. Então isso nos coloca em uma posição de compreensão. Posso imaginar como alguém pode viver dessa maneira, porque eu costumava viver assim de tantas maneiras. Como você reage, o que acontece quando você acredita no pensamento "Ela sabia o que estava acontecendo e não fez nada"?

Diane: Fico zangada.

Katie: E como você a trata quando tem esse pensamento?

Diane: Não falo com ela. Vejo-a como cúmplice. Vejo-a como se estivesse me usando para cumprir a função dela. Eu a odeio, e não quero ter nada a ver com ela.

Katie: E como é que você se sente quando a vê dessa maneira? Como se não tivesse mãe?

Diane: Muito triste. Sozinha.

Katie: Quem você seria sem o pensamento "Ela sabia o que estava ocorrendo e não fez nada"?

Diane: Estaria em paz.

Katie: "Ela sabia o que estava ocorrendo e não fez nada". Inverta. "Eu..."

Diane: Eu sabia o que estava ocorrendo e não fiz nada.

Katie: Essa frase é tão verdadeira ou mais verdadeira que a outra? Você contou a ela? Você contou a alguém?

Diane: Não.

Katie: Havia um motivo para isso. O que é que você pensava quando queria lhe contar e não dizia nada?

Diane: Eu ficava vendo minha irmã mais velha apanhando.

Katie: De seu padrasto?

Diane: Sim. Ela teve a coragem de enfrentá-los e dizer: "Essa violação está acontecendo." E minha mãe simplesmente ficou ali sentada.

Katie: Enquanto sua irmã apanhava.

Diane [soluçando]: E não sei como esquecer isso. Não sei como...

Katie: Meu bem, não é isso exatamente o que você está fazendo nesta cadeira hoje — aprendendo a investigar e a permitir que a dor a deixe livre? Vamos continuar avançando por meio dessa cirurgia. Que idade você tinha quando viu sua irmã apanhar por dizer a verdade?

Diane: Oito anos.

Katie: Tudo bem, vou falar com você aos 8 anos. Portanto, responda como se tivesse 8 anos. Menina de 8 anos, "se você contar para sua mãe, também vai apanhar" — você pode saber com absoluta certeza que isso é verdade? Não estou dizendo que não seja. Isso é apenas uma pergunta.

Diane: Vou.

Katie: O que me parece é o seguinte, menininha; você tem a prova. E estou pedindo que vá mais fundo dentro de você. Você pode saber com absoluta certeza que se falar a verdade vai apanhar? E vamos responder com um sim se você precisar fazer isso; essa é sua resposta por enquanto, e eu a amo e respeito. Parece que você tem a evidência que a levaria a acreditar que isso é verdade. E, garotinha, você poderia realmente saber que aquilo iria acontecer com você também? [Há uma longa pausa.] As duas respostas são iguais, meu bem.

Diane: Essa é a única coisa que posso ver acontecendo. Ou ele me bateria ou me mandaria embora.

Katie: Então a resposta é não. Ouço de você que poderia haver uma outra opção. Vamos examinar essa opção, está bem? Então, garotinha, "se você contar, vão lhe mandar embora" — você pode saber com absoluta certeza que isso é verdade?

Diane: Eu não sei o que seria pior — ficar ou ir embora.

Katie: Apanhar ou ir embora. Qual é sua reação quando tem o pensamento "Ou vão me bater ou me mandar embora se eu contar"?

Diane: Fico com muito medo. E não digo a ninguém.

Katie: E depois, o que acontece?

Diane: Eu me refugio dentro de mim mesma. Não consigo decidir o que quero fazer. Não digo nada.

Katie: Sim, e então o que acontece quando você não diz nada?

Diane: Ele vem ao meu quarto, e mesmo assim eu não digo nada.

Katie: E depois, o que acontece?

Diane: Ele continua.

Katie: Sim, meu bem, aquilo continua. Isso não é sobre o que é certo ou errado. Estamos apenas examinando as coisas. A violação continua. O que acontecia, minha querida?

Diane: Abuso sexual.

Katie: Com penetração?

Diane: Sim.

Katie: Então, garotinha, você pode encontrar um motivo para abandonar o pensamento "se eu contar, apanharei ou serei mandada embora"? E não estou pedindo que abandone o pensamento. Sua decisão de não contar pode ter salvado sua vida. Estamos apenas investigando aqui.

Diane: Não posso encontrar um motivo. Não sei como tomar essa decisão. Ele continuava vindo ao meu quarto. Não parava.

Katie: Tudo bem, meu anjo, entendo o que está dizendo. Então ele continuava vindo a seu quarto. Vamos voltar um pouco atrás. Com que frequência ele vinha a seu quarto?

Diane: Sempre que minha mãe não estava em casa.

Katie: Sim. Então, uma vez por mês? Uma vez por semana? E compreendo que não há meios de você saber com precisão. Mas o que lhe parece?

Diane: Às vezes era todas as noites. Ela estava na escola. Às vezes isso continuava durante semanas.

Katie: Sim, querida. Então, há um motivo para abandonar o pensamento "se eu contar, apanharei ou serei mandada embora". O abuso continuava e continuava.

Diane: Oh.

Katie: Não se trata aqui de tomar uma decisão certa ou errada. O abuso continuou. Como você reage, o que acontece quando você acredita no pensamento de que você ou apanharia ou seria mandada embora? Noite após noite, ele vinha a seu quarto enquanto sua mãe estava na escola. Dê-me uma razão que não lhe cause estresse ou a machuque para manter essa história em seu mundo interno?

Diane: Não há nenhuma. Qualquer pensamento sobre isso é...

Katie: Uma câmara de tortura? Quantas vezes você viu sua irmã apanhar porque contou?

Diane: Só aquela vez.

Katie: Quantas vezes seu padrasto veio a seu quarto? Muitas vezes, não foi? O que seria menos doloroso, aquilo ou a surra?

Diane: A surra seria muito menos dolorosa.

Katie: Meninas pequenas, e até meninas grandes, não compreendem essas coisas. Estamos apenas examinando o medo por dentro hoje. O que foi a pior coisa que aconteceu? Você pode descrever o ato sexual, minha querida? O ato sexual com ele, e sua vivência disso? Vá para o momento que foi o mais doloroso, o pior momento de todos. Qual a sua idade?

Diane: Nove anos.

Katie: Tudo bem, então me conte, menininha, o que está ocorrendo?

Diane [chorando]: Tínhamos encontrado com meu avô numa sorveteria porque era meu aniversário. E quando saímos, minha mãe me disse que fosse com meu padrasto. E ele fez com que eu sentasse no seu colo enquanto dirigia. Agarrou meu braço e me puxou para cima dele.

Katie: Sim. Tudo bem. Então, qual foi a parte mais penosa?

Diane: Era meu aniversário e eu só queria ser amada.

Katie: Sim, meu bem. Sim. O que fazemos por amor... É assim que somos. E quando estamos confusas, essa necessidade vai por direções estranhas, não é? Então me conta sobre isso. Sobre a procura do amor. O que aconteceu? O que é que você pensou? Ele a puxou por cima dele. Qual foi sua parte?

Diane: Eu deixei que acontecesse.

Katie: Sim. Houve uma parte ali em que você fingiu que tudo estava bem... por amor? Qual foi sua parte? [Para o público:] Se qualquer um de vocês teve uma experiência semelhante, entre em si mesmo, se puder, e responda a esta pergunta: "Qual foi sua parte?" Não se trata de culpa. Seja doce com você mesmo. Isso é sobre liberdade. [Para Diane:] Qual foi sua parte? Você apenas deixou que acontecesse e...

Diane [chorando]: Eu o amava.

Katie: Sim. É assim que as coisas são. Sim, meu bem. Então, qual foi a parte mais dolorosa?

Diane: Não foi o sexo. Mas quando ele foi embora. Ele me deixou ali no carro, saiu e começou a andar.

Katie: Quando ele foi embora. Então sentar no colo dele não foi o pior. O que foi pior foi não obter o que você estava procurando. Você foi abandonada ali. Nenhuma recompensa pelo seu sacrifício. Nenhuma recompensa por procurar aquilo que nós nunca podemos realmente achar em outra pessoa. Você já ouviu minha oração, se eu tivesse uma? Uma vez eu passei pelo que você passou. Só um gosto da coisa. Mas minha oração — se eu tivesse uma — seria: "Deus, não me deixe buscar amor, aprovação ou apreciação. Amém."

Diane: Então isso me faz tão culpada quanto ele?

Katie: Não, minha querida: apenas tão inocente. Como é que você poderia ter sabido que outra coisa fazer? Se tivesse sabido outro caminho, não o teria escolhido?

Diane: Sim.

Katie: Sim. Então, onde está a culpa nisso? Nós todos estamos buscando amor, em nossa confusão, até que encontramos nosso caminho de volta à compreensão de que o amor é o que já somos. É só isso. Estamos procurando algo que já temos. Pequenas meninas de 8 ou 9 anos. Pequenas de 40, 50 ou 80 anos. Somos culpadas de buscar amor, só isso. Sempre procurando aquilo que já temos. É uma busca muito dolorosa. Você estava fazendo o melhor que podia, não estava?

Diane: Estava.

Katie: Sim. Talvez ele estivesse também. "Ele abusou de mim" — inverta a frase. "Eu..."

Diane: Eu abusei de mim?

Katie: Sim. Você pode perceber isso? Uma vez mais, não é uma questão de certo ou errado.

Diane: Sim, eu entendo. Eu entendo.

Katie: Isso é uma grande compreensão de sua parte, meu anjo. Portanto, fique apenas com aquela garotinha por um momento. É possível que eventualmente você queira fechar os olhos e imaginar que a está segurando em seus braços. E você pode querer dar-lhe consolo e recompensas. Fazer com que ela saiba que você sempre estará lá para ela se ela precisar de alguém. Ela não sabia o que você está aprendendo hoje, é só isso. Ela viveu aquilo para seu aprendizado agora, hoje. Não há maior professor para você do que ela. Ela é quem passou por tudo aquilo que você precisa saber agora. É nela que você pode acreditar. Ela viveu aquilo para que você não tenha que vivê-lo. Ela é onde está sua sabedoria. Estamos apenas tendo uma pequena experiência dessa menina linda que viveu daquela maneira em benefício de sua liberdade hoje. Querida, há uma outra inversão. "Ele abusou de mim." "Eu abusei de mim." Há uma outra inversão. "Eu..."

Diane: Eu...

Katie: "... abusei..."

Diane: abusei... [Há uma longa pausa.] Eu abusei... dele? Essa é muito difícil.

Katie: Fale-me sobre isso. Minha querida, ele fez um tanto assim [levanta as mãos bem distantes uma da outra]. Você fez esse pouco [levanta as mãos quase tocando uma na outra]. Isso é o que você precisa saber — esse pouquinho — para se libertar. Isso é seu. E esse pequeno pedaço pode doer tanto quanto aquela enorme quantidade. Diga-me. "Ele abusou de mim" — inverta. "Eu..."

Diane: Eu abusei dele.

Katie: Sim, minha querida. Fale-me sobre isso. Vamos entrar na cirurgia.

Diane: Depois que aquilo aconteceu... eu basicamente podia conseguir o que quisesse dele.

Katie: Sim, meu bem. Sim. O que fazemos por amor, aprovação ou apreciação, hum? Isso é autoconhecimento. Que mais?

Diane: Eu às vezes acho que se tivesse dito alguma coisa antes o fim de tudo teria sido bem diferente.

Katie: Não podemos saber, não é, meu bem? O que sei é que respeito seu caminho, porque conheço o valor do meu próprio. Seja o que for que seja necessário para você encontrar sua liberdade, é o que você viveu. Nem um só ingrediente, para mais ou para menos. É o que aquela menininha viveu por você. Tudo. Ela tem a chave para a sua liberdade hoje. Portanto, minha querida, das duas posições, qual é o papel que seria o mais doloroso para você, o papel dele ou o seu? Um homem que penetra uma menina de 8 ou 9 anos de idade, ou a menina de 8 ou 9 anos? Qual seria a posição mais dolorosa para você viver? Se você tivesse que escolher.

Diane: Acho que é a dele.

Katie: Sim? Então sua resposta me diz que você sabe a dor que ele estava sentindo, através de seus próprios olhos, e como a pessoa se sente — o inferno que é — ao causar dano. Querida, vamos examinar a frase seguinte. Você está indo muito bem. Está percorrendo você mesma de uma maneira muito doce. Você está fazendo aqui uma cirurgia e tanto. Vejo que está cansada da dor.

Diane: Estou. Não quero passá-la para meu filho.

Katie: Sim, seu filho não precisa desse tipo de dor. Mas ele vai ter de carregá-la enquanto você a mantiver. Isso não é uma escolha. Ele é o mundo segundo sua percepção. E ele vai refletir tudo de volta para você enquanto você mantiver a dor. Você está fazendo esta cirurgia para ele, também. Ele a irá seguir — vai ter de segui-la, exatamente como a mão no espelho se mexe quando sua mão se mexe.

Diane: Minha mãe me culpou pelo que aconteceu e me pediu que mentisse sobre isso no tribunal, para que ela não perdesse a pensão dela e o auxílio-família.

Katie: E você mentiu?

Diane: Não.

Katie: E então, o que aconteceu?

Diane: Ninguém acreditou em mim.

Katie: E aí, o que aconteceu?

Diane: Fui mandada embora de casa.

Katie: Sim. Que idade você tinha?

Diane: Quatorze.

Katie: E você teve contato com ela desde essa época?

Diane: De vez em quando, durante esses anos. Mas não recentemente. Não nos últimos dois anos.

Katie: Você a ama, não é?

Diane: Sim.

Katie: Não há nada que possa fazer sobre isso.

Diane: Sei que não consigo me livrar disso.

Katie: Então, talvez seja uma boa ideia você ligar para ela hoje e lhe dizer, para seu próprio bem. Diga-lhe o que descobriu aqui sobre você mesma, não o que descobriu sobre ela, sua irmã, seu padrasto ou qualquer coisa que possa lhe causar dor. Ligue para ela quando tiver certeza de que sua chamada é sobre sua própria liberdade e não tem nada a ver com ela. O que ouço de você é que a ama e não há nada que ela ou você possam fazer para mudar essa situação. Diga isso a ela porque você ama ouvir a si mesma cantando sua canção. Trata-se de sua felicidade, minha querida. Leia sua frase outra vez.

Diane: Estou zangada com minha mãe porque ela permitiu que eu fosse molestada por meu padrasto e nunca fez nada para pôr um fim àquilo, mesmo sabendo o que estava acontecendo.

Katie: Inverta a frase.

Diane: Estou zangada comigo mesma porque me permiti ser molestada por meu padrasto e nunca fiz nada para pôr um fim àquilo.

Katie: Isso. Você conhece a canção que diz: "Procurando o amor em todos os lugares errados"? Somos crianças, queridas, somos bebês apenas aprendendo como viver nosso amor. Ficamos tentando encontrar amor em tudo e em todos, porque ainda não percebemos que já o temos, que *nós* somos o amor. Vamos examinar a frase seguinte.

Diane: Ela nunca me amou como amava o filho natural dela.

Katie: Você pode saber com absoluta certeza que isso é verdade? Essa é difícil, não é?

Diane: Ouço a mim mesma falando isso, e sei que não é verdade.

Katie: Você é incrível. Ótimo. Então, como você a trata quando acredita nesse pensamento? Como você a tratava crescendo naquela casa?

Diane: Eu lhe dava um trabalho infernal.

Katie: Sim. Como é que você se sentia, dando um trabalho infernal a essa mãe que amava tanto?

Diane: Eu me odiava por fazer isso.

Katie: Sim, meu anjo. Você pode encontrar um motivo para abandonar o pensamento "ela ama seu filho natural mais do que me ama"?

Diane: Sim.

Katie: Sim, o trabalho infernal é o motivo. [Katie e Diane riem.] Dê-me uma razão que não lhe cause estresse para manter esse pensamento.

Diane: Ainda não encontrei nenhuma. Não consigo imaginar que vou encontrar alguma.

Katie: Quem ou o quê você seria sem essa história?

Diane: Seria melhor para mim mesma, melhor para meu filho. Não seria tão zangada.

Katie: Sim. Como é que você inverteria a frase?

Diane: Eu nunca me amei como amava o filho natural dela.

Katie: Isso faz sentido para você?

Diane: Eu realmente o amava e o tratava como gostaria que cuidassem de mim.

Katie: Oh, minha querida... Por que será que isso não me surpreende?

Diane: Ele era adorável, sabe?

Katie: Sei. Posso vê-lo através de seus olhos doces. É visível. Depois que você estiver fazendo a investigação durante algum tempo, se lhe ocorrer o pensamento "ela não me ama", faça a inversão imediatamente, com um sorriso: "Ah, no momento que penso isso, não estou ligando para mim." Sinta isso, sinta como é ter esse pensamento, como você está sendo pouco generosa consigo mesma quando acredita nisso. É assim que perceberá que não está ligando para si mesma. Fique se tratando como uma boa mãe o faria, minha querida. Isso é o que este Trabalho faz — ele nos sustém, ele serve de mãe e de pai para nós. Na compreensão do amor, de quem nós realmente somos, daquele lugar que estivemos procurando, que conhece seu verdadeiro eu e sabe o que é verdade. Vamos ver a frase seguinte.

Diane: Quero que mamãe admita que ela estava errada e que me peça desculpas.

Katie: É da conta de quem se ela estava errada e é da conta de quem se ela pede ou não desculpas?

Diane: Dela.

Katie: Então, inverta a frase.

Diane: Quero que eu admita que estava errada e que peça desculpas a mim mesma.

Katie: E ainda há uma outra.

Diane: Eu quero pedir desculpas a mamãe. E admitir que eu estava errada.

Katie: Só naquelas áreas que você sabe que não eram corretas para você. Peça desculpas pelo que considera sua pequena parte nisso, e peça desculpas para seu próprio bem. Uma vez mais, a parte dela pode ser assim [mãos bem distantes uma da outra]. Isso não é da sua conta. Vamos apenas conseguir resolver sua parte. Pense bem nisso, faça sua lista e telefone para ela, em benefício de sua própria liberdade.

Diane: Eu já quis fazer isso.

Katie: E mais, ligue para ela sobre coisas específicas. Conte sua parte nisso. Queremos pedir desculpas, mas não sabemos por que ou como. Este Trabalho não só pode lhe mostrar isso, como pode levá-la em todos os cantos escondidos e inundá-los com luz à medida que você vai avançando. É como uma faxina geral. E até que isso seja feito, não haverá paz. Este Trabalho é a chave para seu coração. Faz tudo tão simples. A verdade, que ouço de você hoje, é que você a ama.

Diane: Sim.

Katie: Tudo bem, leia essa frase outra vez.

Diane: Quero que mamãe admita que ela estava errada e me peça desculpas.

Katie: Isso é verdade? É realmente verdade?

Diane: Acho que sim.

Katie: E se você achar que isso a magoaria, que é um pouco demais para ela lidar com isso agora, mesmo assim você ainda quer que ela peça desculpas?

Diane: Não quero magoá-la.

Katie: Não. É por isso que as pessoas normalmente não pedem desculpas, é doloroso demais encarar o que fizeram. Ainda não estão prontas.

E você é alguém que sabe sobre esse tipo de coisa. Nisso, você descobre quem você é.

Diane: É o que eu quero. Só quero estar em paz.

Katie: Bem, querida, aquela garotinha de 9 anos que foi capaz de sentar no colo de um homem e ser penetrada pelo amor dele — é algo complicado. É como amor à morte. Então estamos aprendendo quem e o quê somos sob a confusão. Vamos examinar a frase seguinte.

Diane: Mamãe deveria me amar e saber que eu a amo.

Katie: Isso é verdade? Não está começando a parecer uma ditadura? [Diane e o público riem.] E você também já percebeu que é impossível tentar obrigar as pessoas a serem conscientes ou a terem um determinado comportamento? Então, vamos inverter a frase. Ela a ama, mas ela pode ainda não saber disso, e essa falta de percepção é muito dolorosa. Estou bastante certa de que o mundo todo me ama. Só não espero que eles percebam isso ainda. [O público ri.] Então, vamos inverter e ver onde uma maior percepção vai fazer efeito em sua vida atual.

Diane: Devo me amar e saber que me amo.

Katie: Sim, não é função dela. Não é função de ninguém a não ser sua.

Diane: Estou chegando lá.

Katie: Sim, está. Há uma outra inversão. Veja se você pode encontrá-la.

Diane: Devo amar mamãe e saber que a amo.

Katie: E você sabe. Existem apenas uns poucos pensamentos não investigados aqui e ali, que ainda são obstáculos para a percepção desse fato. E agora você sabe como enfrentá-los. É um começo. Tudo bem, vamos examinar a frase seguinte.

Diane: Preciso que mamãe diga à família que ela estava errada.

Katie: Isso é verdade?

Diane [rindo]: Não.

Katie: Não. O pesadelo sempre se transforma em riso quando a gente o compreende. Inverta-o e veja se pode conseguir uma compreensão ainda maior.

Diane: Preciso dizer à família que eu estava errada.

Katie: Que doçura...

Diane: Eu poderia ter parado tudo antes se tivesse falado. Eu estava errada. Mas agora estou certa...

Katie: Sim.

Diane [em um sussurro, chorando]: Estou certa.

Katie: Obviamente, chegou o momento de você entender isso. Não é maravilhoso descobrir que você é a pessoa por quem vem esperando? Que você é sua própria liberdade? Você entra na escuridão com a investigação e encontra só luz. E agora pode perceber, mesmo já tendo estado nas profundezas do inferno, que isso era tudo que estava lá — sempre. Nós só não sabíamos como entrar lá, minha querida. Agora, sabemos. Que viagem! Vamos examinar a próxima frase.

Diane: *Mamãe é uma idiota reprimida.* [Rindo.] Posso fazer logo a inversão aqui e agora. Eu sou uma idiota reprimida. [Diane e todos os demais riem ainda mais alto. O público começa a aplaudir.]

Katie: Às vezes. Gosto de dizer sobre mim mesma: "Mas só por 43 anos" — que foi quando eu despertei para a realidade. Portanto, você pode colocar isso em sua lista de correções. O que significou para você viver como uma idiota reprimida...

Diane [rindo]: Muito difícil. [Risadas por parte do público.] Uau! Eu entendo agora. Não tem nada a ver com ela! Nada! É tudo comigo! É tudo comigo! [Um longo silêncio. Há uma expressão de espanto no rosto de Diane.]

Katie: Então, minha querida, sugiro que você caminhe suavemente para o fundo da sala e deite-se um pouco com seu maravilhoso eu. Deixe que tudo que percebeu nesta sessão apodere-se de você. Deixe que tudo isso tome conta de você e faça as mudanças que certamente fará. Fique em silêncio e deixe que o entendimento se expanda.

Estou zangada com Sam por ter morrido

É preciso uma coragem imensa para examinar a fundo a história de uma morte. Pais e parentes de crianças que morreram estão especialmente apegados a suas histórias, por razões que todos nós entendemos. Deixar nossa tristeza para trás, ou até investigá-la, pode parecer uma traição ao filho que morreu. Muitos entre nós ainda não estamos prontos para ver as coisas de uma outra maneira, e é assim que deve ser.

Quem acha que a morte é triste? Quem acha que uma criança não deveria morrer? Quem acha que sabe o que é a morte? Quem tenta ensinar a Deus, em uma história após outra, em um pensamento após outro? É você? Eu digo, vamos investigar, se você está pronto para isso, e ver se é possível pôr um fim à guerra com a realidade.

* * *

Gail: Isso é sobre meu sobrinho, Sam, que morreu recentemente. Eu era muito apegada a ele. Ajudei a criá-lo.

Katie: Bem, minha querida. Leia o que você escreveu.

Gail: Estou zangada com Sam por ter morrido. Estou zangada porque Sam se foi. Estou zangada porque ele se arriscava de uma maneira tão idiota. Estou zangada porque aos 20 anos ele se foi em um piscar de olhos. Estou zangada porque Sam escorregou e caiu quase 20 metros do alto de uma montanha. Quero o Sam de volta. Quero que Sam tenha mais cuidado. Quero que Sam me avise que está bem. Quero que a imagem de seu corpo caindo 20 metros pelo despenhadeiro, de cabeça, desapareça da minha mente. Sam deveria ter ficado por aqui.

Katie: "Sam deveria ter ficado por aqui" — isso é verdade? Essa é nossa religião, o tipo de crença segundo a qual vivemos, mas que não sabemos como examinar. [Para o público:] Pode ser uma boa ideia vocês entrarem em si mesmos e se perguntarem a respeito daquele ou daquela que se divorciou de vocês, ou que morreu e os deixou, ou a respeito de seus filhos que foram morar longe, "Aquela pessoa deveria ter ficado por aqui" — isso é realmente verdade? [Para Gail:] Leia outra vez.

Gail: Sam deveria ter ficado por aqui.

Katie: Isso é verdade? Qual é a realidade? Ele ficou?

Gail: Não. Ele se foi. Ele morreu.

Katie: Como você reage, o que acontece quando você acredita nesse pensamento, esse conceito, que discorda da realidade?

Gail: Sinto-me cansada, triste e isolada.

Katie: É assim que a gente se sente quando discute com a realidade. É muito estressante. Sou uma amante da realidade, não porque seja uma mulher espiritual, mas porque dói quando me oponho àquilo que é. E percebo que perco, em 100 por cento das vezes. É impossível. Levamos esses conceitos para o túmulo conosco, se eles não forem examinados. Os conceitos são o túmulo onde nós mesmos nos enterramos.

Gail: É. É sempre estressante quando eu penso nisso.

Katie: Então, meu anjo, quem você seria sem esse pensamento?

Gail: Eu me sentiria feliz outra vez.

Katie: Que é a razão pela qual você quer que ele viva. "Se ele estivesse vivo, então eu estaria feliz." Isso é usá-lo para sua felicidade.

Gail: Certo.

Katie: Nós vivemos; nós morremos. Sempre no momento certo, nem um momento antes ou depois do que o fazemos. Quem seria você sem sua história?

Gail: Estaria aqui, presente em minha própria vida, e deixaria Sam fazer o que tinha de ser feito.

Katie: Você até o deixaria morrer no momento em que tivesse de morrer?

Gail: Sim. Como se eu tivesse alguma escolha. Estaria aqui em vez de...

Katie: Na sepultura. Ou caindo da montanha com o Sam, repetidamente, em sua mente.

Gail: Sim.

Katie: Então, sua história é "o Sam deveria ter ficado por aqui". Inverta-a.

Gail: Eu deveria ficar por aqui.

Katie: Sim. Sua história de que Sam não deveria ter morrido é você mesma mentalmente caindo daquele despenhadeiro de onde ele caiu. Você deve ficar por aqui em vez disso e mentalmente ficar fora das coisas que são da conta dele. Isso é possível.

Gail: Entendo.

Katie: Ficar por aqui seria algo assim: uma mulher sentada em uma cadeira com amigos, presente, vivendo sua vida, e não retornando mentalmente para aquele despenhadeiro para ver Sam cair, repetidamente. Há uma outra inversão de "Sam deveria ficar por aqui." Você pode descobri-la?

Gail: Sam não deveria ficar por aqui.

Katie: Sim, meu anjo. Ele se foi na forma em que você o conhecia. A realidade governa. Ela não espera por nosso voto, nossa permissão ou nossa opinião — você já percebeu isso? O que eu mais amo sobre a realidade é que ela é sempre a história de um passado. E o que amo mais a respeito do passado é que já acabou. E porque já não sou mais insensata, não discuto com ele. Discutir com ele dá uma sensação cruel dentro de mim. Só para chamar a atenção para o fato de que a realidade é amor. E como é que eu, pessoalmente, sei que Sam viveu uma vida plena? Ela acabou. Ele a viveu até o fim — o fim dele, não o fim que você acha que ele deveria ter tido. Essa é a realidade. Dói lutar contra a realidade. E não parece mais honesto abrir os braços bem abertos para ela? Este é o fim da guerra.

Gail: Entendo o que você quer dizer.

Katie: Tudo bem, vamos examinar a frase seguinte.

Gail: Preciso que Sam volte.

Katie: Essa é uma boa frase. Isso é verdade?

Gail: Não.

Katie: Não. É apenas uma história, uma mentira. [Para o público:] A razão pela qual eu chamei a frase de mentira é que perguntei a Gail: "Isso é verdade?", e ela disse não. [Para Gail:] Como você reage, o que acontece quando você acredita na história "Preciso que Sam volte", e ele não volta?

Gail: Fico fechada dentro de mim mesma. Ansiosa. Deprimida.

Katie: Quem seria você sem o pensamento: "Preciso que Sam volte"?

Gail: Eu estaria de volta. Eu estaria viva outra vez, relacionando-me com o que está na minha frente.

Katie: Sim. Exatamente como você se sentia quando ele estava aqui.

Gail: Certo. Se eu deixá-lo partir, terei o que queria. Pensando que preciso dele agora evita que eu tenha aquilo que venho querendo desde que ele morreu.

Katie: Então, "Preciso que Sam volte" — inverta a frase.

Gail: Preciso que *eu* volte.

Katie: E outra inversão?

Gail: Não preciso que Sam volte.

Katie: Sim. Você fica retornando para aquele despenhadeiro e caindo junto com o Sam. Portanto, volte você mesma. Você fica pensando: "Ah, queria que ele não tivesse feito aquilo." Mas *você* fica fazendo aquilo, repetidamente, na sua mente. Você fica caindo daquele despenhadeiro. Portanto, se precisa de ajuda, inverta a frase, veja como pode ajudar a si própria. Vamos examinar a frase seguinte.

Gail: Preciso saber que Sam está completamente bem e em paz.

Katie: "Ele não está bem" — você pode saber com absoluta certeza que isso é verdade?

Gail: Não. Não posso saber que ele não está bem.

Katie: Inverta essa frase.

Gail: Preciso saber que *eu* estou completamente bem e em paz, com ou sem o corpo de Sam aqui.

Katie: Pois é. *Isso* é possível. Então, como estão os dedos de seus pés, seus joelhos, pernas e braços? Como é que você está, sentada aqui neste momento?

Katie: Estão bem. Eu estou bem.

Katie: Você está de alguma maneira melhor ou pior agora do que estava quando Sam estava aqui?

Gail: Não.

Katie: Sentada aqui agora, neste momento, você *precisa* que Sam volte?

Gail: Não. Isso é apenas uma história.

Katie: Ótimo. Você investigou. Você queria saber. Agora você sabe.

Gail: Certo.

Katie: Então, vamos examinar a frase seguinte.

Gail: Preciso de Deus, ou de alguém, que me mostre a perfeição da morte de Sam.

Katie: Inverta a frase.

Gail: Preciso de mim para me mostrar a perfeição da morte de Sam.

Katie: É. Você não se lamenta quando o cortador de grama corta a grama. Você não busca a perfeição na morte da grama, porque isso é visível a seus olhos. Na verdade, quando a grama cresce, você a corta. No outono, você não se lamenta porque as folhas estão caindo e morrendo. Você diz: "Não é lindo?" Bem, nós somos a mesma coisa. Existem estações. Nós todos caímos mais cedo ou mais tarde. E é tudo tão lindo! E nossos conceitos, sem investigação, não permitem que vejamos assim. É lindo ser uma folha, nascer, cair, dar lugar para a próxima, tornar-se alimento para as raízes. É a vida, sempre mudando sua forma e sempre se dando completamente. Todos nós fazemos nossa parte. Não há erro. [Gail começa a chorar.] O que é que você está pensando, querida?

Gail: Gosto muito do que você está dizendo, falando sobre isso como beleza, como parte das estações. Faz com que eu fique contente e aprecie tudo isso. Posso ver essas coisas de uma forma mais ampla, e posso apreciar a vida e a morte e os ciclos. É como uma janela pela qual posso olhar e ver tudo de uma maneira diferente, ver como posso manter tudo dessa maneira, e como posso apreciar Sam e a forma como ele morreu.

Katie: Você percebe que ele lhe deu vida?

Gail: Sim. Ele é como um fertilizante, ou o solo que está me fazendo crescer neste momento.

Katie: Para que você possa dá-la de volta e viver sendo capaz de apreciar as coisas, totalmente nutrida, à medida que entende nossa dor e nos dá a nova vida que você está compreendendo. Seja o que for que acontece, é isso que precisava acontecer. Não há erros na natureza. Olhe como é doloroso ter uma história que não abraça essa beleza, essa perfeição. A falta de compreensão é sempre dolorosa.

Gail: Até agora eu não podia ver tudo isso como beleza. Quer dizer, já vi a beleza vir até mim por meio da morte do Sam, mas não podia perceber a própria morte — ele morrer — como bela. Só via um jovem de 20 anos fazendo coisas absurdas. Mas ele estava apenas vivendo da maneira dele.

Katie: Meu Deus... Quem você seria sem essa história?

Gail: Eu apreciaria a morte dele, como você apreciou a das folhas. Poderia apreciar o fato de ele ter ido embora daquele jeito, em vez de achar que foi errado.

Katie: Pois é, minha querida. Pela autoinvestigação, vemos que só o amor permanece. Sem uma história que não foi investigada, há unicamente a perfeição da vida surgindo como ela realmente é. Mas você pode sempre entrar em seu mundo interno e encontrar a beleza que é revelada depois que a dor e o medo foram compreendidos. Vamos examinar a frase seguinte.

Gail: Sam partiu, está morto. Sam é o menino adorado que me deram para cuidar, como um filho. Ele é extraordinariamente bonito, delicado, bondoso, escuta o que a gente diz, é curioso, muito inteligente, não critica os outros, é tolerante, forte e poderoso. Sam está cavalgando sobre a crista de uma onda.

Katie: Leia a primeira parte outra vez.

Gail: Sam partiu, está morto.

Katie: Isso é verdade? "Sam está morto" — você pode saber com absoluta certeza que isso é verdade?

Gail: Não.

Katie: Mostre-me a morte. Pegue um microscópio e me mostre. Ponha as células de um cadáver sob a lente e mostre-me o que é a morte. É qualquer coisa mais do que um conceito? Onde mora Sam? Aqui [tocando sua própria cabeça e coração]. Você acorda e pensa nele: é ali que Sam mora. Deita de noite; ele está em sua mente. E todas as noites, quando vai dormir, se você não está sonhando, isso é a morte. Quando não há história, não há vida. Você abre os olhos de manhã e o "eu" começa. A vida começa. A história de Sam começa. Você sentia falta dele antes de a história começar? Nada vive a não ser uma história, e quando enfrentamos essas histórias com compreensão, realmente começamos a viver, sem o sofrimento. Portanto, qual é sua reação quando tem esse pensamento?

Gail: Sinto-me morta por dentro. Sinto-me muito mal.

Katie: Você pode encontrar uma razão para abandonar a história "Sam está morto"? E não estou pedindo que abandone a história, essa ideia a que você tem tanto apego. Amamos nossa religião antiga, mesmo quando não funciona. E nos devotamos a ela um dia após outro, em todas as culturas do mundo.

Gail: É verdade.

Katie: O inquérito não tem um motivo. Não ensina uma filosofia. É apenas investigação. Então, quem seria você sem a história "Sam está morto"? Embora, mentalmente, ele esteja vivendo com você o tempo todo.

Gail: Provavelmente ele está mais aqui, agora, neste momento, do que quando estava em seu corpo.

Katie: Então, quem você seria sem a história?

Gail: Eu apreciaria o fertilizante. E adoraria estar onde estou, em vez de viver no passado.

Katie: Então inverta a frase.

Gail: Eu parti, *eu* estou morta, quando entro na minha história sobre a morte de Sam.

Katie: É.

Gail: Realmente vejo isso agora. Terminamos?

Katie: Sim, minha querida. E nós sempre começamos neste momento.

Terrorismo em Nova York

Após os eventos de 11 de setembro de 2001 a mídia e nossos líderes políticos disseram que os EUA começaram uma guerra contra o terrorismo e que tudo mudara. Quando as pessoas vinham fazer O Trabalho comigo, eu achava que nada tinha mudado. Pessoas como Emily estavam atemorizadas com seus pensamentos não investigados e, depois de terem descoberto o terrorista que existia dentro de si mesmas, puderam voltar para suas famílias, para suas vidas normais, em paz.

Quem ensina o medo não pode trazer paz na Terra. Temos tentado fazer dessa maneira durante milhares de anos. A pessoa que reverte a violência interna, que encontra a paz dentro de si e a vivencia, é aquela que ensina o que é a verdadeira paz. Estamos esperando apenas por um professor: você.

* * *

Emily: Desde o ataque terrorista no World Trade Center, na terça-feira passada, fiquei apavorada, achando que vão me matar no metrô, ou no edifício do meu escritório, que é bem perto da Grand Central e do Waldorf. Fico pensando como meus filhos ficariam assustados se me perdessem. Eles têm só 1 ano e 4 anos.

Katie: Sim, minha querida. Então, "terroristas poderiam atacá-la no metrô".

Emily: Sim.

Katie: Você pode saber com absoluta certeza que isso é verdade?

Emily: De que é possível, ou de que vai acontecer?

Katie: De que vai acontecer.

Emily: Não posso ter certeza de que vai acontecer, mas sei que é possível.

Katie: Como você reage, o que acontece quando você acredita nesse pensamento?

Emily: Fico aterrorizada. Já começo a sentir pena da minha perda, por mim mesma, meu marido e meus filhos.

Katie: E como você trata as pessoas no metrô, quando tem esse pensamento?

Emily: Bem, tento reprimir o pensamento e concentro-me bastante em ler e em fazer o que estiver fazendo. Mas fico tensa.

Katie: E para onde sua mente viaja quando está tensa e tem esse pensamento enquanto lê no metrô?

Emily: Fico imaginando o rosto de meus filhos.

Katie: Então você está se envolvendo naquilo que é da conta de seus filhos. Você está lendo um livro no metrô cheio de gente e em sua mente você está vendo o rosto de seus filhos com você morta.

Emily: É.

Katie: Esse pensamento traz estresse ou paz em sua vida?

Emily: Definitivamente, estresse.

Katie: Quem você seria no metrô sem esse pensamento? Quem você seria se fosse incapaz de ter a ideia "um terrorista poderia me matar no metrô"?

Emily: Se eu não pudesse ter esse pensamento?... Você quer dizer se minha mente não o fizesse? [Pausa.] Bem, eu seria como era na segunda-feira passada, antes de o ataque acontecer.

Katie: Então você estaria um pouco mais confortável no metrô do que agora.

Emily: Muito mais confortável. Eu cresci no metrô. Na verdade, estou bastante confortável no metrô sem esse pensamento.

Katie: "Um terrorista pode me matar no metrô" — como você poderia inverter essa frase?

Emily: Eu posso me matar no metrô?

Katie: É. A morte está ocorrendo em sua mente. O único terrorista no metrô naquele momento é você, atemorizando a si própria com seus pensamentos. O que mais você escreveu?

Emily: *Estou furiosa com minha família — meu marido, meus pais, todos nós que vivemos aqui em Nova York —, por não me ajudar a fazer um plano de emergência no caso de o terrorismo piorar aqui, encontrar um lugar onde todos podemos nos encontrar fora da cidade, manter nossos passaportes atualizados, algum dinheiro fora do banco. Estou furiosa com eles por serem tão passivos, por fazerem com que eu me sinta maluca por tentar fazer um plano.*

Katie: Então, "Estou furiosa com minha família" — vamos inverter esta frase. "Estou furiosa..."

Emily: Estou furiosa comigo mesma por não me ajudar a fazer um plano de emergência?

Katie: Você vê o que está acontecendo? Deixe de ser tão passiva. Faça um plano de emergência, não somente para você, seus filhos e seu marido, mas para sua família inteira em Nova York. Faça um plano para todo mundo.

Emily: Estou tentando, mas eles estão me fazendo sentir como se fosse maluca por agir assim. Estou zangada por isso.

Katie: Bem, pelo jeito eles não precisam de um plano. E não querem um plano. Você é quem precisa de um plano de emergência, então faça um plano de emergência para a evacuação de Nova York.

Emily [rindo]: Isso parece tão gozado!

Katie: Eu sei. Descubro que com muita frequência o autoconhecimento nos deixa só com vontade de rir.

Emily: Mas ainda estou zangada porque eles me fazem sentir como se eu fosse maluca.

Katie: Você consegue encontrá-la, aquela parte de você que é maluca?

Emily: Bem, eu fiz a mesma coisa com a virada do milênio, portanto, suponho que eles já passaram por isso comigo antes. *Sou* um pouco paranoica.

Katie: Então, eles têm razão, de acordo com o mundo deles. Têm um motivo. Você poderia trabalhar em seu plano de emergência em paz, sem esperar que eles quisessem ir com você.

Emily: Meus filhos têm de ir.

Katie: Porque eles são pequenos, você pode agarrar cada um em um braço e correr. Afivele o cinto deles no carro e simplesmente dirija.

Emily: Acho que é melhor eu aprender a dirigir. Não tenho carteira de motorista.

Katie [rindo]: Você está zangada com sua família porque eles não têm um plano de emergência e você não tem carteira de motorista?

Emily [rindo]: Isso é realmente ridículo. Dá para ver. Estou criticando os outros e não posso nem dirigir se precisar. Como é que eu não vi isso antes?

Katie: Agora, suponhamos que você tenha uma carteira de motorista e que os túneis e pontes estejam todos fechados. Você precisa de um outro plano. Precisa conseguir mais cinco empregos para que possa comprar um helicóptero.

Emily [rindo]: Está bem, está bem.

Katie: Mas eles tampouco vão deixar você pilotar.

Emily: Não. Definitivamente, não.

Katie: Então, veja só. Talvez seja por isso que sua família não se incomode em preparar um plano de emergência. Perceberam que os túneis foram fechados e que eles não permitiram que os aviões levantassem voo semana passada; não havia nenhuma saída. Talvez entendam isso. Talvez você seja a última a saber.

Emily: É bem possível.

Katie: Então, isso apenas nos deixa na situação de encontrar paz de onde estamos. Para fazer com que um plano de emergência funcione, pelo que vi da realidade, você precisa ser médium, para saber, antes da hora, quando evacuar a cidade e aonde ir para ficar a salvo.

Emily: Uma parte de mim acha que eu deveria sair agora. Mas, é claro, o problema é saber onde é seguro. Falando da necessidade de ser médium...

Katie: Então você precisa trabalhar suas habilidades mediúnicas... E, pelo que vejo, os médiuns normalmente não ganham na loteria.

Emily: Isso é verdade.

Katie: Então, "você precisa de um plano de emergência" — isso é verdade? Você pode saber com absoluta certeza que isso é verdade?

Emily: Acho que já não posso saber se isso é verdade. É uma espécie de alívio.

Katie: Ah, querida, sinta isso. Talvez isso seja o que sua família já sabe.

Emily: Acho que não sou uma planejadora tão boa afinal de contas. Não existe um plano adequado.

Katie: É claro que não. Você não pode ser mais esperta do que a realidade. Onde você está, neste momento, pode bem ser o lugar mais seguro do mundo. Nós simplesmente não sabemos.

Emily: Honestamente, nunca pensei nisso.

Katie: Então, quem você seria sem o pensamento "preciso de um plano de emergência"?

Emily: Menos ansiosa, menos alarmada, mais leve. [Pausa.] Mas também mais preocupada. [Chorando.] Triste. Muito, muito triste. Todas aquelas pessoas morreram. Minha cidade mudou. Não há nada que eu possa fazer.

Katie: Tudo bem, então essa é a realidade. Não há nada que você possa fazer. Isso é humildade. Para mim, isso é uma coisa doce.

Emily: Estou tão acostumada a tomar a iniciativa, a fazer as coisas acontecerem, pelo menos para as pessoas próximas a mim, para protegê-las.

Katie: E sentindo-se no controle. Funciona durante algum tempo. Mas depois a realidade nos alcança. Mas se tomarmos toda essa capacidade incrível de iniciativa e misturá-la com humildade, então isso é realmente alguma coisa. E aí podemos ficar lúcidos e ser úteis. "Preciso de um plano de emergência" — inverta isso.

Emily: Não preciso de um plano de emergência.

Katie: Sinta isso. Você consegue perceber como essa frase pode ser tão verdadeira quanto a outra? Como ela poderia até ser mais verdadeira?

Emily: Poderia ser. Posso ver que poderia até ser mais verdadeira.

Katie: Ah, minha querida. Eu também. É por isso que estou sempre tão confortável onde estou. Quando a gente corre com medo, é quase certo que vai dar contra um muro. Então você olha para trás, para onde estava, e vê que ali era muito mais seguro. E sem um plano de emergência, quando algo acontece, surge de repente uma ideia sobre o que fazer. Você pode encontrar tudo o que precisa saber bem onde está. E na realidade, você já está vivenciando isso. Quando precisa de uma caneta, você estica a mão e a pega. Se ali não tem nenhuma caneta, você vai procurar uma. E é assim também em uma emergência. Sem medo, o que fazer é exatamente tão óbvio como esticar a mão para pegar uma caneta. Mas o medo não é tão eficiente. O medo é cego e surdo. Vamos ouvir o que mais você escreveu.

Emily: Está bem. *Acho que os terroristas são muito ignorantes em seu ódio e sua necessidade de se sentirem poderosos. Estão tão desesperados para nos ferir. Farão qualquer coisa... por que não veneno ou carros-bomba? São cruéis, ignorantes e, sim, têm sucesso e são poderosos. Podem destruir este país. São como gafanhotos, por todos os lados, escondidos, esperando para nos ferirem, perturbar-nos, matar-nos.*

Katie: Então, "esses terroristas são cruéis".

Emily: São.

Katie: Você pode saber com absoluta certeza que isso é verdade?

Emily: Acho que posso saber que são ignorantes. São ignorantes a respeito das consequências que a violência tem sobre nós.

Katie: Você pode saber com absoluta certeza que isso é verdade? De que eles são ignorantes a respeito disso? Essa frase é boa, minha querida. Você pode ter certeza de que eles são ignorantes a respeito da dor, da morte e do sofrimento?

Emily: Não, não são ignorantes sobre isso, porque provavelmente já passaram por isso. Não posso saber se isso é verdade, mas acho que provavelmente já sentiram tudo isso. E é a isso que estão reagindo. Mas ainda são ignorantes sobre o fato de que a violência nunca funciona.

Katie: Ou não são ignorantes. Eles acreditam em um conceito que é o oposto do nosso: que a violência funciona. Isso é o que acham que o mundo inteiro ensinou a eles. Estão presos a esse conceito.

Emily: Mas não funciona, na verdade. Para ferir uma outra pessoa, é preciso ser ignorante, estar confuso ou ser um psicopata.

Katie: Você pode ter razão, e muitas pessoas concordariam com você, mas o que estamos examinando aqui não é o que está certo ou errado nisso. Portanto, vamos voltar para o que você leu e inverter a frase.

Emily: Acho que os terroristas são tão ignorantes em seu ódio e sua necessidade de se sentirem poderosos.

Katie: Inverta a frase.

Emily: Eu sou tão ignorante em meu ódio e minha necessidade de me sentir poderosa. Isso é verdade. Precisava de meu plano de emergência para me sentir poderosa.

Katie: Sim, e como é que você se sente ao odiar?

Emily: Bem, realmente me dá poder por um momento. Quer dizer, faz com que eu me sinta menos impotente.

Katie: E, então, o que acontece quando você odeia?

Emily: Fico parada. Não consigo passar daí, e o ódio me consome.

Katie: E você tem de encontrar uma maneira de defender aquela posição. Tem de provar que está certa a respeito de seu ódio. Que ele é válido e vale a pena. E como é que você se sente vivendo assim? Qual é sua reação quando tem o pensamento de que eles são cruéis e ignorantes?

Emily: No contexto do que estamos dizendo, parece bastante falso, na verdade. Nem tenho mais certeza se ainda sinto isso.

Katie: Mas, da posição deles, seu ódio é absolutamente válido. Estão dispostos a morrer por ele. É uma questão de direito. Isso é no que eles creem. Estão chocando suas vidas contra edifícios.

Emily: É.

Katie: Para eles, o ódio não é um obstáculo. Isso é o que acontece quando estamos apegados a um conceito. E o conceito deles é: "Vocês são cruéis, e eu vou morrer para eliminá-los. É para o bem do mundo."

Emily: É, entendo.

Katie: Então continue sua inversão.

Emily: Sou cruel em minha ignorância...

Katie: ... sobre o ponto de vista dessas pessoas. Elas sabem o sofrimento que dão a suas famílias quando se matam intencionalmente.

Emily: Ok.

Katie: Não são ignorantes em um nível, e em outro nível, é claro, são, porque seus pensamentos só deixam mais sofrimento. Portanto, continue a inverter o que você escreveu depois da crueldade e da ignorância deles.

Emily: Eles são cruéis, ignorantes e, sim, têm sucesso e são poderosos.

Katie: "E eu..."

Emily: Sou cruel, ignorante, tenho sucesso e sou poderosa?

Katie: Sim. Em todo esse seu convencimento.

Emily: Ah, entendi. Acho que meu plano de emergência é correto, e outras pessoas simplesmente não o entendem.

Katie: Então, vamos continuar. "Eles são como gafanhotos" — inverta.

Emily: Eu sou como gafanhotos, por todos os lados, escondendo, esperando para me magoar, me perturbar, me matar?

Katie: Sim.

Emily: Meus pensamentos são como gafanhotos.

Katie: Seus pensamentos não investigados.

Emily: Certo.

Katie: Não vejo nenhum terrorista neste momento, a não ser aquele com quem você vive: você mesma.

Emily: É. Estou percebendo isso.

Katie: Vivo em paz, e isso é o que todos merecem. Nós todos merecemos pôr fim a nosso próprio terrorismo.

Emily: Posso compreender a arrogância de fazer o que tenho feito.

Katie: É aí que vejo a possibilidade de mudança. Se não for assim, somos iguais a seres primitivos, antigos — todos dispostos a morrer por uma causa.

Emily: Como estamos todos dispostos a morrer por uma causa?

Katie: Bem, minha querida, se alguém persegue seus filhos... Veja o que acontece.

Emily: Está bem. Sim.

Katie: Quero dizer, você está zangada até com seus pais porque eles não prepararam um plano de emergência. E imagine o que sente uma pessoa quando vai à guerra contra sua própria família.

Emily: Sim.

Katie: Qual é o problema com eles? Você os agarraria, e eles gritariam: "Só quero que me deixem em paz." Você os agarra e os arrasta — para onde? Pelo que sabemos, você pode levá-los para a própria comunidade que vai ser atingida.

Emily: É verdade. Isso também é arrogante. Até meio louco.

Katie: O que mais você escreveu?

Emily: Nunca mais quero ver uma pessoa coberta de cinzas como naquele dia no caminho de casa. Nunca mais quero ver outra máscara ou um olhar de choque... Parte do problema é que a mídia divulgou imagens das torres caindo repetidamente. Eu senti como se estivesse acontecendo a semana toda.

Katie: "Parte do problema é que a mídia divulgou aquilo repetidamente" — inverta esta frase.

Emily: Eu divulguei aquilo repetidamente.

Katie: Sim. "Quero que a mídia pare" — inverta esta também.

Emily: Quero que eu pare.

Katie: Então trabalhe com você mesma. Sua mente é a mídia.

Emily: Não tenho certeza como.

Katie: Você poderia começar colocando todas as imagens em sua mente em uma investigação. Porque, na realidade, não há ninguém na sua frente coberto de cinzas neste momento. Não está ocorrendo aqui, a não ser na sua mente. [Longa pausa.] Ok. Vamos voltar e examinar bem. Descreva a pessoa coberta de cinzas na sua mente. Descreva aquele que teve mais importância para você. A pessoa que você realmente viu.

Emily: Bem, a que teve mais importância para mim foi o homem que passou em frente do edifício do meu escritório quando eu estava sentada do lado de fora, esperando meu marido, umas duas horas depois que as torres caíram. Eu trabalho no Centro, então esse sujeito andara mais que 60 quarteirões. Vimos muitas outras pessoas cobertas de cinzas enquanto caminhávamos para casa, mas esse homem estava com um terno caro, de executivo, que lhe caía muito bem, e carregando sua maleta, e estava usando uma daquelas máscaras para respiração que a gente vê na televisão. E estava totalmente cinza — a cabeça toda, o terno, os sapatos, a maleta, tudo coberto de cinzas. As cinzas não tinham sido tocadas. Parecia um zumbi, simplesmente caminhava, sem olhar para os lados. Devia estar em estado de choque. Obviamente, viera andando todo aquele caminho desde o World Trade Center. Tudo estava cheio de sol, e tudo aqui no Centro parecia normal, e de repente aquele fantasma passou. Para mim, aquilo foi um golpe pior que qualquer outra imagem daquele dia. Me atingiu muito. Pensei: "Agora está entrando no meu mundo. Está aqui."

Katie: Bom, minha querida. Agora quero olhar tudo isso com você. "Parecia um zumbi" — isso é verdade?

Emily: Ele, certamente, parecia um deles.

Katie: É claro que ele parecia. Olha quem está contando a história. O homem estava carregando sua maleta. Lembrou-se de carregá-la. Talvez ele estivesse simplesmente caminhando para casa. O metrô não estava funcionando. Talvez ele quisesse ver logo a família para avisar que estava bem.

Emily: Sim.

Katie: Ele estava sendo perfeitamente inteligente. Estava usando uma máscara respiratória. Você, não.

Emily: Hum.

Katie: Então, pelo que parece, ele estava melhor que você.

Emily [após uma pausa]: É, pode ser. Eu não estava próxima ao local do acidente, sentada lá, sentindo-me incrivelmente estressada e aterrorizada.

Katie: "O homem parecia um zumbi" — como você reage, o que acontece quando você tem esse pensamento?

Emily: Sinto horror, como se o mundo estivesse acabando.

Katie: E quem seria você, observando aquele homem, sem o pensamento "ele parece um zumbi"?

Emily: Eu, provavelmente, pensaria: "Lá está um homem coberto de cinzas. Espero que esteja perto de casa."

Katie: Um homem realmente elegante. Não um zumbi. Ele saiu do edifício e até se lembrou da maleta. Sabia exatamente o que fazer. Não acho que ele tivesse um plano de emergência: "Se o avião atingir e eu sair, pego minha maleta como parte do plano de emergência e caminho até chegar em casa."

Emily: Ele andou 60 quarteirões ou seja lá o que for. Suponho que passou a ser um símbolo instantâneo na minha mente daquilo que acontecera.

Katie: Sim, mas ele poderia igualmente lembrar você de como as pessoas podem ser eficientes quando ocorre um desastre. Ele tinha sua maleta. Aguentou caminhar 60 quarteirões. Mas e você, como é que estava se sentindo quando o viu?

Emily: Na verdade, eu me sentia como se estivesse entrando em choque.

Katie: Sim. E ele estava bem. Você é que parecia um zumbi, e projetou isso nele. Se você precisasse de alguém de repente, e visse você mesma parada ali e ele parado ali, a quem pediria ajuda?

Emily [rindo]*:* A ele. Incrível. Mas, definitivamente, eu pediria a ele.

Katie: Tudo bem, minha querida. Então, suavemente, vamos inverter. "Estou disposta..."

Emily: Estou disposta a ver outra pessoa coberta de cinzas.

Katie: Sim, mesmo que só em sua mente — porque você não viu ninguém desde aquele dia andando por aí assim, a não ser dentro de você. Portanto, a realidade e a história nunca se encaixam; a realidade é sempre mais bondosa. E será gozado observar como isso influenciará sua vida, especialmente com seus filhos. Eles aprenderão de você que não têm de estar sempre de prontidão e ter um plano; aprenderão que sempre saberão o que fazer. Verão que onde estão é um lugar sem problemas e onde quer que forem estarão bem. E sem a história terrível de "preciso de um plano de emergência", uma série de iniciativas boas podem lhe ocorrer: um lugar para encontrar-se com seu marido se os telefones não estiverem funcionando. Aprender a dirigir pode ser útil quando seus filhos passarem da fase mais infantil, mantendo alguns mapas e algumas outras coisas facilmente acessíveis no carro. Quem sabe o que uma mente calma poderá lhe sugerir?

Emily: Muito obrigada, Katie. Tudo isso é verdade.

Katie: Ah, querida, de nada. Adoro saber que você não se limitou a nenhuma outra coisa a não ser à pura verdade sobre o que aconteceu.

Você se distancia totalmente

da realidade quando crê que há um

motivo legítimo para sofrer.

13

Perguntas e respostas

Quando as pessoas me fazem perguntas, procuro responder com a maior clareza possível. Fico contente quando me dizem que minhas respostas foram úteis, mas sei que as respostas que realmente ajudam são as que elas descobrem sozinhas.

P: *Sinto-me soterrada pelo número de críticas que tenho. Como poderei ter tempo suficiente para investigar todas as minhas crenças?*
R: Não tente esclarecer todas ao mesmo tempo. Só esclareça a crença que está lhe causando estresse agora. Nunca há mais do que uma. Esclareça essa.

Se você quer realmente saber a verdade, não há nenhuma ideia que não possa ser abordada com compreensão. Estamos sempre nos apegando a nossos conceitos ou investigando-os. Como sei com qual trabalhar? Aqui vai a explicação.

Uma das coisas que compreendi sobre os pensamentos que surgem dentro de mim foi que eu era alguém a quem eles podiam ser confiados. Eu era o receptáculo em que eles podiam aparecer e finalmente ser enfrentados com amor incondicional. Os mesmos pensamentos também vieram a mim através de meus filhos, quando se sentiam livres para me contar como estavam. Vinham, também, por meio de qualquer outra forma de comunicação. Em meu caso, vinham com enorme rapidez, porque eu sabia o que fazer com eles. Da boca de meus filhos ou da minha mente, eu os colocava no papel e investigava. Eu os tratava como o que eram: amigos me visitando, vizinhos que antes não entendera bem, que eram bondosos o bastante para bater na minha porta outra vez. Todos são bem-vindos aqui.

Critique seu próximo, escreva tudo, faça as quatro perguntas e inverta — um pensamento de cada vez.

P: *A liberdade sempre vem assim que a gente termina de fazer O Trabalho?*
R: Sim, de seu próprio jeito, mas é possível que você não a reconheça. E você pode não perceber, necessariamente, uma mudança naquela questão específica sobre a qual escreveu. Por exemplo, você pode ter escrito no Formulário sobre sua mãe e no dia seguinte descobre que seu vizinho irritante — aquele que vem deixando você maluco(a) durante anos — já não incomoda, que a irritação que sentia com ele desapareceu completamente. Ou, uma semana mais tarde você percebe que, pela primeira vez na vida, começa a gostar de cozinhar. Nem sempre acontece em uma sessão. Tenho uma amiga que fez O Trabalho sobre o ciúme que tinha de seu marido porque o filhinho do casal preferia o pai a ela. Ela sentiu um pequeno alívio depois de fazer O Trabalho. Mas na manhã seguinte, quando estava no chuveiro, sentiu como se tudo estivesse se desmanchando e começou a soluçar. Depois disso, toda a dor relacionada com a situação desapareceu.

P: *O que significa se preciso ficar repetindo seguidamente O Trabalho com relação à mesma coisa?*
R: Não importa com que frequência você precisa fazê-lo. Ou você está se apegando ao pesadelo ou investigando sua validade: não há outra escolha. A questão pode voltar uma dezena, uma centena de vezes. É sempre uma oportunidade maravilhosa para ver que fixações ainda continuam e quão mais fundo você ainda pode ir.

P: *Fiz O Trabalho várias vezes sobre a mesma crítica, e não acho que esteja funcionando.*
R: "Você fez O Trabalho muitas vezes" — isso é verdade? Pode ser que se a resposta que você acha que está procurando não surge, você simplesmente bloqueia qualquer outra coisa? Você tem medo da resposta que estaria sob aquilo que acha que sabe? É possível que exista outra resposta dentro de você que seja tão verdadeira ou mais verdadeira?

Quando você pergunta "isso é verdade?", por exemplo, pode ser que você não queira saber realmente. Pode ser que prefira ficar com sua frase original do que mergulhar no desconhecido. Bloquear significa fazer o processo apressadamente e responder com a mente consciente antes que a polaridade mais sutil da mente (a que chamo de "coração") possa responder. Se você preferir ficar com aquilo que acha que sabe, a pergunta é bloqueada e não pode desabrochar dentro de você.

Observe se você passa para a história seguinte antes de se deixar vivenciar plenamente a resposta e os sentimentos que vêm com ela. Pode ser útil captar os pensamentos que começam com "Bem, sim, e..." ou "Bem, sim, mas...". Pensamentos como esses indicam que você está se afastando do inquérito. Você realmente quer saber a verdade?

Você está investigando com um determinado motivo? Você está fazendo as perguntas para se assegurar de que a resposta que já tem é válida, embora seja dolorosa? É a verdade que me liberta — para a riqueza, para a pobreza, na enfermidade e na saúde. A aceitação, a paz, o abandono, e menos apego a um mundo de sofrimento são, todos, *efeitos* da realização de O Trabalho. Não são objetivos. Faça O Trabalho por amor à liberdade, por amor à verdade. Se você conduz a investigação por outros motivos, tais como a cura do corpo ou a solução de um problema, suas respostas podem surgir de motivos antigos que nunca funcionaram, e você perde a maravilha e o encanto da investigação.

Você está fazendo a inversão rápido demais? Se realmente quiser saber a verdade, espere até que novas respostas venham à tona. Dê a si mesmo tempo suficiente para deixar que as inversões descubram você e tempo para sentir seus efeitos. Se quiser, faça uma lista por escrito de todas as maneiras em que a inversão se aplica a você. A inversão é a base, a reentrada na vida, à medida que a verdade lhe aponta para quem você é, sem sua história. É tudo feito para você.

Você permite que o entendimento que obteve por meio da investigação viva dentro de você? Viva as inversões, relate sua parte para os outros (para que você ouça outra vez) e recompense as pessoas, para o bem de sua própria liberdade. Isso, certamente, vai apressar o processo e fazer com que a liberdade exista em sua própria vida, agora.

Finalmente, você pode saber com absoluta certeza que a investigação não está funcionando? Quando a coisa que você teme acontece e você se pergunta por que há pouco ou nenhum pânico, estresse, medo ou sofrimento — é aí que você sabe que está funcionando.

P: *Quando estou fazendo O Trabalho sozinha, e tenho a sensação de que estou bloqueando a investigação, o que posso fazer?*
R: Continue, se está decidida. Sei que se permitir que até mesmo uma pequena resposta ou inversão sincera venha à tona, você irá entrar em um mundo que nem sabe que existe. Mas se sua intenção é estar certa, em vez de saber a verdade, para que continuar? Apenas compreenda que, no momento, a história a que você se apega é mais valiosa para você do que sua liberdade, e que isso também não é errado. Volte à investigação mais tarde. É possível que você não esteja sofrendo o suficiente, ou pode não estar se importando o suficiente, embora ache que está. Seja carinhosa consigo mesma. A vida lhe trará tudo de que você precisa.

P: *E se meu sofrimento for intenso demais? Devo fazer O Trabalho mesmo assim?*
R: O sofrimento é causado pela fixação a uma crença profundamente engastada. É um estado de apego cego a alguma coisa que você acha que é verdade. Nesse estado, é muito difícil fazer O Trabalho pelo amor da verdade, porque você investiu muito em sua história. Sua história é sua identidade, e você faria quase qualquer coisa para provar que ela é verdadeira. Se está sofrendo, ponha sua evidência no papel e investigue a evidência. Eu me refiro a O Trabalho como xeque-mate. A investigação do próprio *eu* é a única coisa que tem o poder de atingir conceitos assim tão antigos.

Mesmo a dor física não é real; é a história de um passado, sempre indo embora, nunca chegando. Mas as pessoas não sabem disso. Meu neto Racey levou um tombo uma vez, quando tinha 3 anos. Arranhou o joelho, saiu um pouco de sangue e ele começou a chorar. E quando ele olhou para mim, ainda no chão, eu disse: "Meu querido, você está se lembrando de quando caiu e se machucou?" E imediatamente o choro parou. E acabou ali. Ele deve ter compreendido, por um momento, que a dor está sempre no passado. O momento da dor sempre já passou. É um lembrar-se daquilo que nós pensamos que é verdade, e isso projeta algo que já não existe. (Não estou dizendo que sua dor não é real para você. Eu conheço a dor, e ela realmente dói! É por isso que O Trabalho é sobre o fim do sofrimento.)

Se um carro passa por cima de sua perna e você está ali deitado na rua com história após história passando pela sua mente, é bastante provável que, se você for um principiante de O Trabalho, não irá pensar: "Estou com dor" — isso é verdade? Posso saber com absoluta certeza que isso é verdade?" Certamente, você vai gritar: "Dê-me morfina!" Mais tarde, quando estiver em uma zona de conforto, pode sentar-se com uma caneta e papel e fazer O Trabalho. Dê a si mesmo o remédio físico e depois o outro tipo de remédio. Eventualmente, você pode perder sua outra perna, e não verá isso como um problema. Se achar que existe um problema, seu Trabalho não foi feito.

P: *Há pensamentos que sinto que não deveria ter — cruéis, pervertidos e até violentos. O Trabalho pode me ajudar a não pensá-los?*
R: Qual é sua reação quando crê que não deveria ter certos pensamentos e mesmo assim os tem? Envergonhado? Deprimido? Agora, inverta isso — você *deve* pensá-los! Isso não o faz sentir um pouco mais leve, um pouco mais sincero? A mente quer sua liberdade, não uma camisa de força. Quando os pensamentos vêm, eles não estão encontrando um inimigo que se opõe a eles, como uma criança que procura o pai, com a esperança de que ele vai escutá-la e, em vez disso, o pai grita com ela: "Não diga isso! Não faça isso! Você está errada, você é ruim!", e a castiga quando ela se aproxima. Que tipo de pai é esse? Isso é a violência interna que impede que você compreenda.

Não posso lhe encontrar como se fosse um inimigo e não me sentir isolada, de você e de mim mesma. Portanto, como é que eu poderia enfrentar um pensamento dentro de mim como se fosse um inimigo e não me sentir isolada? Quando aprendi a encarar meu pensamento como um amigo, percebi que podia encarar todos os seres humanos como amigos. O que é você poderia dizer que já não surgiu dentro de mim como um pensamento? O fim da guerra comigo mesma e com meu pensamento é o fim da guerra com você. É tão simples.

P: *A investigação é um processo de pensamento? Se não é pensar, o que é?*
R: A investigação parece ser um processo de pensar, mas na verdade é um meio de desfazer o pensamento. Os pensamentos perdem seu poder sobre nós quando compreendemos que, de qualquer maneira, não somos nós que fazemos o pensamento. Os pensamentos simplesmente aparecem na mente. E se não houvesse um pensador? Você está respirando você mesmo, também?

A mente só pode encontrar sua natureza verdadeira pelo pensamento. O que mais existe? De que outra maneira ela vai se encontrar? Ela tem de deixar dicas para si mesma e acaba compreendendo que foi deixando cair suas próprias migalhas de pão. Ela saiu de si mesma, mas ainda não compreendeu isso. A investigação é como as migalhas de pão que permitem que você volte. O tudo retorna para o tudo. O nada retorna para o nada.

P: *Parece que quando me investigo minha resposta à pergunta "Posso saber com absoluta certeza que isso é verdade?" é sempre "Não". Existe alguma coisa de que possamos ter certeza absoluta?*
R: Não. A experiência é apenas percepção. Está sempre mudando. Mesmo o "agora" é a história de um passado. Quando pensamos em alguma coisa, ou a contamos, ela já se foi.

A partir do momento que nos apegamos a um pensamento, ele se transforma em nossa religião, e ficamos tentando provar que ele é válido. Quanto mais tentamos provar aquilo que não podemos saber se é verdade, maior é a depressão e desilusão que sentimos.

Na pergunta 1, a mentira pode ser vista e admitida. Quando perguntamos "Isso é verdade?", normalmente acabamos por descobrir — à medida que investigamos as frases de nosso Formulário, frase por frase — que nada daquilo que escrevemos é verdade. Isso é encarar cada pensamento com compreensão. Inocentemente acreditamos em nosso próprio pensamento. Não tínhamos uma maneira de entender que ele não era verdade.

Quando você se faz a pergunta 1, sua mente começa a se abrir. Mesmo o ato de considerar que um pensamento pode não ser verdade deixa entrar um pouco de luz em sua mente. Se você responder "Sim, é verdade", então é uma boa ideia que você se faça a pergunta 2, "Posso saber com absoluta certeza que isso é verdade?". Algumas pessoas ficam muito agitadas, até mesmo zangadas, quando dizem: "Não, não posso estar absolutamente certo disso!" E então é possível que eu lhes peça que sejam meigos consigo mesmos e apenas vivenciem aquela compreensão por um momento. Se ficam parados com sua resposta, então ela realmente se torna mais suave e abre-se para possibilidades infinitas, para a liberdade. É como sair de uma sala estreita e enfumaçada para o ar livre.

P: *Como posso fazer O Trabalho se ninguém a meu redor o está fazendo? Eles não irão me ver como distante e egoísta? Como minha família poderá se adaptar a minha nova maneira de pensar?*
R: Ninguém a meu redor estava fazendo O Trabalho quando comecei. Eu o fiz sozinha. E, sim, sua família pode vê-lo como distante e egoísta. À medida que você começa a perceber o que não é verdade para você, e quando você vivencia a pergunta 3 ("Qual é minha reação, o que digo e faço, quando acredito nesse pensamento?"), há uma mudança tão grande dentro de você que pode perder suas características mais básicas de acordo com sua família. "Charlie deve escovar os dentes" — isso é verdade? Não, não até que ele o faça. Você tem dez anos de evidência de que ele não vem escovando os dentes regularmente. Qual é sua reação? Durante dez anos, você ficou zangada, você o ameaçou, você lhe deu "aquele olhar", você ficou frustrada, pôs a culpa nele. Agora a família inteira está dizendo a Charlie que escove os dentes (exatamente como você os ensinou a fazer, com seu exemplo), e você já não participa. Você está traindo a religião da família. Quando eles olham para você, em busca de aprovação, você não pode dá-la. Então, eles podem te deixar envergonhada por não fazer com que Charlie se envergonhe, exatamente da maneira que você lhes ensinou a fazer. Sua família é um eco de suas próprias crenças passadas.

Se sua verdade agora é bondosa, vai se transmitir com profundidade e rapidez na família e substituirá a traição por um caminho melhor. E à medida que você continuar a encontrar seu próprio caminho na investigação, mais cedo ou mais tarde sua família acabará vendo as coisas como você as vê. Não há outra escolha. Sua família é uma imagem projetada de seu pensamento. É sua história; nada mais é possível. Até que você ame sua família incondicionalmente, mesmo quando eles fazem com que Charlie se envergonhe, amar a si próprio não será possível e, portanto, seu Trabalho não estará feito.

Sua família vai continuar a vê-lo do mesmo jeito, deixando que você trabalhe com todos eles. Como você *se* vê? Esta é a pergunta mais importante. Como você *os* vê? Se eu acho que eles precisam de O Trabalho, então *eu* preciso do Trabalho. A paz não exige duas pessoas; requer apenas uma. Tem de ser você. O problema começa e termina aqui.

Se quiser alienar seus amigos e sua família, ande por aí dizendo: "Isso é verdade?", ou "Inverta essa frase", mesmo que eles não estejam lhe pedindo ajuda. É possível que você tenha de fazer isso por um tempo, a fim de se ouvir dizendo. É desconfortável acreditar que você sabe mais que seus amigos e se apresentar como professor deles. Sua irritação vai levá-lo ainda mais fundo na investigação ou mais fundo em seu sofrimento.

P: *O que você quer dizer com "Não seja espiritual — em vez disso, seja honesto".*
R: É muito doloroso fingir que você está além de sua própria evolução, viver uma mentira, qualquer mentira. Quando você age como um professor, é normalmente porque tem medo de ser aluno. Não finjo ser destemida. Ou sou ou não sou. Não é nenhum segredo para mim.

P: *Como posso aprender a perdoar alguém que me magoou muito?*
R: Julgue seu inimigo, escreva tudo, faça as quatro perguntas, inverta as frases. Veja por você mesma que o perdão significa descobrir que o que você pensou que aconteceu não aconteceu. Até que perceba que não há nada a perdoar, você realmente não perdoou. Ninguém jamais magoou ninguém. Ninguém jamais fez alguma coisa horrível. Não há nada a não ser seus pensamentos não investigados sobre o que ocorreu. Portanto, sempre que estiver sofrendo, investigue, examine os pensamentos que tem e liberte-se. Seja uma criança. Comece pela mente que não sabe nada. Leve sua ignorância para a liberdade.

P: *Você disse: "Quando você está perfeitamente lúcida, a realidade é o que você quer." Suponhamos que eu economize o mês inteiro para ir a um bom restaurante para comer linguado grelhado ao limão. O garçom me traz língua de vaca assada na panela. Que não é o que eu quero. Estou confusa? O que significa discutir com a realidade?*

R: Sim, você está muito confusa. Se estivesse lúcida, o que ia querer era língua de vaca assada na panela, porque foi isso que o garçom trouxe. Isso não quer dizer que você tenha de comê-la. Qual é sua reação quando acha que ele não devia ter trazido língua de vaca? Até que projete que você tem de comê-la, ou que não tem tempo suficiente para fazer um novo pedido, ou que vai ter de pagar por aquilo que não pediu, ou que houve algum tipo de injustiça, não há nenhum problema. Mas quando você crê que ele não devia ter trazido aquilo, você pode ficar zangada com ele ou sentir algum tipo de estresse. Quem seria você sem o pensamento de que não há tempo bastante, ou que o garçom cometeu um erro? Você pode ser uma pessoa amando aquele momento, amando o erro aparente. Você pode até estar bastante calma para repetir seu pedido original com clareza e até se divertindo. Você pode dizer: "Gosto de você, mas o que pedi foi linguado grelhado ao limão. Meu tempo é limitado, e se você não puder me servir o linguado a tempo de eu sair daqui às oito, vou precisar ir a outro restaurante. Preferia ficar aqui. O que você sugere?"

Discutir com a realidade significa discutir com a história de um passado. Já acabou, e nenhum pensamento no mundo pode mudá-lo. O garçom já lhe trouxe a língua de vaca assada; ela está bem na sua frente, no prato. Se acha que ela não devia estar ali, você está confusa, porque ela está. A questão é como você pode ser mais eficiente naquele momento, dada a realidade? Aceitar a realidade não significa que você será passiva. Por que você ficaria passiva quando pode ser lúcida e ter uma vida sã e maravilhosa? Você não tem de comer a língua de vaca assada na panela; não tem de deixar de lembrar ao garçom claramente que pediu linguado grelhado ao limão. Aceitar a realidade significa que você pode agir da maneira mais eficiente, mais apropriada e mais generosa.

P: *O que você quer dizer com a frase: "Não há problemas físicos — só mentais"? E se eu perder meu braço direito e for destro? Isso não é um problema enorme?*
R: Como é que sei que não preciso de dois braços? Porque só tenho um. Não há erro no universo. Pensar de qualquer outra forma é temeroso e desesperador. A história "eu preciso de dois braços" é onde o sofrimento começa, porque ela discute com a realidade. Sem a história, tenho tudo

de que preciso. Estou completa sem o braço direito. Minha letra pode sair um pouco trêmula no início, mas é perfeita exatamente como está. Vai resolver o problema da maneira que eu precisar que o faça, não da maneira que eu achava que precisava fazer. Obviamente, é preciso que haja um professor no mundo que ensine como ser feliz com um braço e com uma letra tremida. Até que eu esteja disposta a perder meu braço esquerdo também, meu Trabalho ainda não está feito.

P: *Como posso aprender a me amar?*
R: "Você tem, supostamente, de amar a si mesma" — isso é verdade? Como é que você se trata quando acredita nesse pensamento de que tem de se amar e não se ama? Você pode encontrar um motivo para abandonar essa história? E não estou pedindo que abandone seu conceito sagrado. Quem você seria sem a história "você tem de amar a si mesma"? E "tem de amar os outros"? Apenas outro brinquedo — outro brinquedo de tortura. Qual é o oposto disso? "Você não tem de amar os outros." Isso não lhe parece um pouco mais natural? Você ainda não tem de amar os outros — não até o momento em que você o faz. Esses conceitos sagrados, essas ideias espirituais, sempre se transformam em dogmas.

P: *O que você quer dizer quando afirma que você é minha projeção?*
R: O mundo é sua percepção dele. O interno e o externo sempre combinam — são reflexos um do outro. O mundo é a imagem refletida de sua mente. Se você sente caos e confusão dentro de você, é o que seu mundo externo refletirá. Você tem de ver o que acredita, porque você é o pensador confuso olhando para fora e vendo você mesmo. Você é o intérprete de tudo, e se você está caótico, o que você ouvir e ver tem de ser o caos. Mesmo que Jesus, mesmo que o Buda estivessem parados na sua frente, você ouviria palavras confusas, porque a confusão estaria no ouvinte. Você só ouviria o que achasse que ele estava dizendo, e começaria a discutir com ele na primeira vez que sua história fosse ameaçada.

Quanto a eu ser sua projeção, de que outra maneira eu poderia estar aqui? Não é como se eu tivesse escolha. Eu sou a história de quem você pensa que sou, não quem sou realmente. Você me vê como velha, jovem, bela, feia, honesta, desonesta, dedicada, indiferente. Sou, para você, sua história não investigada, seu próprio mito.

Entendo que quem você pensa que sou é verdade para você. Eu também fui inocente e crédula, mas só durante 43 anos, até o momento em que despertei para a maneira como as coisas realmente são. "É uma árvore. É uma mesa. É uma cadeira." Isso é verdade? Você já parou para se perguntar? Já ficou parada e escutou enquanto perguntava a si mesma? Quem lhe disse que era uma árvore? Quem foi a autoridade original? Como é que eles sabiam? Minha vida inteira, toda minha identidade foi construída na confiança e inocência pouco inquisitiva de uma criança. Você é esse tipo de criança? Por meio deste Trabalho, seus brinquedos e seus contos de fada são postos de lado, à medida que você começa a ler o livro do verdadeiro conhecimento, o livro de si mesma.

As pessoas me dizem: "Mas Katie, sua felicidade é só uma projeção", e eu digo: "Pois é, e não é linda? Eu adoro viver este sonho feliz. Estou me divertindo muito!" Se você morasse no céu, ia querer que isso acabasse? Ele não acaba. Não pode acabar. Isso é o que é verdade para mim, até que não seja. Se por acaso mudasse, eu sempre tenho a investigação. Respondo às perguntas, a verdade é entendida dentro de mim, e o feito encontra o desfeito, alguma coisa encontra o nada. No equilíbrio das duas metades, estou livre.

P: *Você diz que O Trabalho vai me deixar sem estresse, sem problemas. Mas isso não é irresponsável? Suponhamos que minha filha de 3 anos esteja morrendo de fome. Não a verei de uma posição de não estresse e pensarei: "Bem, esta é a realidade", e simplesmente deixarei que ela morra de fome?*
R: Oh, meu Deus! Minha querida, o amor é bondoso; ele não fica parado sem fazer nada quando vê sua própria necessidade. Você realmente acha que pensamentos violentos, tais como aqueles que vêm com problemas, são necessários para alimentar uma criança? Se sua filha de 3 anos está morrendo de fome, alimente-a, para seu bem! Como você se sentiria provendo uma criança faminta sem estresse ou preocupação? Você não estaria mais lúcida sobre como e onde encontrar a comida que estivesse disponível, e não sentiria entusiasmo e gratidão por isso? Bem, é assim que eu vivo minha vida. Não preciso de estresse para fazer o que sei fa-

zer; isso não é eficiente, da maneira em que a paz e a sanidade o são. O amor é ação, e na minha experiência a realidade é sempre bondosa.

P: *Como é que você pode dizer que a realidade é boa? E a guerra, o estupro, a pobreza, a violência, o abuso sexual de crianças? Você os tolera?*
R: Como é que eu poderia tolerá-los? Eu simplesmente observo que se eu acreditar que eles não devem existir, vou sofrer. Eles existem até o momento em que deixem de existir. Posso simplesmente pôr fim à guerra em mim? Posso parar de me estuprar e a outros com pensamentos injuriosos? Se não, estou continuando em mim mesma a mesma coisa que quero terminar em você. A sanidade não sofre, nunca. Você pode eliminar a guerra em todos os cantos da Terra? Por meio da investigação, você pode começar a eliminá-la para um ser humano: você. Esse é o começo do fim da guerra no mundo. Se a vida a perturba, bom! Critique os que fazem as guerras em seu Formulário, investigue e inverta. Você realmente quer saber a verdade? Todo sofrimento começa e termina com você.

P: *Sempre aceitar a realidade é como nunca querer nada. Não é mais interessante querer coisas?*
R: Minha experiência é que eu quero fazer algo o tempo todo. Não só é interessante, é delicioso! O que eu quero é o que existe. O que eu quero é o que já tenho.

Quando quero o que tenho, o pensamento e a ação não estão separados; eles caminham juntos, sem conflito. Se você acha que algo está faltando alguma vez, escreva seu pensamento e investigue. Acho que a vida nunca deixa a desejar e não exige um futuro. Tudo de que preciso é sempre fornecido, e não preciso fazer nada para isso.

O que quero especificamente? Quero responder à sua pergunta, porque isso é o que está ocorrendo neste momento. Respondo a você, porque isso é o que o amor faz. É um efeito da causa original: você. Eu amo esta vida. Por que iria querer algo mais ou menos do que tenho, mesmo que seja penoso? O que faria com outras coisas que poderiam ser melhor do que aquilo que já estou fazendo agora? O que vejo, onde estou, o que cheiro e provo e sinto — é tudo tão bom. Se você amasse sua vida, iria querer mudá-la? Não há nada mais emocionante do que amar a realidade.

P: *Você às vezes diz: "Deus é tudo, Deus é bom." Isso não é apenas mais uma crença?*
R: *Deus*, como uso a palavra, é apenas um outro nome para a realidade. Eu sempre sei a intenção de Deus. É exatamente o que está existindo a cada momento. Já não tenho de questioná-lo. Já não estou interferindo com aquilo que é da conta de Deus. É simples. E partindo desta base, é claro que tudo é perfeito. A última verdade — a que chamo de juízo final — é "Deus é tudo, Deus é bom". As pessoas que realmente entendem isso não precisam da investigação. Em última instância, é claro, até isso não é verdade. Mas se funciona para você, mantenha essa crença e tenha uma vida maravilhosa.

Todas as chamadas verdades eventualmente perecem. Toda verdade é uma distorção da realidade. Se investigarmos, perdemos até a última verdade. E aquele estado, além de todas as verdades, é a verdadeira intimidade. É a consciência de Deus. E bem-vindo à reentrada. É sempre um começo.

P: *Se nada é verdade, por que se incomodar? Por que ir ao dentista, por que tratar de uma doença? Estou bastante confusa. Você pode esclarecer isso?*
R: Vou ao dentista porque gosto de mastigar. Prefiro que meus dentes não caiam. Pobre de mim! Se você está confusa, investigue e descubra o que é verdade para você.

P: *Como posso viver no Agora?*
R: Você já o faz. Só que ainda não percebeu.

Só neste momento estamos na realidade. Você e todos nós podemos aprender a viver o momento, como o momento, amar seja o que for que está à sua frente, amá-lo como se fosse você próprio. Se você continuar fazendo O Trabalho, irá ver cada vez com maior clareza o que você é, sem um futuro ou um passado. O milagre do amor vem até você na presença do momento não interpretado. Se você está mentalmente em algum outro lugar, você perde a vida real.

Mas até o Agora é um conceito. No momento mesmo em que o pensamento se completa, ele já se foi, sem qualquer prova de que jamais existiu, a não ser na forma de um outro conceito que o levaria a acreditar que aquele primeiro existiu, mas a esta altura o segundo também já se foi. A realidade é sempre a história de um passado. Antes que você possa entendê-la, ela já se foi. Cada um de nós já tem a paz mental que procura.

P: *Acho muito difícil dizer a verdade, já que a verdade é tão mutável. Como posso ser coerente ao dizer a verdade?*
R: A experiência humana está mudando constantemente, embora o lugar da integridade nunca se movimente. Eu diria: vamos começar de onde estamos. Não podemos apenas dizer a verdade como ela aparece no momento, sem compará-la com aquilo que foi verdade há um minuto? Se você me perguntar mais tarde, poderei ter uma resposta também verdadeira, mas diferente. "Katie, você está com sede?" Não. "Katie, você está com sede?" Sim. Sempre digo o que minha verdade é naquele momento exato. Sim, não, sim, sim, não. Essa é a verdade.

Meu primo uma vez me telefonou às duas da manhã, muito deprimido, e disse que estava segurando uma pistola carregada contra a cabeça e que a arma estava engatilhada. E disse que se eu não lhe desse um bom motivo para permanecer vivo, ia explodir os miolos. Esperei por um bom tempo. Realmente queria lhe dar um motivo, mas nenhum motivo me vinha à mente. Esperei muito, com ele do outro lado da linha. Finalmente, eu lhe disse que não conseguia encontrar um motivo. E ele começou a chorar. Evidentemente, essa era a verdade de que precisava. Essa tinha sido a primeira vez em sua vida que ouvira a honestidade total e que aquilo era o que estava buscando. Se eu inventasse algum motivo, porque acreditava que ele não devia se matar, teria lhe dado menos do que a única coisa que realmente tinha a lhe dar, que era minha verdade naquele momento.

Percebo que as pessoas que fazem O Trabalho durante algum tempo ficam realmente mais lúcidas sobre a verdade como a veem. Fica mais fácil ter um relacionamento amigável com ela, ser flexível e mudar de ideia. Ser sincero no momento torna-se uma coisa muito confortável.

Você conhece alguém que nunca mudou de ideia? Esta porta era uma árvore, depois será lenha para alguém, depois voltará para o ar e para o solo. Somos todos assim, em mudança constante. É simplesmente honesto dizer que você mudou de ideia quando isso ocorreu. Quando você fica temeroso com aquilo que as pessoas vão dizer, se falar francamente — aí é que você fica confuso. "Você mudou de ideia?" Sim. "Tem alguma coisa errada com você?" Sim, mudei de ideia.

P: *É verdade que não posso magoar outra pessoa?*
R: Não é possível que eu magoe outra pessoa. (Por favor, não tente acreditar nisso. Não é verdade para você até que perceba isso por conta própria.) A única pessoa que posso magoar sou eu mesma. Se você me perguntar francamente pela verdade, então eu lhe direi o que vejo. Quero lhe dar tudo que você pede. A maneira como você recebe minha resposta é a maneira pela qual você magoa a si mesmo(a) com ela, ou, ao contrário, se ajuda com ela. Eu estou apenas lhe dando o que tenho.

Mas se eu achar que ao lhe dizer alguma coisa vou fazer com que você magoe seus próprios sentimentos, não irei lhe dizer isso (a não ser que você me diga que realmente quer saber). Se eu achar que estou sendo dura com você, não ficarei confortável comigo mesma. Provoco meu próprio sofrimento e deixo de falar para meu próprio bem. Cuido de mim mesma e, ao fazê-lo, você também é bem cuidado(a). Em última instância, minha bondade não tem nada a ver com você. Somos todos responsáveis pela nossa própria paz. Eu poderia dizer as palavras mais carinhosas e você poderia se ofender. Entendo isso. O que compreendo é que a história que você conta a si mesmo(a) sobre o que eu disse é a única forma de você se magoar. Você está sofrendo porque não fez as quatro perguntas nem as inversões.

P: *Por que tantas pessoas, tantas almas estão ficando iluminadas hoje em dia? Parece haver uma fome coletiva e universal por isso, um despertar comum, como se houvesse apenas um organismo, um ser, despertando. É essa sua experiência também?*
R: Não sei nada sobre isso. Tudo o que sei é que se algo dói, investigue. Estar iluminado é apenas um conceito espiritual, apenas uma coisa a mais a buscar em um futuro que nunca chega. Mesmo a verdade mais verdadeira é apenas um conceito a mais. Para mim, a experiência é tudo, e é isso que o inquérito revela. Tudo que for doloroso é desfeito — agora, agora e agora. Se você acha que está iluminado, vai adorar que a polícia leve seu carro. É isso aí. Qual é sua reação quando seu filho está doente?

Qual é sua reação quando seu marido ou sua esposa pede o divórcio? Não sei nada sobre essa história de as pessoas estarem despertando coletivamente. Você está sofrendo agora? É esse o meu interesse.

As pessoas falam de autoconhecimento, e é exatamente isso! Você pode apenas inspirar e expirar de uma maneira feliz? Quem se importa com ser iluminado se você está feliz neste exato momento? Apenas se ilumine para este momento. Consegue fazer só isso?

E depois, eventualmente, tudo desmorona. A mente se funde com o coração e acaba percebendo que não está isolada. Encontra um lar, e descansa em si mesma, como si mesma. Até que a história seja encarada com compreensão, não há paz.

P: *Ouvi dizer que as pessoas que são livres não têm preferências, já que consideram tudo perfeito. Você tem preferências?*
R: Se tenho preferências? Sou uma amante da realidade e isso é o que sempre tenho. "Ela" tem suas próprias preferências; o sol pela manhã e a lua à noite. E parece que eu sempre tenho uma preferência por aquilo que está acontecendo agora. Prefiro o sol pela manhã e a lua à noite. E prefiro estar com a pessoa que está diante de mim agora. No momento em que alguém começa a fazer perguntas, estou lá. Ele é minha preferência, e ninguém mais. Depois, quando estou falando com outra pessoa, ela é a escolhida, e mais ninguém. Descubro minhas preferências observando aquilo que estou fazendo. Seja lá o que for que eu esteja fazendo, aquilo é minha preferência. Como é que sei? Pois a estou fazendo! Prefiro baunilha a chocolate? Sim, até que deixe de preferir. E lhe avisarei quando fizermos nosso pedido na sorveteria.

P: *Todas as crenças precisam ser desfeitas?*
R: Investigue todas as crenças que lhe causam sofrimento. Desperte de seus pesadelos e os sonhos doces virão por conta própria. Se seu mundo interno está livre e maravilhoso, por que você ia querer mudá-lo? Se o sonho é um sonho alegre, quem vai querer despertar? E se seus sonhos não são alegres, bem-vindo a O Trabalho.

Há sempre um único problema:

sua história não investigada

daquele momento.

14

O Trabalho em sua vida

MUITAS VEZES, PRINCIPIANTES ME PERGUNTAM o que aconteceria se fizessem O Trabalho com frequência. Normalmente existe o medo — como vimos em alguns desses diálogos — de que, sem uma história, a pessoa não teria motivação para agir e não saberia o que fazer. A experiência daqueles que fazem O Trabalho — pais, artistas, pessoas que trabalham em escolas ou escritórios, no governo, em presídios e hospitais — é que o oposto é que é verdadeiro. A investigação naturalmente dá lugar a uma ação lúcida, generosa e destemida.

Quando você começa a ter essa compreensão, seu corpo o acompanha. Ele começa a mover-se sozinho, e você não precisa fazer nada. O Trabalho tem a ver com observar seus pensamentos, não com mudá-los. Quando você trabalha com o pensar, o fazer segue-se naturalmente.

Se você se sentar em uma cadeira e tiver uma grande ideia, as coisas acabam ali? Acho que não. Fazer O Trabalho é apenas metade do processo; a outra metade acontece quando as ideias são postas em prática. Até que elas vivam na forma de ação, não são plenamente suas.

O Trabalho irá lhe mostrar onde foi que você interpretou sua felicidade de trás para a frente. Se acha que as pessoas devem ser boas para você, o contrário é que é verdadeiro: você deve ser bom/boa para os outros e para si mesmo(a). Seus juízos a respeito dos outros se transformam em *sua* receita para viver. Quando você os inverte, verá o que lhe trará felicidade.

Os conselhos que você dá à sua família e a seus amigos acabam sendo aqueles que você — e não eles — deve pôr em prática. Você se torna o(a) professor(a) sábio(a) na medida em que se transforma em um/uma estudante de si mesmo(a). Já não lhe importa se alguém está lhe ouvindo, porque *você* está ouvindo. Você é a própria sabedoria que nos oferece, respirando, caminhando e avançando sem esforço, enquanto faz seus negócios, suas compras domésticas, ou lava a louça.

O autoconhecimento é a coisa mais doce do mundo. Ele nos mostra como somos plenamente responsáveis por nós mesmos, e que é aí que encontramos nossa liberdade. Em vez de buscar satisfação no outro, você pode buscá-la em si mesmo(a). Em vez de buscar seu contentamento em nós, você pode encontrá-lo em você mesmo(a).

Não sabemos como mudar; não sabemos como perdoar ou como sermos sinceros. Estamos esperando por um exemplo. Você é o exemplo. Você é sua única esperança, porque nós não mudaremos até que você o faça. Nossa tarefa é continuar a lhe atingir, com a maior força possível, com tudo que o(a) irrite, perturbe ou repugne, até que você compreenda. Quer saiba, quer não, esse é o grau de amor que temos por você. O mundo inteiro é sobre você. Teorias não têm qualquer valor. A dor não é um mestre até que você investigue e entenda sua causa.

Portanto, ponha O Trabalho para funcionar, comece com a voz dentro de você que está nos dizendo o que fazer. Compreenda que ela está dizendo *a você* o que fazer. Quando ela diz: "Ele deveria apanhar suas meias", ouça a inversão "Eu deveria apanhar minhas meias", e simplesmente as apanhe. Permaneça no fluxo que não exige esforço e não tem fim. Apanhe-as até que você comece a gostar de fazê-lo, porque essa é sua verdade. E saiba que a única casa importante a ser limpa é a sua mente.

Não apanhar as meias pode ser fatal. É como permanecer na zona de conflito. Que prêmio: você esperava que todos os demais o fizessem, e lá estava você, bem diante de seu nariz.

Não há paz no mundo até que você encontre paz dentro de si mesmo(a) neste momento. Viva as inversões, se quiser ser livre. Isso é o que fez Jesus, o que fez o Buda. Isso é o que todas as pessoas boas e famosas fizeram, assim como todas as pessoas boas e desconhecidas que estão apenas vivendo em suas casas e comunidades, felizes e em paz.

Em um determinado momento, você pode desejar ir buscar a dor mais profunda em seu mundo interior e tirá-la de lá. Faça O Trabalho até que você descubra sua parte nela. E depois vá até as pessoas que criticou e peça perdão; conte-lhes o que percebeu sobre você mesmo(a) e como está trabalhando nisso agora. Tudo depende de você. Falar essas verdades é que o(a) liberta.

Portanto, eu o(a) convido a examinar os pesadelos pelos quais você passou e sobreviveu, e a ver que a liberdade realmente é possível em sua vida cotidiana. Sua história é a única coisa que é dolorosa, e a vida tem que refletir aquilo que você acredita ser verdadeiro. Não existem exceções para isso.

É possível que você tenha medo de se aprofundar mais em O Trabalho porque ache que vai lhe custar algo valioso. Minha experiência é o oposto. Sem uma história, a vida só fica mais rica. Os que ficam em O Trabalho por algum tempo descobrem que o inquérito não é algo triste e que investigar uma dor acaba transformando-a em riso.

Adoro ser livre para andar pelo mundo sem medo, tristeza ou raiva, pronta para encontrar qualquer coisa ou qualquer um, em qualquer lugar e a qualquer hora, com os braços e o coração bem abertos. A vida me mostrará o que ainda não fiz. Não vejo a hora de isso acontecer, e também não vejo a hora de vê-lo(a) andar comigo.

Vá sempre para dentro de si mesmo(a)

como se fosse seu lar.

Você é a pessoa por quem

você esperava.

Apêndice: autoajuda

Abaixo vemos exemplos de O Trabalho feito e escrito sem a ajuda de outra pessoa, por pessoas que estavam preocupadas com seus pensamentos sobre um amigo ou um amante. Ilustram o grau de profundidade da investigação quando não nos apressamos e escrevemos nossas respostas detalhada e honestamente.

A "deficiência" é do meu namorado ou minha?

A frase escrita: *Estou triste e zangada porque Allen não pode andar e não podemos fazer as coisas que os casais "normais" fazem juntos.*

Isso é verdade? É.

Qual é a realidade? A realidade é que Allen usa uma cadeira de rodas e não pode andar.

Frase reescrita (a que ela chegou com a ajuda da pergunta "O que eu teria se Allen pudesse andar?"): Minha vida seria melhor se Allen pudesse andar.

Posso saber com absoluta certeza que isso é verdade? Não. Não posso saber isso de jeito algum.

Como reajo, o que acontece quando acredito no pensamento de que minha vida seria melhor se Allen pudesse andar? Sinto-me uma mártir. Tenho pena de mim mesma. Sinto inveja de outros casais. Sinto-me lesada e em pânico. Sinto como se parte da minha vida nunca fosse vivida — sobretudo sexualmente. Desejo coisas que são difíceis ou impossíveis para nós fazermos, como viajar para lugares não acessíveis para pessoas deficientes. Preocupo-me desnecessária e constantemente que de alguma maneira estou cometendo um erro por amar esse homem como amo. Duvido de Deus, embora Allen seja o homem que ele põe na minha frente repetidamente para que eu o ame.

Como é que eu me sinto ao acreditar nesse pensamento? Louca, sozinha, estranha, com um pensamento constante e compulsivo que me cria obstáculos. Meu peito dói tanto fisicamente que parece que alguém está em pé sobre ele. Fico zangada. Chamamos atenção. Somos estranhos e anormais — nunca o ideal.

Como trato Allen quando penso que minha vida seria melhor se ele pudesse andar? Fico fria e distante. Fico desconfortável. Reprimo pensamentos carinhosos, coisas que realmente quero compartilhar com ele. Não faço amor com ele. Espero que ele faça todo o esforço sexualmente. Atuo como se eu soubesse cuidar dele melhor do que ele próprio.

Como trato a mim mesma? Acho que sou maluca, que há alguma coisa errada comigo porque amo um homem em uma cadeira de rodas. A pior coisa que faço é não me permitir amá-lo plenamente. Digo para mim mesma que sou codependente. Fico tão perturbada que bebo. Leio demais, ou não leio nada. Tento conseguir um encontro com outro homem, normalmente na minha imaginação e às vezes com um homem real. Eu me dilacero com pensamentos contraditórios: "Isso é direito? Isso não é direito?" Não consigo dormir. Com minha família e amigos, ajo como se isso realmente não me importasse, e fico na defensiva e agressiva. Não me permito pensar nas coisas maravilhosas que temos juntos. Procuro teorias para provar que estou certa — astrologia, esse negócio de dois Capricórnios, besteiras metafísicas. Sinto vergonha de mim mesma por não seguir meu coração. Não vou com ele para o Novo México por causa da minha carreira brilhante, da minha casa maravilhosa, de meus gatos.

Posso encontrar um motivo para abandonar o pensamento de que minha vida seria melhor se Allen pudesse andar? Sim. Todas as reações acima.

Posso encontrar uma razão que não me cause estresse para manter esse pensamento? Nenhuma.

Quem eu seria sem o pensamento de que minha vida seria melhor se Allen pudesse andar? Uma mulher apaixonada por um homem chamado Allen.

Frase reescrita depois de invertida: Minha vida não seria melhor se Allen pudesse andar. Isso parece tão verdadeiro quanto a outra frase.

Frase original invertida: Estou triste e zangada porque não posso andar. Sim. Às vezes eu não me deixo ir a certos lugares, depois culpo Allen. Fico zangada pensando que não posso me levantar e andar para onde quiser. *Podemos* fazer coisas que casais normais fazem. De verdade. O que Allen e eu fazemos é o normal para nós. Portanto, eu evito que nós desfrutemos nossa vida normal de casal, comparando-nos com os outros e achando que o que é normal para eles deveria também ser para nós.

Janine não devia mentir para mim

A frase escrita: *Não gosto de Janine porque ela mente para mim.*

Isso é verdade? É.

Qual é minha evidência de que isso é verdade? Ela me disse que a turma teria no máximo 30 pessoas. Havia 55. Ela me disse que me mandaria as fitas cassete até o fim da semana. Mandou-as um mês depois. Ela me disse que tinha certeza de que poderia arranjar uma carona mais cedo para o aeroporto. Quando chegou a hora, disse que não havia nenhuma carona disponível para mim.

Qualquer parte dessa evidência realmente demonstra que ela mente para mim? Sim.

Posso saber com absoluta certeza que Janine mente para mim? Sim.

Como reajo, o que acontece quando acredito que Janine mente para mim? Sinto-me descontrolado e impotente. Não posso acreditar em nada do que ela diz. Sinto-me frustrado. Fico muito tenso sempre que estou com ela ou até pensando nela. Estou sempre pensando como eu poderia fazer o trabalho dela melhor do que ela.

Frase reescrita (com a ajuda da pergunta "Qual é o dever?"): As pessoas não deviam mentir.

Isso é verdade? Não — elas mentem!

Como trato Janine quando acredito na história de que as pessoas não deviam mentir e ela mente? Vejo-a como uma pessoa falsa, em quem não se pode confiar, incompetente e irresponsável. Trato-a com desconfiança e frieza. Vejo tudo sobre ela — palavras, gestos, ações — como mentiras. Sou ríspido com ela. Não gosto dela e quero que ela sinta minha antipatia por ela e minha desaprovação.

Como é que eu me sinto? Parece que estou fora de controle. Não gosto de mim mesmo. Sinto-me culpado e errado.

Quem eu seria (na presença de Janine) sem o pensamento de que as pessoas não devem mentir? Eu veria que Janine está fazendo tudo que pode e na verdade trabalhando bastante bem, considerando a quantidade gigantesca de informação que ela tem que manipular para tantas pessoas. Seria mais carinhoso e útil para Janine. Poderia aproveitar algum tempo livre para conversar com ela e conhecê-la melhor. Quando fecho os olhos e a vejo sem aquela história, realmente gosto dela e quero ser seu amigo.

Frase reescrita depois de invertida: As pessoas devem mentir. Sim, devem, porque elas mentem.

Frase original invertida: Não gosto de mim mesmo porque minto para Janine. Isso é verdade. Eu lhe disse que poderia pegar um voo mais tarde. Aquela companhia já não tinha mais bilhetes, mas eu não tentei a lista de espera de outra companhia. A verdade é que menti. Eu queria pegar um voo mais cedo. Não gosto de Janine porque minto para mim mesmo (sobre Janine). Sim, isso é ainda mais verdadeiro. Digo a mim mesmo uma porção de mentiras sobre Janine quando chego a conclusões sobre tudo o que ela diz e faz. Não é da Janine que eu não gosto — é das histórias, das mentiras que digo sobre ela de que não gosto. Gosto de Janine porque ela não mente, para mim. Isso também é verdade. Realmente, não acredito que ela me disse alguma coisa que não era verdade intencionalmente. Ela está apenas passando adiante uma informação que lhe deram, e não pode saber se aquilo vai mudar ou não. E eu de fato gosto dela.

Sou a causa de meu próprio

sofrimento — de todo ele.

Notas à Introdução

p. 9, *Quanto mais claramente você entende a si próprio e suas emoções, tanto mais se torna um amante da realidade.* Spinoza, *Ética*, Livro 5, Proposição 15. Uma tradução mais literal: "Aquele que com clareza e distinção compreende a si mesmo e suas emoções, ama a Deus, e quanto mais o fizer, mais entenderá a si mesmo e suas emoções." O termo "Deus", em Spinoza — ele muitas vezes diz "Deus ou Natureza" —, na verdade significa "última realidade" ou simplesmente "aquilo que existe".

p. 10, *"o que nos perturba não é o que acontece conosco, mas nossos pensamentos sobre o que acontece".* Epíteto, *Encheiridion*, V. Duas outras declarações relevantes: "Nada externo pode nos perturbar. Nós só sofremos quando queremos que as coisas sejam diferentes do que são" (*Encheiridion*, V). "Ninguém tem o poder de lhe magoar. Só o seu pensamento sobre as ações de alguém é que pode lhe magoar." (*Encheiridion*, XX).

p. 11, *Para entender sua verdadeira natureza, você precisa esperar o momento exato e as condições certas.* Citado em uma palestra Dharma feita pelo grande mestre chinês do zen, Pai Chang (720-814). Veja *The Enlightened Mind: An Anthology of Sacred Prose*, org. Stephen Mitchell (HarperCollins, 1991), p. 55. Não consegui identificar o sutra.

p. 13, *a entrada é sempre grátis.* Todos os eventos de um dia patrocinados pela The Work of Byron Katie Foundation são oferecidos sem qualquer ônus. Graças ao compromisso que Katie tem de partilhar O Trabalho com o maior número possível de pessoas, várias vezes durante os últimos dois anos ela tem aceitado convites de grupos que não abrem mão do pagamento de entradas. Esses eventos não são patrocinados pela Foundation.

p. 13, *Katie normalmente diz que só se pode compreender O Trabalho vivenciando-o*. Este parágrafo foi escrito pelo meu amigo e agente literário Michael Katz, que também escreveu a sessão no capítulo 10 chamada "Quando é difícil encontrar a história" e revisou muitas passagens neste livro.

p. 14, *"Talvez a revelação mais importante"*. Antonio Damasio, *The Feeling of What Happens: Body and Emotions in the Making of Consciousness* (Harcourt Brace & Company, 1999), p. 187.

p. 14, *"O cérebro esquerdo tece sua história"*. Michael Gazzaniga, *The Mind's Past* (University of California Press, 1998), p. 26.

p. 15, *Considerando que, se todo o ódio for expulso dali*. W. B. Yeats. "A Prayer for My Daughter", *The Collected Works of W.B. Yeats, vol. 1, The Poems*, org. Richard J. Finneran (Scribner, 1997), p. 192. A segunda linha da estrofe diz: "A alma recupera a inocência radical."

p. 26, *Distancie-se de todo o pensamento*. De "The Mind of Absolute Trust", *The Enlightened Heart: An Anthology of Sacred Poetry*, org. Stephen Mitchell (HarperCollins, 1989), p. 27.

Informações para contatos

Para saber mais sobre O Trabalho de Byron Katie, escreva para: Byron Katie International, Inc., P.O. Box 1206, Ojai, CA 93024, tel.: (001) 805-444-5799. No Brasil, tel.: (21) 8234-9668, e-mail: otrabalho@thework.com

Ao visitar o website (www.thework.com — disponível em português), será possível assistir a vídeos (em inglês) de Katie realizando O Trabalho, ver o calendário de eventos, baixar e imprimir materiais gratuitamente, inscrever-se na próxima Escola para O Trabalho de nove dias, encontrar instruções de como ligar gratuitamente para a *Helpline*, conhecer o Institute for The Work ("Instituto para O Trabalho"), ouvir os arquivos de entrevistas de rádio e TV, assinar a *BKI Newsletter* e fazer compras na "Loja Virtual".

Se você quiser ajudar nosso trabalho em prisões, hospitais, escolas e dar suporte para bolsas na Escola para O Trabalho, a The Work Foundation aceitará com gratidão sua doação, que pode ser deduzida no imposto de renda. A The Work Foundation é uma organização sem fins lucrativos. Para fazer uma doação segura por meio de nossa loja online, veja as instruções no site. Ou mande-a para: The Work Foundation, P.O. Box 20310, Santa Barbara, CA 93120, USA.

Se, ao ler os diálogos deste livro você tiver *insights* que lhe pareçam extraordinários, por favor, envie-os por e-mail para otrabalho@thework.com. Nós o convidamos a depositá-lo neste banco de dados por e-mail para ajudar-nos a explorar o poder da investigação. Inclua suas frases ou histórias, as perguntas que você usou, o que você descobriu, e, nos casos em que atuou especificamente com base nas inversões, por favor descreva-as também.

Este livro foi composto na tipografia
Minion Pro, em corpo 11,5/15,3, e impresso no
papel off-white, no Sistema Digital Instant Duplex
da Divisão Gráfica da Distribuidora Record.